# シリコンバレー式
# 超ライフハック

## GAME CHANGERS
What Leaders, Innovators, and Mavericks Do to Win at Life

DAVE ASPREY



ダイヤモンド社

GAME CHANGERS
by
Dave Asprey


Published by arrangement with Harper Wave,
an imprint of HarperCollins Publishers
through Japan UNI Agency, Inc., Tokyo

ビル・ハリスに本書を捧げる——
脳の力を高める方法を開発し、
人びとの人生を実り豊かにしたライフハッカー、
本書執筆中に天国に旅立った慈愛の人。
あなたの友であったことを光栄に思う。

# はじめに
# 「人類史上最強の技」を全部伝授する

## 何が最も影響するのか？

めざましい成功を収めた人に、「すぐれたパフォーマンスを発揮している秘訣は何ですか？」とたずねたら、どんな話が聞けるだろう？　その質問を450人の著名な成功者に投げかけ、返ってきた答えを統計的に分析したら、どんな結果が見えてくるだろう？

それを表したのが左のワードマップだ。**文字が大きいものほど、それを重要だと言った人が多いことを示している。**

ここ5年ほど、僕は「ブレットプルーフ・ラジオ」というポッドキャストで、あらゆる分野の著名人のインタビューを続けている。各分野の一流の人――たいていその分野の開拓者――から学ぶためのトーク番組で、不健康な習慣や有害な影響を寄せつけない「防弾能力（ブレットプルーフ）」という思いがタイトルに込められている。

これはすぐれたネットコンテンツに贈られるウェビー賞を受賞し、7500万回ダウンロードされ、アイチューンズのランキングでつねに上位を占めるようになった。

この本は、彼らとの対話と、そこから得たデータに基づいている。

## 世界中からノウハウを収集

一流の専門家の話を聞くというのは、「あらゆる手段で自分をアップグレードしたい」という僕の個人的な願いから始まった。その探究開始から19年を数えたいま、**それに要した費用は数百万ドルを下らない**だろう。

僕は老化防止クリニックから神経科学者の研究室へ、チベットの人里離れた修道院からシリコンバレーへと、世界中を駆けめぐった。心身の状態をより良くするために使えるシンプルで効果的な方法を、まるで強迫観念に取り憑かれたように探しつづけた。

とにかく僕は助けを必要としていた。

型破りな科学者やワールドクラスのアスリート、生化学者、革新的な医師、シャーマン（呪術師）、オリンピックチームの栄養士、瞑想の達人、アメリカ海軍特殊部隊（ネイビーシールズ）、自己啓発の指導者など、特別な能力や知識を持つ、ありとあらゆる人たちに助言を求めた。

彼らのおかげで僕の人生は変わった。専門家たちの知見から学び、そこに僕自身の研究と身体（からだ）を張った徹底的な実験とを合わせることで、僕は何十年も悩まされていた心身の不調から解放されたのだ。

**余分な体重を50キロ落とすことができた**。たちこめていた頭の中の霧が晴れ、IQも上がった。40歳の坂を越えたというのに、人生ではじめて腹筋が割れた。集中力が高まった。自分を萎縮させて安全な場所に縛りつけていた、恐れや恥や怒りを捨て去ることもできた。若返ることもできた。ゼロから立ち上げた会社を数百万ドル規模にまで成長させ、そのかたわらニューヨークタイムズのベストセラーリストに入る本を2冊書き、愛情深くやさしい夫、そして2児の父にもなった。

しかもこれらすべてを、太っていたときより少ない運動、短い睡眠時間、たっぷりバターを使った食事で実現したのだ。想像もしなかったほど生活を楽しめるようになったし、自分とは無縁だと思っていた能力を身につけられた。以前なら些細なことで使い果たしていた労力で、意義のある大きなことができるようになった。

## 最も速く「完全無欠」になるには？

自己改善の道に踏み出そうと決めたとき、僕はそれなりに成功していたが、その状態を保つために自分でも認めたくないほど苦労していた。

だが、探究を続けるうちに、ハイパフォーマンスとはこんな状態をいうのかと感じることが増えていき、自分の能力向上に驚くこともあった。そんな状態を「完全無欠（ブレットプルーフ）」と呼ぶことにして、それを会社の名前にした。自分の生物学的状態をコントロールでき、**肉体と精神の２つが調和して期待以上の成果がもたらされる完全無欠な状態**のことだ。

この域に達すると、燃え尽きることも、病気になることも、ストレスをため込んで周囲からつきあいにくいヤツだと敬遠されることもなくなる。

以前ならば、そんな状態にまで自分を高めるには、生涯にわたる努力や修行が必要だったかもしれない。だが、脳と身体の科学についての理解が深まり、それを効果的に活用する手法やテクノロジーが開発されたおかげで、驚くほどの速さでそこに到達することができる。なんてすばらしいことだろう。僕は、さすがにこれはシェアしなければならないという義務感を覚えた。

そこで、２０１０年にブログを書きはじめた。そこには、若いころにだれかが教えてくれていたら、**何年も苦しむことも、大金を使うことも、無駄な苦労をすることもなかったのに**と思えるアイデアを書いていった。それを読んで、たとえ数人でも僕と同じような効果を経験してくれれば、書いただけの価値があると思いながら書いた。その思いは、いまも変わらない。実際、僕の人生を変えた知識や方法を多くの人に伝えたいという願いは、僕の会社と「ブレットプルーフ・ラジオ」の牽引力になっている。

## 「ゲームチェンジャー」たちの膨大な研究を凝縮

ブレットプルーフ・ラジオで、社会に大きな影響を与えた500人近い人にインタビューできたことは、僕自身にとっても大きな喜びだ。

番組のゲストには、数十万ものリスナーのだれもが知っている有名人もいるだろうが、大衆的な著名人ではない人も多い。だが、**すべて偉大なことを成し遂げた人たちばかり**だ。新しい分野の先端にいる研究者、驚きの実験を行った型破りな科学者、新たな心の世界を切り拓いた心理学者、不治の病の治療法を見つけた医師、そして何千時間もの経験を詰め込んだ本を書いて読者の意識を変えた著者、芸術家、ビジネスリーダーたちである。

彼らは、専門領域の発展に尽くしただけではない。世の中のルールを書き換え、限界を突破し、人びとが自分の世界を変えるための知識と意識と方法を伝授した。まさに「ゲームチェンジャー」の称号にふさわしい人ばかりだ。彼らとじかに話し、そのアイデアや発見を学ぶことは、僕にとってこの上ない栄誉だった。

## パフォーマンスを変えるために最も重要な「3つのこと」

想像してもらえると思うが、そんな人びとのライフワークについて、本人から1時間も話を聞けるというのは深い満足を与えてくれる体験だ。だが、いちばん大事なのは、専門領域についての話が終わったあとの、インタビューの最後の部分である。

僕はどのインタビューでも、最後に、そんな大事業を可能にしたハイパフォーマンス状態にどうやって達することができたのかをたずねることにしている。何を達成したかではなく、どうやって達成したかでもなく、それを達成するための高度なパフォーマンスをどうやって獲得したかをたずねる質問だ。

僕は、こうたずねる。「人間としてのパフォーマンスを上げる方法を教えてほしい、と言われたらどう答えますか？ **あなた自身の経験から、最も重要なアドバイスを3つ挙げてもらえますか？**」

単なる「パフォーマンス」ではなく、「人間としてのパフォーマンス」と言っているのは、僕たちはみんな人間だからだ。だれもが人間として、それぞれに具体的な目標を持ち、成功を定義している。親として、芸術家として、教師として、瞑想者として、恋をする人間として、科学者として、友人として、あるいは起業家として、パフォーマンスを上げたいと願っている。

それに僕は、彼らが専門領域で何を重視しているかではなく、**人間としての全体的な体験の中で何を重視しているか**を知りたかった。どんな答えが返ってくるか、見当もつかなかった。

## 大量の回答から浮かび上がった成功への道

彼らの答えで目からウロコが落ちた――などという陳腐な言い方では全然足りない。まさに衝撃的な答えがいくつも返ってきた。その一方で、予測できた答えもあった。とはいえ彼らの回答の真の価値に気づいたのは、インタビューの回数が増え(450回を数えた)、十分な数の回答が集まって、その方法や効果を統計的に分析したときだ。

どういうことかと言うと、だれか一人の話を聞き、その人の方法をまねるのは難しくない。しかし、ある人には効果があった方法やツールがあなたにも有効である確率は、それほど高くない。その人とあなたは違うからだ。DNAが違う。成育環境も違う。得意分野も根気強さも違う。

だが、数百人のゲームチェンジャーに、成功するうえで何が最も重要だったかをたずねれば、大量のデータが蓄積されて、そこに個別の方法を超えるパターンが浮上する。それを分析することで、**だれもが望むものを手に入れるためのロードマップを描くことができる**のだ。

僕の分析では、ほとんどのアドバイスは次の3種類のどれかにあてはまった。

- もっと賢くなる方法
- もっと速くなる方法
- もっと幸せになる方法

つまり、彼らが大きな成功を収めることができたのは、自分の能力を向上させることに取り組んだからなのである。

## 人間の行動は「本能」に支配されている

返ってきた答えと同じくらい、彼らが言わなかったことにも深い意味がある。

ゲストには、有名な起業家もＣＥＯ〔最高経営責任者〕もいるが、多くの人が期待しそうな成功のノウハウは出てこない。彼らが話すのは、世界に重要な貢献をするための方法ばかりだった。

**成功のために大事なものとして、「お金」「権力」「身体的な魅力」を挙げた人は一人もいなかった。**でも、たいていの人にとって、この３つは人生の重大事だ。いったいどういうことだろう？

## あなたは「ミトコンドリア」に操られている

僕が書いた『HEAD STRONG シリコンバレー式頭がよくなる全技術』（ダイヤモンド社）（以下『HEAD STRONG』と略記）を読んだ人なら、人間の神経はミトコンドリアと呼ばれるエネルギーを生産する細胞器官でできていることを知っているだろう。ミトコンドリアは、ほかの細胞器官とは違って、太古の細菌に由来し、人間の体内に数千兆個もあるのが特徴だ。

ミトコンドリアは原始的な存在で、めざしていることも単純だ。自分を生きつづけさせ、種を増殖させること。そのためにあなたの神経系を支配し、**無意識のうちに、あらゆる生命体に共通する3つの行動に集中するように仕向ける**ことだ。

3つの行動は「3つのF」で表すことができる。すなわち、恐怖（fear）（生存が脅かされたら、逃げるか、隠れるか、戦う）、食べる（feed）（餓死しないように、目の前に食べられる物があれば食べて第1のFに役立てる）、そして第3のFは、具体的な単語を書くのは控えるが、種を維持増殖させるための行為のことだ。

しょせん、人間はトラに襲われたなら一瞬で死ぬ。食べることができなければ1～2カ月で死ぬ。子をもうけなければ、種としても一世代で亡びる。そうはさせじと、ミトコンドリアは人間の神経のコントロールパネルを制御している。

人間が何かを恐れて行動を躊躇するとき、食べすぎてしまうとき、周囲の注目や称賛を得ようと頑張りすぎてしまうとき、**それは、じつはミトコンドリアに支配された本能的行動なのである**。

人間は、何が大事なことか、何が成功や幸福につながるのかを考えるより先に、この本能的衝動に身をゆだねるようにできているのだ。この衝動を手なずけなければ、真の成功はおぼつかない。

お金、権力、身体的魅力という典型的な成功の定義が、細菌レベルの存在に支配された3つの行動の反映であるというのはなんとも残念なことだ。「権力」があれば一定の安全が保証され、怖いものから逃げる必要も戦う必要もなくなる。「お金」があれば食べるのに困らない。「身体的な魅力」があれば、生殖のためのパートナーを引き寄せることができるだろう。

**権力、お金、セックス。たいていの人間はミトコンドリアの命を受けて、これら3つの追求に一生を費やしている**。1個のミトコンドリアは小さすぎて脳を持っておらず、賢いとは言えないが、この3つの法則に従って毎秒数百万回も行動している。数千兆個のミトコンドリアが同時にこの法則に従うとき、それ自体の意識を持った、ある複雑なシステムが出現する。歴史を通じて人間は、この意識にさまざまな名前を与えてきた。たぶん、最もよく知られているのが「エゴ」（自我）だろう。

つまり、人間のエゴとは本能の産物であり、子孫をつくってヒトという種を長らえさせるのに要する時間を生きるための生物学的現象にすぎないということだ。身もふたもない話だが、それが事実なのだから仕方がない。

## ミトコンドリアを逆に利用する

しかし、よい知らせもある。ミトコンドリアは人間を本能的行動に向かわせるだけでなく、高次元な思考や行動に必要な力も与えてくれて、あなたの成功を後押ししてくれるのだ。**ミトコンドリアはばかだが、役に立つばかなのだ。**

ゲームチェンジャーは、エゴ――ミトコンドリアに強制された目標――には引きずられることなく、しかしミトコンドリアが与えてくれるエネルギーはきっちりと使わせてもらっている。低次元の本能を超越し、利用すべきものだけを利用しているからこそ、自分と社会の改善に集中できるのだ。そこから、真の幸福と充足、そして成功がもたらされる。

自分をアップグレードする探究を何年も続けた結果、僕はそんな本能のシフトを経験することができた。ひそかな恐れを隠し、なんとか成功した太っちょの若者として、僕は長年自分の本能と戦ってきた。あくせくお金を稼ぎ、権力を追求し、セックスのチャンスを狙って体重とも格闘したが、正直なところ、いつも何かに怒っていて幸せではなかった。

だが、本書で紹介するテクニックを使うことで、僕はミトコンドリアの命令に従ってエネルギーを費やすのをやめ、本当に重要なことに力を使えるようになった。**本能に支配されたエゴ**

**を克服して真の目的を追求すれば、成功がついてくる**ことも知った。

もちろん、目標は人それぞれだ。この本は、何をなすべきかを教えるものではない。それはあなたが自分で決めることだ。この本の役割は、あなたが決めた目標の実現を助けることである。

この順序が大切だ。何をめざすかという目標を決めずに、ツールやテクニックを実行しても意味がない。まずは自分の目標を定めたうえで、この本が紹介する方法やツールのいくつかを活用するなら、大きな成果を挙げることができるだろう。

## 自分を変える「究極の42のハック」

ゲームチャンジャーたちのアドバイスを使いやすいものにするために、本書では、彼らのテクニックやツールの基礎にある重要な考えを抽出して42の「ハック」として紹介する。そしてその各々に、「やるべきこと」として、身につけたい習慣や実行するとよいプラクティスを挙げた。

42のハックは、いずれも自分の限界を超え、パフォーマンスを最大限に高め、人生を楽しむためのもので、大きく3つのカテゴリーに分類されている。「もっと賢く」「もっと速く」「もっと幸せに」である。

## もっと賢く(PART1)

「もっと賢く」が最初に来るのは、**脳が最高のパフォーマンスに達しているときには、ほかのすべてが簡単にできるようになる**からだ。

脳パワーを最大化させて最大限のパフォーマンスを得られるようになれば、目標達成に必要なエネルギーを得ることができる。

## もっと速く(PART2)

次に来るのは「もっと速く」だ。大昔から、人類が得ようと奮闘してきた目標だ。数十万年前なら、洞窟の中で、より速く火を起こせた者が生き残って勝者になれただろう。以来、人類はもっと速くなろうとする努力をやめたことがない。

このカテゴリーに属する法則は、**身体活動の効率を向上させ、やるべきことを実行するための精神的・身体的エネルギーを与えてくれる**。身体が活力を失ったら成功は難しいが、気に入ったツールを使って身体的アウトプットを最大化すれば、思いもよらないことができるようになる。

## もっと幸せに(PART3)

多少なりとも心と身体をコントロールできるようになったら、次にめざすのは「もっと幸せに」だ。

意識を目覚めさせ、集中力を高め、現実世界とつながるために、なんらかの実践をしているゲームチェンジャーは多い。彼らはその実践を通じて、高いレベルの幸福感を得ている。

具体的な方法としては、**多くの人が瞑想や呼吸法を挙げ、それで平穏な心が保てると話してくれた**。一般論的なアドバイスではなく、実際に自分がやっていることとして挙げてくれたのである。

「幸せになるにはどうすればいいか？」というのは、どんな答えが返ってきてもおかしくない質問だ。なんとコーヒー浣腸が大事だと言った人もいる！　けれども大多数は、真の幸福を見つけるうえで、瞑想や呼吸法のような古来の習慣に確かな効果を感じていると語った。呼吸法や瞑想がゲームチェンジャーの成功に一役も二役も買ったのは間違いない。

成功した人びとが心の平穏と幸福を優先するのは、結局のところ大切なのは賢さや速さではないことを知っているからだ。いつも惨めな気持ちでいたら、何かを達成することなどできない。これこそ本書が幸福を重視する理由である。

もちろん、本書が紹介する法則はすべて互いにつながっている。賢く速くなれば仕事に集中するエネルギーが得られ、苦労も減って幸福になれる。同様に、脳や筋肉に流す酸素の量を増やす呼吸法を習得したら、精神的・身体的ストレスから速く回復できるだろう。こうして世界の感じ方や経験の仕方が変わり、あなたはもっと幸せになれる。

## 「数百万ドル×数十万時間」の価値のある知識

自分の内面や周囲の環境から受ける影響をコントロールできる人は、低次元の本能に引きずられることなく、自らの生物学的状態を改善できるようになる。

生物学的に考えられるあらゆる手段を使ってパフォーマンスを改善することを「バイオハッキング」という。僕はその体系化を試みている。そこでは、「生物学的状態」には、身体、脳、精神までのすべてが含まれる。もちろん僕がそんなことを言わなくても、はるか昔から、学者も科学者も仏教僧も理想の生物学的状態を探求しつづけてきた。

最高の人間になるためには、望ましい環境をつくって、自分自身をコントロールする必要がある。この本には、**人生を変えるための42のハック**が紹介されており、どこから手をつければよいかを探すことができる。僕はどのインタビューもおよそ8時間かけて準備している。それが450人だから、この本は丸2年のフルタイムの仕事に相当する3600時間もの研究が濃縮されていることになる。

20年前にこの本に載っていることを知っていたら（そして聞く耳を持っていたら）、どんなに人生が違っていただろう……と僕は思う。あのころは不幸で、太っていて、のろのろとしていた。間違ったものを追いかけ、それを手に入れては「なぜ満足できないのだろう」といぶかっていた。人生は悪戦苦闘の連続だった。20年前に本書の情報があれば、数百万ドルと何年間もの無駄な労力を節約できたはずだ。

それでも、そんな苦闘の日々に感謝している。もしそれがなければ、学んだことをあなたとシェアすることもなかったのだから。

あなたはいま、貴重な教えを伝える恩送りの輪の一員になろうとしている。以下のページに盛り込まれた知見は、**一人ひとりの専門家がそれに注いだ時間を足し合わせれば数十万時間にも上る研究、実験、そしてそれらの結果の集大成だ。**学校で教えてもらえることではない。専門分野で成功した人びとから、直々(じきじき)に伝授される真の秘訣である。

たとえわずかでも、いまより賢く、速く、幸せになれたら、人生は大きく変わる。自分の人生だけでなく、世界をより良い場所に変えることができるだろう。本書の法則を実践する人が増えれば増えるほど、人間であることの新たな意味が見えてくるはずだ。あなたにもぜひゲームチェンジャーの仲間入りをしてほしい。それがこの本を書いた僕の願いである。

## 第2章 脳――習慣とトレーニングで強化する

# PART 2 FASTER もっと速く

# PART 3 HAPPIER もっと幸せに

第10章

## 幸福──お金で買えないなら、何で買える？

## 第13章

## 第14章

## 感謝──この章だけ読んでも効くほど強力なハック



本文中の〔 〕は訳注を表す。＊は原注があることを表す。

# PART 1

# SMARTER
## もっと賢く

第1章
# 自己
## 「新しい自分」を脳にしみこませる

### 自分を「強くするもの」を加え、「弱くするもの」を除く

生物学的エネルギーという言葉を聞けば、身体を動かす燃料をイメージする人が多いだろう。脚は走るのにエネルギーを使うし、腕はものを持つのにエネルギーを使う。

しかし、**人体の器官の中で、単位重量当たりで計算すると、脳がいちばん多くのエネルギーを使っている**と知ったら、驚くのではないだろうか。思考すること、集中すること、決定すること――なんにせよ頭を使ってすることは多くのエネルギーを消費する。

前著『HEAD STRONG』のためのリサーチから学んだのだが、脳へのエネルギー供給を増やす方法はたくさんある。だがいちばん簡単な方法は、いまあるエネルギーの無駄づかいをやめて、重要なことのために蓄えておくことだ。

これは要するに優先順位づけである。大事なことのために脳エネルギーを集中させる一方で、

疲れるだけで重要ではないものを切り捨てるということだ。言い換えれば、あなたを弱くするものを取り除いて、強くするものを加えるわけだ。そこには生物学的なものだけでなく、選択や信念——意識的なものであれ無意識のものであれ——に関連するものも含まれる。

100人以上のハイパフォーマーが、**「行動の優先順位づけ」と「自分の強みへの集中」を成功のための2大ツールとして挙げた**ことには、はっきりとした理由がある。

この章で扱う法則は、「脳エネルギーの節約」と「脳エネルギーの生産性向上」をめざすものだ。僕自身、これを生活に組み込んだら大きな成果が出たし、多くの先駆者たちも明らかに同じことをしている。強みに集中し、どうでもよいことにエネルギーを使うのをやめ、価値のあること、楽しいこと、社会的に有意義なことに、もっと時間を使えるようになる。

# HACK 01 ▼「脳エネルギー」を本質に集中させる

一日は24時間だ。この時間を「心の底から気にかけている大切なこと」に使うのか、「どうでもいい取るに足りないこと」に使うのか、あるいは「苦手なことを克服して自分の価値を証明する」ために使うのか、どれでも選ぶことができる。

自分にとって最も大事なことを優先する技術をマスターしよう。つまり、情熱を傾けられること、生活の質を高められること、さらに新しいエネルギーが湧いてくるようなことに時間を使えるようにするのだ。いまより「ノー」と言う回数を増やそう。意思決定の数を減らして、大切なことに大きなパワーを注ごう。

## 「ノー」と言う回数を増やす

自己改善の探究を始める前、スチュワート・フリードマン（スチューと呼ばせてもらう）はペンシルベニア大学ウォートン・スクールで僕の教授だった。「きみのエネルギーの使い方は、どれも間違っている」と指摘して、僕の世界を変えてくれた恩人だ。

スチューはリーダーシップの教授だが、フォード社の上位100人のシニア・エグゼクティブの一人で、同社全体のリーダーシップ開発の責任者でもあった。**仕事と生活のバランスを欠くリーダーは良いリーダーになれない**ことを証明して、健全なワーク・ライフ・バランスを教える「トータル・リーダーシップ・プログラム」を開発した人物でもある。

『ワーキング・マザー』誌は、「アメリカの働く親たちに影響を与えた25人」にスチューを選んだ。「シンカーズ50」（世界的影響力のある経営思想家50人）は、被引用回数の多さや国際的知名度を評価して、リーダーシップとマネジメントの分野で彼を50人の一人に選んだ。彼が大学教育と著書『自分が望む人生を生きる』（未邦訳）を通じて、僕を含む何万もの人の働き方と生き方を変えたことは間違いない。

## 自分にとって「本当に重要なこと」に向き合う

スチューによると、成功者の生活を調査したところ、成功するためには「**自分にとって何が重要かを自覚し、それに誠実に向き合う**」ことが大切だと判明した。

これはシンプルだが、実行するのは難しい。日々の仕事に追われる中で、「自分は本当はなんのために頑張っているのか」と立ち止まって自問する人は少ない。そのため、目標に沿って明晰な意思決定をすることが困難になっている。

「何が重要か」をわきまえることで、はじめて意思決定に明晰さがもたらされ、多くの（もしかしたらほとんどの）ことにノーと言って、重要なことだけに注意とエネルギーを注げるようになる。

## 20年「逆算」してやるべきことを見極める

自分の価値観を明確にするために、スチューは「20年後」について考えることを勧めている。いまあなたがこれを読んでいるのが2020年であれば、2040年の自分を考えるということだ。

**あなたの2040年の「ある一日」はどんな一日だろうか？** だれと一緒にいる？　何をしている？　あなたはどんな影響力を持っている？　それをすべて書き出してみよう。

それは誓約書でもアクションプランでもない。自分の価値観に沿った歩みを始める入り口として、「達成可能な未来像」を具体的にイメージするのだ。それが明確に思い描けたら、間違って無関係なことを優先することも、つまらない骨折り仕事に気をとられることもなく、何にエネルギーを注ぐべきかを決めやすくなるだろう。

**自分にとって「何が最も重要か」がわかったなら、次には「だれが最も重要か」を思い起こそう。** これはだれにとっても難しい質問だが、真のリーダーになりたければ時間をとって自問すべきだ、とスチューは言う。「私にとってだれが重要か、その人たちは私に何を求めているのか、私はその人たちに何を求めているのか？」。これまでの人生で、あなたの世界観を形成するのに影響を与えた重要な人の名前を書き出してみよう。

僕はスチューと過ごした時間から多くを学び、自分が間違ったことにエネルギーを費やしてきたという残念な事実を認識させられた。僕の中心的な価値観のひとつは「自己改善を継続すること」だが、仕事に集中するあまり、そのことを脇に押しやっていたことに気づいたのだ。

そこで、自分を改善するために何か有益なことを毎日実行すると決めた。このささやかな自分との約束で、僕は自分の時間とエネルギーを賢く配分できるようになり、自分の成長と目標に集中できるようになった。

## 意思決定に使える脳エネルギーには「限界」がある

「ノー」と言うことのパワーをもっと上手に使えるようになるために、自己改善に真剣に取り組んでいる人に教えを求めた。トニー・スタッブルバインだ。

彼が自らに課しているミッション〔使命〕は、ビジネスや教育や健康など幅広い分野で、コーチングによって人びとの自己改善を支援することだ。トニーは「本人の努力と、それを支援するコミュニティの存在が両輪となって目標達成につながる」という考えに立脚するコーチ・ミーという会社を設立してCEOを務めている。

### 意思決定を「予算管理」する

トニーは自分の意思決定に「予算」を設けている。**毎日、一定数の意思決定しか行わないと決めて、その予算の枠内で一日を過ごす**のだ。

そのため彼の朝の行動は、一日のその後に意思決定予算をできるだけ多く残すために効率的に設計されている。朝のうちにあれこれ無駄な意思決定をしてしまったら、予算があるので、午後からはごくシンプルな意思決定しかできなくなる。

彼も昔からそんなやり方をしてきたわけではない。かつては、毎日目が覚めるなりスマートフォンとＳＮＳをチェックしていた。思い当たる人が多いのではないだろうか。目覚ましのアラームを止めた瞬間から、しなくてはいけないことと、返事をしなくてはいけないだれかのことで頭がいっぱいになった。その瞬間から、意思決定のために脳が回転しはじめる。どのメールに返信すべきか？　このチャンスを受けるべきか？　投稿に「いいね」を押すべきか？　リンク先の記事を読むべきか？

あるとき彼は、**こうした意思決定が予算をどんどん使っているせいで、その日にやりたい本当に重要な案件にたどり着けないでいる**自分に気づいた。

やがてトニーは、ＣＥＯである自分にとって最も重要な習慣は意思決定だということがわかってきた。ビジネス上の機会に対して、イエスと言うかノーと言うかの意思決定は特に重要だ。一日の早いうちにあれこれ意思決定をして脳のエネルギーを使ってしまったら、会社にとって最も有効な決定を下せなくなると思うようになった。

そのことに気づいたトニーは、より健全な意思決定の習慣を自らに課し、明晰な頭脳で一日を始めることを最優先している。

朝、起きると、まず瞑想を行う。それから「やることリスト」を書き出し、**自分のミッションに大きな影響がある項目はどれか**を考えて優先順位をつける。それをしばらく続けていると、項目の多くはあまり重要ではないとわかってきた。優先順位と、それぞれのタスクの影響の大きさが把握できてくるにつれ、明快な根拠で迅速に決定が下せるようになった。

やがて、自分と会社にとって何が重要かが明確になり、イエスかノーかを決めなくてはならないとき、妙な駆け引きをしたり、無駄な時間を費やしたりせず、シンプルに対処できるようになった。**イエスでもノーでもたいした違いがない場合は、自動的に「ノー」と答える**のが習慣になった。

これは必ずしも簡単なことではない。だから、自分の障害になっている習慣を見つけるためにコーチを雇うというのは良い方法だ。僕はジェフ・スペンサーを雇った。9年間、自転車競技のツール・ド・フランスの優勝チームを含むさまざまなチームでパフォーマンスコーチとして経験を積み、のちにコーチングの世界に転じた人だ。

優秀なコーチは、あなたが生活のどこで無自覚にエネルギーを浪費しているかを見つけて、あなたのレベルに応じて、悪い習慣を変える取り組みを続けられるようチェックしてくれる。そんな影響を与えてくれたジェフに、僕はブレットプルーフ・ラジオでインタビューさせてもらった。

## 午前と午後で裁判官の判断が変わる

「意思決定に予算を設ける」というトニーのやり方は、僕のお気に入りの科学的研究が示している理屈とも合致している。それは2010年にイスラエルの研究チームが行った、服役囚の仮釈放申請に対する裁判官の判断についての分析だ。[*1] 10カ月にわたって1000件以上の仮釈放案件について調べた結果、裁判官の決定とそれを行った時間帯のあいだに、興味深くて強い関連があることが判明したのである。

一日のうちの早い時間帯に行われた審理では、裁判官は全案件の約65％で仮釈放を許可していた。だが時間が進むにつれ、許可する率は下がっていき、昼食の直後に一瞬65％にもどったものの、ふたたび低下しはじめ、ついには０％になってしまった。この傾向は、対象者が犯した罪の種類や教育程度、刑務所内での行動など、多くの変数を加味しても一貫していた。

裁判官たちにいったい何が起きていたのか？　彼らは仮釈放についての審理が進むにつれ、意思決定の「予算」を使い果たしていたのだ。

## 「決定疲れ」はなぜ起こる？

意思決定の予算とは、要は意志の力のことだ。意志力と言われれば、抽象的な概念のように思えるかもしれない。世の中には意志が強い人もいれば弱い人もいると。だが、**意志力とはそういう抽象的なものではなく、筋肉のようなものだ**。訓練で強くできるし、使いすぎれば疲れもする。意志力という筋肉が疲れているとき、人は自分でも気づかないうちに間違った決定をしはじめる。

意志力は筋肉のようなものだとする考えは、前帯状皮質（ＡＣＣ）の存在に基づいてもいる。これは、こめかみのすぐ脇あたりの脳内にある「Ｃ」の形をした小さな部位で、意志力の中枢と考えられている。

ＡＣＣをエネルギーの預金口座だと考えてほしい。一日の始まりには潤沢なエネルギー残高があるが、何か決定するなど心理的にエネルギーを使うたびに預金が引き出される。朝、何を着ていくかを選ぶときに少し、朝食に何を作るかを決めるのにまた少し。服役囚の仮釈放のような大きな決定は、口座の残高を一気にゼロにしかねない。

エネルギーの超過引き出しをしたら、ＡＣＣはうまく反応しなくなり、意志力は枯渇する。悪い意思決定をしてしまうのはそんなときだ。この現象は「決定疲れ（ディシジョン・ファティーグ）」と呼ばれている。**決定の回数が多くなるほど判断力が低下する**ことを意味する言葉だ。

企業は何年も前から決定疲れの存在を知っていた。店のレジの前に色あざやかなパッケージのキャンディを並べているのはそれが理由だ。商品を物色しながら次々と決定している買い物客はエネルギーの預金残高が底をつきつつある。レジの列に並んだときには、決定疲れから間違いを犯しやすくなっているうえに、脳にエネルギーを与えるために手軽な糖分が欲しくなっている。そうして我慢できなくなって、キャンディを買うことになる。

裁判官にはこの現象に対する免疫がないので、一日の審理を通してたくさんの意志力を使い果たす。ＡＣＣのエネルギー残高が少なくなった一日の終わりには、複雑な決定をするより、あっさり仮釈放を却下するほうが簡単ということになる。

そう考えれば、裁判官が同じ午後でも昼食直後には仮釈放を多く認めている理由がわかる。

昼食によってACCが新たなエネルギーを得たということだ。

昼食で何を食べるかによって違いが生じるのか？　エネルギーが長つづきする昼食がより良い決定を支えてくれる、と考えるのは理に適って（かな）いる。シリコンバレーの伝説によると、かつて隆盛を誇ったサン・マイクロシステムズ社は、ランチミーティングのメニューからパスタを廃止したことがある。高炭水化物のランチでは会議がうまくいかないことに気づいたからだ。実際、**食べるものは意志力に大いに影響する**。もっとも、食べるものを変えるよりも無意味な決定をしないことのほうが簡単ではあるが（僕は両方やっている）。

決定疲れの存在を明らかにしたこの研究から、仮釈放の審理はすべて朝に行えばよいことがわかる。いやその前に、そもそも被告が意志力を賢く使っていれば、罪を犯して有罪判決を受けることもなかったはずだ。

## 負荷をかけて「意志の力」を強化する

決定疲れを回避し、意志力を維持するには、2つの方法がある。ACCに貯蔵しているエネルギーの量を増やすことと、一日に行う意思決定の数を減らして脳エネルギーを保つことだ。

**「意志力という筋肉」は身体の筋肉と同じように強化できる**。負荷の大きいことをすればよいのだ。僕がやっているシンプルな手法は、デスクに強力なバネ仕掛けの握力強化グリップを置いておくことだ。ときどき握りしめ、筋肉がうずいてもうやめてくれと叫んでも握りつづける。

もうひとつの方法は、息を止めて、肺が「息をして！」と叫んでも息を止めつづけることだ。困難なことをやりきれれば、ほかのことは簡単にできるように思える。意志力は成長する。ただし、重要な会議やプレゼンなどで大きな意思決定をしなくてはならない日には、そういうトレーニングで意志力の蓄えを使い果たさないように気をつけよう。

## 行動を「ルーティン化」して意思決定の数を減らす

「なるべく多くの意思決定を省けば頭脳が明晰になる」というシンプルな考えに基づく方法を勧める人もいる。決定をせずにすませれば、それに要したであろう意志力を、より重要なことのために取っておくことができるというわけだ。そのため、ハイパフォーマーの多くは、**何も考えずに自動的に行動できるさまざまなルーティンを生活に取り入れている**。そういう人は、強い集中力とエネルギーで事を成し遂げている。

数日間、自分が毎日どんな意思決定をしているかを調べて、エネルギーの無駄づかいだと思える決定を自動化してみよう。食事と服装は自動化しやすい項目だ。

## 「カプセル・ワードローブ」で服選びの労力をゼロにする

なぜスティーブ・ジョブズは毎日黒いタートルネックを着て、ニューバランスのスニーカーをはいていたのか？　なぜマーク・ザッカーバーグはクロゼットの中に10着のまったく同じTシャツを入れているのか？　なぜたいていのCEOは、毎週3～4着のスーツを着回しているのか？（あるいは、なぜ僕はいつもブレットプルーフTシャツを着て、見た目は悪いがすこぶる快適な足指の分かれた靴をはいているのか？）

　あなたも同じような服装のバリエーションを確立すれば、毎日何を着るかで悩まなくてよくなる。これは小さな意思決定のようだが、**有意義なことに使える脳エネルギーをたくさん節約してくれる。**

　女性より男性のほうが簡単ではあるだろうが、男女とも、スティーブ・ジョブズとまではいかなくても、カプセル・ワードローブ（ミニマリストが提唱する、最低限のアイテムに限定したワードローブ）を持つことはできる。

　そのためには、トップス、ボトムス、ジャケット、靴を、それぞれ3つか4つにまで絞り込むことだ。色はグレーやネイビーなど、どんな色とでも合う中間色がよい。暗闇の中で選んでもマッチするくらいの揃え方ができれば申し分ない。それ以外のアイテムを処分すれば、クロゼットには20点ほどしか残らないだろう。

　参考にするために、「カプセル・ワードローブ」でネット検索するのもよいだろう。人気の衣料品ブランドで、カタログに「カプセル」アイテムのタグ付けをしているところもある。

　もちろん、何点か大事な服を社交イベントやフォーマルな機会のために取っておくことは、まったく問題ない。要は、だれもあなたの服のことなど気に留めていない日に、何を着るかで頭を使うのはやめましょう、ということだ。

## 「カプセル・ダイエット」で脳エネルギーを保つ

食事の面では、数種類の固定メニューを繰り返す「カプセル食事（ダイエット）」を活用することができる。5～6通りの「家族全員が好きなレシピ」を見つけてローテーションさせるというやり方だ。そうしておけば、何を買ってどんな料理をするかあれこれ考えなくても、食材を揃えて料理できる。飽きてしまったら、順次新しいレシピと入れ替えていけばよい。

僕にとって意志力の大きな節約になったのは、ほかでもない「完全無欠（ブレットプルーフ）コーヒー」（コーヒーにグラスフェッドバター、MCTオイルを加え、撹拌したもの）だった。**朝食に何を食べるか考えなくてよいし、準備する時間も節約してくれる**。少ない決定ですむ食事、準備の労力が少なくてすむ食事は、エネルギーを大いに節約してくれる。

意思決定の数を減らすテクニックを使えば、脳エネルギーをたっぷり確保できる。そのエネルギーはいちばん大事なことに使おう。何が大事なことなのか、まだわからないって？　それは自分で考えて決めるしかない。

**やるべきこと**

- 深く息を吸い、我慢できなくなるまで息を止める（運転中や健康上の問題がある場合には行わないこと）。
- 1週間、意思決定をするたびにメモを取り、自分が行った意思決定について、2つのことを自問しよう。
  ①この決定は重要だったか？
  ②この決定を避けるために、無視するか、自動化するか、この種のことが好きな人に頼んで代わりにやってもらえなかったか？
- 毎日の意思決定の中で「自分の人生になんの価値も加えていない」ものを2つ挙げよう。うっかり意思決定しなくてすむように、それをここに書き出しておこう。
  ・不要な決定1：
  ・不要な決定2：
- 今後、その決定はしないですませる。
- 朝食について考える。朝食に関する決定を自動化できないか？　何を食べるか考えなくてもよい「デフォルト朝食」はどのようなものになるだろう？　1週間それを試してみよう。
- クロゼットを調べて、最も相性のよいものを取り出しやすいところに置いておこう。そうすれば少なくとも数日は、服装に関する意思決定を減らすことができる。もし気が向いたら、カプセル・ワードローブをやってみよう！

●熟練したパフォーマンス・コーチに教わることを検討しよう。

## HACK 02 ▼自分探しをやめて「自分づくり」をする

世界を変えるためには自分の強みを活用することが必要だ。だが、受け身の姿勢で自分の強みを探すのはやめよう。自分はこんな人間になると積極的に決意し、その取り組みの中で獲得した強みを活かすのだ。どんな人間になるかを自分で決めないで、他人の意見で右往左往していたら、苦労ばかり多い人生となって、大きなことは達成できないだろう。

情熱を注げる目標や対象を自分で見つけて、自分の意思で追いかけよう。環境や他人に左右されていたら、人生は自由や情熱とは縁遠い、惨めで平凡なものになってしまう。

# 「理想像」のインプットをくり返す

ブレンドン・バーチャードは、ハイパフォーマンス・アカデミーの設立者であり、「チャージド・ライフ」ポッドキャストのホストであり、ニューヨークタイムズ・ナンバーワンベストセラーの『自分を貫く』『自分に自信を持つ方法』（ともにフォレスト出版）、『人助け起業』（ヒカルランド）の著者でもある。ユーチューブで質の高い自己啓発の番組を持っていて、フェイスブックで最も多くフォローされる100人の有名人の一人である。

ブレンドンの教育関連事業は、ビジネス、マーケティング、自己啓発の分野で、世界中の数百万もの人びとを助けてきた。彼が主宰するエキスパート・アカデミーやワールズ・グレイテスト・スピーカー・トレーニングなどのプログラムは、僕を含めて数千人の人びとに力を与えてきた。当然、インタビューさせてもらった！

ポートランドで会うために彼に時間を割いてもらうのは、拍子抜けするほど簡単だった。それはブレンドンが**だれに振り回されることもなく、自分で自分の時間を管理している**からだ。もちろん、僕たちが友人同士であることも助けになったが、彼ほどの仕事を達成しているほかのだれよりも、ブレンドンには本当に自由な時間が多い。意識的にそういう生活を心がけているからだ。人に勧めていることを、あらゆるレベルで自ら実践しているのだ。

## 「能力－自信ループ」で前進する

ブレンドンは、人間の主要な動機は「個人としての自由の追求」であると考えている。彼はそれを「自分が何者であるかを存分に表現し、自分にとって意義深く重要なものを追求する能力」と定義している。しかし、そこには行く手を阻む2つの障害がある。

ひとつは自己抑圧。自分自身を否定的に評価する傾向だ。もうひとつは社会的抑圧。あなたを批判的に判断し、あなたがそうなりたいと望む人間になることを阻み、あなたが望むものを手に入れるのをじゃまする人びとの存在だ。

ブレンドンは、彼が「能力（コンピテンス）－自信（コンフィデンス）ループ」と呼ぶものを発展させることで、これら2つの障害を克服できると指摘する。**何かについて理解が深まるほど、あるいは能力が高まるほど、人からなんと言われてもそれを追求するようになる。**そうして深く追求すれば、さらに知識や能力が増して真の熟達に近づいていくというわけだ。

この戦略は、自分にとって何が最も重要かを知る必要があるという点で、スチュワート・フリードマン（32ページ参照）の助言と似ている。ただブレンドンの場合は、できることは何かを考えて、それに集中する実用重視ではなく、自分の願望を大切にして、成すべきことを追求することを勧めている。

## 言われたい「3つの言葉」を1日に3回聞く

その方法としてブレンドンは、自分を形容する最高の言葉を3つ、自分のスマホに録音しておくことを勧めている。自分について、人からいちばん言ってもらいたいことを録音しておくのだ。それはプライベートな生活にも仕事にもあてはまる言葉でなくてはならない。

ゲームチェンジャーたちが挙げた言葉は、「進んで手を差しのべる」「感謝を忘れない」「エネルギーにあふれている」「あたたかい」「愛情深い」「献身的」「インパクトがある」などである。**しっくりくる言葉を3つ選んで録音し、1日に3回読み上げる**ようにアラームをセットし、そうありたいと願う自分の姿を思い出せるようにするのだ。

自分の理想像を意識せず漫然と行動していたら自信が持てなくなるが、意識していれば理想と一致した行動をとりやすい。そうなると、自信をつけて能力を高めるという継続的なフィードバックループが生まれる。なりたいと思う人物像にふさわしく行動することで、いちばん味わいたい感情を積極的に生み出すこともできる。

ブレンドンによれば、**マスターすべき最も重要なスキルは、こんな自分になりたいと思う姿に近づこうと意図して、そのために必要なステップを踏むこと**だ。言い換えれば、自分が何者であるかを見つけることによってではなく、自分が何者であるかを決めることによって、力を得ることができるのだ。

## 成功者の「行動パターン」を身につける

なりたい自分になるための行動という話になれば、ロバート・グリーンを抜きに進めるわけにはいかない。ニューヨークタイムズ・ベストセラーとなった『権力に翻弄されないための48の法則』『成功者たちの誘惑術』（ともにパンローリング）、『恐怖を克服すれば野望は現実のものとなる』（共著、トランスワールドジャパン）、『マスタリー』（新潮社）の著者だ。

実業界に根強いファン層を持ち、政界にも信奉者が多いうえに、戦史研究家から音楽業界の看板スター（ラッパーでソングライターのジェイ・Zや、ヒップホップの50セントを含む）まで、あらゆる人にロバートの著作が歓迎されるのは、世界最高峰の人びとがいかにしてその地位に就いたかが綿密に分析されているからだ。

### 持ち場・立場で行動は変わる

ロバートのことはインタビューするずっと前からフォローしていた。僕のキャリアを一変させてくれた人だからだ。

20年前、僕はグーグルの最初のサーバーを保有することになる会社の設立に部分的に携わっていて、自分より2倍も年上で、100倍も経験豊富な役員たちの会議に参加していた（僕はいちばん若造で、その会議では発言権もなかったが、何が起きているのかは目撃できた）。理詰めで考える技術者タイプだった僕には、経営上層部の人びとのことがどうにも理解できなかった。彼らの選択や行動には意味がわからないことが多かった。まったくクレイジーとは言わないまでも、不合理に見えた。

だが、そこで手にとった本がその見方をがらりと変えた。それが『権力に翻弄されないための48の法則』だ。この調査の行き届いた本には、権力者がどうやってその地位にのぼりつめ、そこにとどまったかという歴史上のストーリーが載っており、そこから巧みな手際で教訓を抽出して、行動に移せる法則を提示していた。

これを読んだ1週間後、僕は役員会議に出席して、こう悟った。**この人たちはクレイジーなわけじゃない。権力者なのだ！** 彼らが従っているルールは、技術者のルールではないというだけで、あくまでも合理的だ。これは権力をめぐるルールなのだ。

僕はそこから、シリコンバレーの新しいステージでどう動けばよいかを教わった。いかにしてベンチャーキャピタルで働くか、いかに資金を調達するか、いかに権力者と協力し合うか。ブレットプルーフ社で日々行っている経営の方法もこの本から教わった。この本のおかげで、ものごとをチェスの指し手のように考えられるようになった。この本に出会っていなかったら、僕はいまの場所にはいないだろう。

## 意欲がなければ吸収力は「10分の1」になる

「なりたいと思う人になる」ということについての考えをたずねたら、ロバートはこう答えた。ほとんどの人は自分がどんな人になりたいかを知っている、ただ忘れてしまっているだけだ、と。だれでもたぶん、子どものころには、何がしたいかをイメージできていたのだ。3歳の幼児が追い求めているなんらかの対象こそ、その人にそなわった根源的性向である、とロバートは指摘する。

その人の基本的な強みはそこにあり、軽々しく扱うべきではない。なぜなら、他者とは違うその人のユニークさは、そこに存在するからだ。あなたと同じ分子組成やDNAを持っている人はいないし、将来も現れることはない。あなたのユニークな脳は、あなたがわくわくすることならば非常に速いペースで学ぶことができる。人は学びたいときに学ぶ。**興味のないことを無理やり学ばされる場合には、熱中できることを学ぶときに得られる情報の10分の1しか吸収できない**、とロバートは指摘する。

それなのに、たいていの人は、キャリアを選ぶとき、心底から気にかけていることを追求するのではなく、両親や友人の助言に流されたり、お金につられたりする。それでも、そこそこの地点まで行けることはあるが、真の熟達の域に達することはない。最大の効率で学べないのだから当然だ。

ロバートによれば、すべての時間とエネルギーを注ぎ込める大好きな対象が見つかったら、さまざまなことが無理なく組み合わさって自然にマスターすることができる。僕はこの考えが正しいことを示す生き証人だ。

## 「弱さの克服」より「強みの強化」にエネルギーを使う

要するに、自分の強みがある分野で勝負することが大切なのだ。もっと早くそのことを理解していたらよかったのにと思う。

僕は仕事に就きたてのころ、プロジェクト管理が全然できなかった。できないことがあるのが嫌だったので、それを克服しようと決心した。資格を取るために奮闘したが、生まれ持った強みに反したことだったので、エネルギーを枯渇させるばかりで、凡庸なプロジェクトマネジャーにしかなれなかった。

**中途半端なプロジェクトマネジャーになるために無駄にしたエネルギーを他の分野に使うべきだった**、と気づいた。それでパソコンからプロジェクト管理のアプリを削除し、経験豊富なプロジェクトマネジャーたちの協力を仰ぐことにした。僕には彼らが魔法のようなプロジェクト管理の能力を持っているように感じられたが、要は、彼らは自分の仕事が好きだから必要なスキルを身につけられ、その仕事が得意になったのだった。

その後ウォートン・スクールで学ぶことになった僕は、この教訓を実地に活かすことにした。ほかの学生たちはオールAを取ろうと必死で勉強していたが、僕は早々に、基本的な知識だけ身につけたら、疲れるだけのクラスはぎりぎり合格できればよいと割り切って、好きな分野に注ぎ込むエネルギーを確保することにした。いくつかのクラスではあえてDを取ったが、オールAの友人たちに引け目を感じることなくMBAを取得した。好きな分野に集中したことは、自分を活かせない分野の勉強に余計な時間を割くよりもキャリアに役立った。

## 活動は「0：10：90」に配分する

ストラテジック・コーチ社の伝説の起業家でありコーチである、ダン・サリヴァンのコーチングを受けた僕は、自分の活動を3つに分けて優先順位をつけることを学んだ。「エネルギーを失わせること」「関心はないが重要だし有効なこと」「やる気と喜びを与えてくれること」

僕がめざしているのは、毎日の活動を分類して、第1のカテゴリーの仕事にはいっさい時間をかけず、第2のカテゴリーには10%を、**第3のカテゴリー——ロバートが「根源的性向」と呼ぶもの——に90%を振り向ける**ことだ。この割合から逸脱したら、活動を見直してリセットする。

いまのあなたには不可能なことに思えるかもしれない。たいていは第1のカテゴリーに仕事時間の大半を費やしてしまうが、能力‐自信ループを使って、なりたい自分になるという動機を強化し、根源的性向にエネルギーを集中すれば、そんな割の合わないことをする必要はなくなるはずだ。

やるべきこと

● 最高の状態の自分を表現する言葉を3つ考えて、いつも目に入るところに書き出しておこう。あるいはブレンドンにならって、携帯電話のアラート機能を使って1日3回、聞けるようにしてもよい。その言葉を書き出そう。

・言葉1：
・言葉2：
・言葉3：

● あなたの根源的性向を見極めよう。学びたくてうずうずする、大好きなことはなんだろうか？

● 「嫌いなこと」「無関心なこと」「心を燃やすこと」に何％ずつの時間を使っているかを書き出そう。

・エネルギーを失わせることに使っている時間の割合：
・関心のないことに使っている時間の割合：
・根源的性向も含めて、喜びを感じられることに使っている時間の割合：

● 3つの時間の比率を0：10：90に変えるために必要なことをしよう。

# HACK 03 ▼「言葉」を変えて限界を押し広げる

あなたがどんな言葉を使って考えているか、口に出しているかは、想像以上に重要なことだ。話している相手に対してだけでなく、あなた自身の神経システムにとっても重要な影響がある。言葉はあなたの限界を設定し、運命を左右する。無意識にでも自分を弱くする言葉を使っていると、自分が信頼できなくなり、ほかの人たちもあなたの誠実さを疑いはじめることになる。

ゲームチェンジャーは真実の言葉を注意深く選んで信頼を構築する。自分で自分の限界を定めるようなことはしない。だから、「やってみる」と言うのをやめて、「やる」と言おう。

## 「必要な言葉」をしつこく使う

僕の親友であるJ・J・ヴァージンは健康増進のエキスパートで、ニューヨークタイムズのベストセラーリストに4回登場した著者でもあり、栄養学の分野での仕事を通じて何十万もの人びとに恩恵を与えてきた人物だ。医療の専門家たちに対しても、専門知識を患者に適切に届ける方法を教えている。

数年前、J・Jの10代の息子グラントは友人宅に向かっていたとき、ひき逃げに遭ってしまった。医師団はJ・Jに告げた。命を救うためにはハイリスクな心臓手術が必要だが、それができる唯一の病院に搬送するにはヘリコプターを飛ばさなくてはならず、それには脳出血の危険がある。一命をとりとめることはできても脳の損傷は防ぎようがない。

献身的な母親で猪突猛進の女傑でもあるJ・Jは、グラントの治療にあたっていた医師団の意見を何度もくつがえし、**そのパワーで息子に不利な状況をはねのけていった**。手術は成功して、グラントは昏睡状態から目覚めた（医師団が「決して起こらない」と言っていたことだ）。そして文字を読み、歩き、ついには走れるようになった。

グラントが医師団の予想に反して生き残れたのは、最先端の治療や良好な栄養、見事な手術など、さまざまなことのおかげだ、とJ・Jは言う。しかし、彼女がとった行動の中に、息子の回復に重要な役割を果たしたと思われることがひとつある。それはグラントのそばでJ・Jたちが意図的に使った言葉だ。

グラントが昏睡状態で、母親の言うことなど聞こえていないと医師団が考えていたときにも、J・Jは決して**息子の枕元で回復を疑うような言葉を口にしなかった**。医師や看護師にもそれを許さなかった。

それはJ・Jが、人間の身体はどんな状態のときでも、かすかに言葉を聞いていると知っていたからだ。息子の枕元でJ・Jは、**「これはあなたに起こった最良のこと、110%の自分になって帰ってくるのよ」**と何度もくり返し言い聞かせた。

ある医師が「もし息子さんの意識が回復すれば、歩けるように最善を尽くして治療にあたります」と言ったとき、J・Jはとっさに医師を病室から押し出して、グラントに声が聞こえないようにした。意識が回復しない可能性や、歩けなくなる可能性がわずかでもあることを、息子に聞かせたくなかったのだ。

そのおかげで、グラントは目覚めたとき、110%回復できて当然だという気持ちになっていた。歩けなくなる可能性など、まったく考えなかった。僕は、J・Jが注意深く選んでいた言葉がグラントの驚異的な回復に大きな役割を果たしたことを信じて疑わない。

## 使ってはならない4つの「あいまい語」

言葉の力は偉大だ。言葉は期待や限界を設定し、脳や身体に何が可能かというメッセージを送る。言語は脳のソフトウェアの一部だ。それを意識的に正確に使えば、思いもよらぬことが達成される。

おそらく、『こころのチキンスープ』(ダイヤモンド社)の生みの親であるジャック・キャンフィールド以上に、言葉の力を知っている人はいないだろう。ミリオンセラーを連発し、ニューヨークタイムズ・ベストセラーに同時に7冊をランクインさせて書籍販売部数の世界記録を達成した。ジャックが重視しているのは人を成功に導く教えであり、その精髄をまとめたのが、『絶対に成功を呼ぶ25の法則』（小学館）だ。

言語が成功に与える影響についてジャックと話したとき、**口に出すべきではない言葉がある**と教えられた。自分に限界を設け、枠にはめてしまう言葉だ。

そんな言葉のリストを見せてもらって驚いた。僕自身がそこにある言葉を使っていたからだ。バイオハッキングによって集中力を高めようとしていた僕は、自分が口にする言葉に注意していたが、無意識のうちに、自分を制限する言葉を使っていることに気づいた。

ニューロフィードバック〔脳の活動を調整するバイオフィードバックの一種〕を使って意識が覚醒している状態のときでさえ、知らず知らずのうちに、自己を制限する言葉の影響を受けていた。僕の潜在意識は、重要ではないことを重大事のように感じさせる言葉や、やりたいと願っている重要なことをやらずにすませる言葉を選んでいたのだった。

**悪しき自己制限の効果がある言葉を、僕は「あいまい語」と呼んでいる**。ブレットプルーフ社のスタッフは、責任回避につながる弱い言葉を使うと、僕から注意されることを知っている。同様に、ジャックのオフィスには空（から）の金魚鉢が置いてあって、うっかりあいまい語を使ったら2ドル入れなければならない。それは罰金ではなく、そのような言葉はコストを生じさせることを実感させるためだそうだ。

明快な言葉は、明快な思考と実行につながる。ふだん使っている言葉を聞いて、分析することで、無意識に自分のパフォーマンスを制限しているプログラムを解除できる。

気づかないうちについ使ってしまう、油断も隙もないあいまい語が4つある。僕の前でその言葉を使ったら、ビシッと指摘されるので覚悟しておいてほしい（嫌いな相手にはそんな指摘はしないが）。

## できない（CAN'T）——つねに100％嘘の言葉

この言葉はジャックのリストでも僕のリストでもトップに挙げられている。毎日使っている中でおそらく最も破壊的な言葉だろう。「できない」のだから、何かをやり遂げる方法は絶対に存在しないということを意味する。それはあなたのパワーを奪い、画期的な考えを押しつぶしてしまう。

だが、「できない」と言うとき、その意味は次の4つのうちのどれかひとつだ。①だれかに助けてもらえたらできる、②その手段がない、③方法がわからない、④やりたくない。あるいは、歴史上それをする方法を見つけた人はいない、ということかもしれない。

実際には、**適切な手段と問題解決のための創造性があれば、できないことはない**。できる方法を考えるのに時間と労力を使うことには価値があるかもしれないし、ないかもしれない。そもそもやる価値のない、ばかげたことかもしれない。だが、不可能ではない。「できない」という言葉の本当の意味は、意識する脳には明白だが、無意識の脳はその言葉が語られている文脈がわかっていないので、正しく理解できない。だが無意識の脳にも、その言葉は届いている。この脳の2つの層に生じる理解のずれから、混乱とストレスが生じるのだ。

意識する脳と無意識の脳の両方にとって明確に同じ意味のある言葉を使えば、心をざわつかせることなく事を成し遂げる力が得られる。あなたの言葉を聞いている相手も、意識する脳と無意識の脳の両方で聞いているのだから、正しい意図で言葉を選べば、信頼を得やすくなる。

僕は本書の執筆中に、この教訓が実際に役立つ体験をした。「ドクター・オズ・ショー」〈テレビの健康情報トーク番組〉に出演することになり、ニューヨーク行きの便に乗りたかったのだが、空港に着いたのは離陸の1時間前ではなく59分前だった。オンライン・チェックインはすませていたが、プリントアウトした搭乗券を持っていなかったので、セキュリティゲートを通してもらえなかった。ユナイテッド航空の担当職員は、断固として僕の搭乗券をプリントしてくれなかった。彼女は「この便にお乗りになることはできません」と言った。

**僕の脳は「できない」は嘘だと理解するようにプログラムされている**ので、この事態を別の方向から考えた。そしてユナイテッドとは別のもっと協力的な航空会社に、行き先はどこでもかまわないと言っていちばん安いチケットを発券してもらい、プリントされた搭乗券を握りしめてセキュリティゲートを通過し、予約していたユナイテッド便に搭乗した。

ユナイテッドのゲートまで来て、搭乗券なしにはセキュリティを通れないと言いつのった職員の「信じられない」という表情を見たときには気分がスカッとした。番組の開始に間に合ったときはもっと気分がよかった。

「できない」はつねに嘘だ。そう考える習慣を身につけておけば、脳が別の方法で問題を解決しようとしてくれる。

「できない」という言葉を使わずに1週間過ごせるか、試してみてほしい。たぶんできないと思う……おっと間違えた。言いたかったのは「慣れないうちは難しい」ということだ。

## 必要がある(NEED)——ささいなことを重大事と勘違いさせる言葉

親は子に、ことあるごとに「必要がある」と言う。「私たちは出かける必要があるんだから、あなたは上着を着る必要があるのよ」。じつは、出かける必要も上着を着る必要もない。親が出かけたいだけ、上着がなければ寒いというだけのことだ。

人間の原始的な神経システムに「必要がある」という言葉が届くと、あったらよいという程度の欲求が、生死を分ける重大事になってしまいかねない。意識的な脳はそんな取り違えはしないが、**脳の深い層にある原始的な部分は、「必要」が満たされなければ死ぬと思ってしまうのだ。**

この言葉は、ありとあらゆる場面で使われる。たとえば「お菓子が必要」「新しいコートが必要」。だが、全然必要ではない。あれが必要これが必要と自分の脳に嘘をついていると、どんどん軟弱な人間になっていく。

厳密に言えば、実際に必要なものはわずかしかない。空気（1分断たれると危ない）、水（5日）、食料（2カ月食べられなければ飢え死にする危険がある）、そして雨露をしのぐ場所と暖をとる手段くらいのものだ。それ以外は欲求(ウォンツ)であって必要(ニーズ)ではない。

**「必要」という言葉は100％真実のときにだけ使うようにしよう。**そうでない場合は、真実を正しく表現する言葉に言い換えよう。たとえば「これが欲しい」「これを選ぶ」「こうすることに決める」など。

言葉を正しく選ぶことは、リーダーにとっては特に重要だ。組織は本物の脅威と、脅威を感じさせるものを区別することが苦手だ。社長が社員に「これこれのことをする必要がある」と言い、それを聞いた社員が「できなければ倒産する」と理解したら、パニックや間違った意思決定が行われてしまう。身体的ストレスさえ感じ、パフォーマンスが低下して適切な思考力も発揮できなくなる。選ぶ言葉によって、部下を逃げ出させてしまうこともあれば、困難に立ち向かうよう動機づけることもできる。

僕はブレットプルーフ社のチームに、「締切りに間に合わせる必要がある」とは言わず、こう言っている。「**これは重大なミッションだ。やり遂げよう。**きみたちのために僕が取り除ける障害物はないか？　僕が力になれることが何かあるかな？」

このように真実を伝える言葉を使えば、実際に間に合いそうもない場合でも、遠慮なくさまざまなアイデアを出し合って間に合わせることができる。

「必要がある」という嘘を信じてしまった人は、命の危険でもあるかのように、守れないとわかっている締切りに向かってしゃにむに突っ走ってしまう。「必要だ」と言うのをやめて、「欲しい」「したい」と言おう。なくても死なないなら「必要」ではない。

**1週間、本当に「必要」な場合以外は、「必要がある」という言葉を使うのをやめてみよう。**状況に照らして「必要がある」と言いたくなることもあるが、よく考えると本当に「必要」ではないことが多い。たとえば、「店が閉まる前に着くためには、いま家を出る必要がある」という言い方はどうだろう？　「必要」だと言いそうになる場面だが、思考に柔軟性がない。店に電話をして、閉店時間を遅らせるように頼めないか？　代わりに友人に行ってもらえないか？

「必要がある」という言葉は、たくさんある解決策を無意識の箱の中に押し込み、潜在意識の層でストレスを生じさせ、創造力を縛ってしまう。

## 悪い（BAD）——解決の可能性を閉ざす言葉

現実には、根っから「悪い」ものは多くない。「悪い」というのは、あなたが何かに対して下した価値判断だ。「悪い」とレッテルを貼ることの問題は、潜在意識にその言葉が届くことで、抜き差しならない不運のように感じ、心理的にも身体的にも身がまえてしまうところにある。「悪い」という言葉は、**実際には「好きではない」「望んでいるものではない」という意味でしかない**ことが圧倒的に多い。

たとえば、こんな言い方を見てみよう。「ピクニックに行きたかったのに、雨が降ってきた。運が悪い」。実際には、違う場所で食べればよいだけだ。アリも寄って来ないし、かえって快適かもしれない。ランチを食べられるだけでも幸運と考えることだってできる。雨が降ってきたのは本当に悪いことだろうか？　そうではないことを、わかってもらえたと思う。

「悪い」という言葉は食べ物との関連で使われることも多く、そこに問題も生じている。食べ物の中には、ある人には良いが、別の人にはそれほどでもないというものがある。そんな食べ物は別に良くも悪くもない。それを食べる人も同じことだ。明らかに「悪い」食品、たとえば絶対菜食主義者（ビーガン）向けのＭＳＧ〔グルタミン酸ナトリウム。身体への悪影響が指摘される化学調味料〕まみれのにせバーガーでも、飢え死にするよりはましだ。

**「悪い」という言葉は、誤った二項対立を生み出す**。世界は自然に２つの陣営に分かれるものではない。なるほど、暴力や自然災害など、本当に悲劇的なこともあるが、日常生活のあれこれを「善か悪か」のフィルターを通して見てしまうと、無用な軋轢（あつれき）が生じて、「白か黒か」の思考法に陥ってしまう。何かに「悪い」とレッテルを貼ると、どうしたらよくできるかを考える機会を失ってしまう。

## やってみる(TRY)――やるつもりがないことが織り込まれた言葉

「やってみる」には失敗の可能性の仮定がついてまわる。空港で出迎えてくれる人から、「迎えに行ってみます」と言われたら、あてにできるだろうか？ できないはずだ。現れない可能性が高いと考えるだろう。「迎えに行きます」と言われれば信じられる。

ダイエットをやってみようとか、本を読んでみようなどと自分に言い聞かせるとき、あなたは無意識のうちに失敗を計算に入れている。**きっと実行せずに終わるだろう**。

ジャックはある講演で、「やってみる」という言葉の影響力を納得できる形で示してくれた。まず聴衆に、ノートでもペンでも何でもいいから手近にある物をひざの上に置かせる。そして、「私に見えるように、それを持ち上げてください」と言う。聴衆は言われたとおりにする。「それをひざの上にもどしてください」。聴衆はこれも言われたとおりにする。

次にジャックは、「今度は持ち上げてみてください」と言った。すると、聴衆の動きが一瞬止まる。ちらほらと数人が持ち上げだしたが、ついさっきは一斉に難なく持ち上げていたのに、今度は動きが鈍い。同じ物がさっきよりも重くなったようでさえあった。これは、「やってみる」という言葉を聞くと、それが何であれ、できないかもしれないという可能性が頭をよぎるからだ。**この言葉には脳に逃げ道を与える効果がある**のだ。

重要なのは、自分に失敗の口実を与えず、潜在能力をフルに使って事に当たるよう脳をプッシュすることだ。もちろん、なんでもかんでもやれば良いということではない。時間と脳エネルギーの使い道として適切ではないと思うなら、正直にはっきり（そして誠意をもって）ノーと言えばよい。ただし、やると決めたら全力を尽くすことだ。

『スター・ウォーズ』ではヨーダが、いみじくもこう語った。「**『やってみる』はない。あるのは『やる』だけだ**」。彼はやってみたからジェダイの力を身につけたのだろうか？　とんでもない。あなたも同じことだ。「やってみる」という姿勢では成長することはできない。

**やるべきこと**

- 同僚や家族に、あなたがあいまい語を使ったら指摘するよう頼もう。うっかり使ったら罰金として、チャリティ（もしくは職場のコーヒー基金）にいくらか支払うと宣言し、ずるをしないよう見届けてほしいと頼もう。
- パソコンのオートコレクト機能で、あいまい語を自動的に校正するよう設定して、事実に即した別の言葉に言い換えるようにしよう。リマインダーが頻繁にポップアップすることに驚くだろう。

# 第2章 脳 習慣とトレーニングで強化する

## 習慣が「新しい神経回路」を生む

かつて医師や科学者たちは、人間の脳は生まれつきすぐれているか、そうでないかのいずれかだと信じていた。スマートで集中力が高くやすやすと学べる脳か、そうでない脳かは、オギャーと生まれたときから決まっていると。

20世紀も末になってようやく、「神経可塑性(ニューロプラスティシティ)」という概念が理解されだした。**人間は生涯にわたって新しい細胞を成長させ、新しい神経結合を形成する**という考えだ。

新しく生まれた細胞や神経結合を使って、新しい習慣や信念を得ることができ、速く学び、効率よく記憶することができる。それによって、生活のあらゆる面に大きな影響を与えるパフォーマンスの改善が実現する。

自分は頭が悪いと思っている人がいるかもしれないが、生まれつきの知能は大きな問題ではない。なぜなら、それは変えることができるからだ。

僕のポッドキャストのゲストたちは、人間としてのパフォーマンスを向上させるためには、良い習慣と規律がきわめて重要と考えている。実際、「パフォーマンス改善に役立つこと」として、「習慣」と「規律」は3番目に多く挙がった答えだった。「教育」よりも上位だ。ゲームチェンジャーたちは、習慣——深く考えることなく毎日繰り返している行為——が、あなたがどんな人間で、何を成し遂げることができるのかを決めると考えている。

しかし、言うは易しで、新しい習慣を身につけるのは簡単ではない。行動を、意識しなくてもできる自動運転のような習慣に変えるには、**脳の中に新しい神経回路（ニューラルネットワーク）が形成されなくてはならない**。その回路を形成する能力を高めれば、パフォーマンスの向上に役立つ習慣を身につけることができる。

習慣は脳エネルギーをあまり使わないので、そのぶん大事な目的のために使える脳の容量が増えることになる。この章で紹介する3つの法則が強調する新しい習慣や戦略は、自分の知能についての誤った信念を上書きし、もっと速く学び、もっと簡単に記憶できる脳の状態をもたらしてくれる。そして最終的には、あなたの脳と人生に成長の余地をもたらし、目標をもっと速く、もっとたやすく達成できるようにしてくれるだろう。

# HACK 04 ▼「意識工学」で思考を前向きにする

あなたが抱いている信念、そして自分に語りかけているストーリーは、あなたの中で世界の現実（リアリティ）を形づくっている。それが間違っていたら、それに立脚する習慣も意思決定も不適切なものとなり、望ましい成果をもたらさず、あなたを苦しめることになる。

柔軟な精神は、現実世界についての情報が増えるごとに自らを変化させ、現実を解釈するためのより良い方法を獲得していく。人間として成長しつづけるためには、現実についての固定的な思い込みを疑う、柔軟な精神を身につける必要がある。

## 自分を動かす「信念」を再インストールする

ヴィシェン・ラキアニは20年以上のキャリアがある瞑想の教師で、ネット上で世界最大級の瞑想トレーニングプログラムを運営している。社員200人を擁する彼の会社、マインドバレーのおかげで、ヴィシェンはかなりの慈善活動家になることができた。ベストセラーとなった著作『至極の知の体系』（未邦訳）では、**脳を最適化して極上の幸福感とパフォーマンスを得る方法**を教えている。

ヴィシェンはインタビューで、自分自身について誤ったストーリーを信じてしまった過去について話してくれた。インドの家系に生まれたヴィシェンは、ほかの子どもたちとは見た目が違っていた。同級生のほとんどより鼻が大きく、腕や脚が毛深かった。「ゴリラ脚」とか「わし鼻」と呼ばれて、ヴィシェンはそのメッセージを内面化した。すべての若者がそうするように、彼の精神（マインド）も世界の意味を解釈しようとした。その過程で自分は醜いと思いはじめ、長らく自分を苦しめる信念が形成されたのだった。

## 「信念」は「現実」ではない

ヴィシェンは精神のことを「意味づけマシン」と呼び、定着したストーリーや信念を「ハードウェア」と呼んでいる。コンピュータのハードウェアのようなものだ。人間のハードウェアの多くは7歳になる前に埋め込まれる。意識してそれを選ぶ人はいない。権威者、社会や文化、教育システム、子どもながらの観察が、幼少期の僕たちにそうした信念を吹き込むのだ。しかし、いつまでもそれを疑わずに保持しつづけていると、人生に有害な影響がある。

信念は、自分がいかに大切な存在か、自分に何ができるか、社会での役割は何かなどを教える大切なものだ。ところが**その信念が、自分を貶（おとし）めてたがをはめるようなものであったら、人**

**間としての可能性も制限されてしまう。**

問題は、僕たちはそんな信念をまるで現実のように感じてしまうところにある。なぜ現実のように感じられるかというと、その信念が間違っていると気づくまでは、それが現実だからである。

救いは、コンピュータのハードウェアをアップグレードできるように、信念もその間違いに気づいたときにアップグレードできることだ。

## 意識工学で「人間2・0」に進化する

ヴィシェンは学習過程と人間の発達過程を体系化したものを「意識工学」と呼んで、著書で論じている。

意識工学の第1ステップは**「私の信念は私自身ではない」と認識すること**だ。それは過去にインストールされたハードウェアにすぎず、アップグレードすることも交換することもできる。神経に可塑性(かそ)があるおかげで、人間はネガティブで自己制限的な信念を、もっと役に立つ前向きな信念と取り替えることができる。信念が変われば人生も変わる、とヴィシェンは言う。なぜなら、人が世界をどう経験するかを規定するのが信念だからだ。ヴィシェンは、容姿が人と違うことで自分は醜いと思っていたが、その間違った信念を捨てたときに自信が生まれ、ものの見方も変わり、生活も人間関係もポジティブな方向へとシフトした。

自分を抑圧する信念を取り替えるのは、「人間1・0」から「人間2・0」に進化するための重要な条件だが、容易なことではない。僕たちは信念が自分を制約しているとも知らず、後生大事にそれを抱え込んでいる。それはあまりにもリアルなので、その存在に気づくこともないほどだ。僕たちにとって、世界は信念が教えるとおりに存在している。

信念を書き換える方法として、ヴィシェンは催眠療法や瞑想を推奨している。意識を覚醒させて、間違った信念の存在に気づかせて、それを意図的に変えることを可能にしてくれる方法だ（瞑想については第12章で詳しく述べる）。

ハイパフォーマーたちが自己を制限する信念を変えることを重視するのは、**現実を正しく反映していようとしていまいと、信念はやがて現実になる**と知っているからだ。クライアントに自らの自己制限的な信念に気づかせ、それを正せるように助けることは、ライフコーチやビジネスコーチの大切な仕事だ。

たとえば、大事なプレゼンの前に縁起の良いことがあったから、プレゼンは絶対成功すると確信している人がいるとする。ここで、そんな因果関係が実際に存在するかどうかは問題ではない。その存在を信じることで自信を強めた人は実際に立派なプレゼンをやってのけるだろう。確信版のプラシーボ効果のようなものだ。

## 「楽観的な期待」が成功率を大幅に上げる

僕は瞑想するとき、自分の神経システムに語りかける。ものごとは起こるべくして起こる、僕を成功させてくれる天の配剤がある、そして宇宙が僕の背中を押してくれていることに感謝している、と（最後の部分は、ガブリエル・バーンスティンのすばらしい著書『宇宙があなたの背中を押している』（未邦訳）のタイトルから拝借した）。

僕が自分に語りかけていることは、それが本当かどうかも、僕の合理的な脳がそれを信じているかどうかも、じつは重要ではない。僕が自分の無垢（むく）な神経システムに望むのは、これを真実だと信じ、抵抗なくそのとおりになるのを助けてほしい、ということだ。

ポジティブな信念は、文字どおり成功をもたらす。**成功物語を自らに語り聞かせることで、脳はそれを信じ、それにのっとって行動する**。逆もまたしかり。マーティン・セリグマン博士とペンシルベニア大学の同僚たちは、のべ100万人以上を対象とした30年の調査に基づいて、楽観的な期待が達成の重要な予測指標になることを発見した[*1]。売れると信じている営業担当者たちは、悲観的な対照グループより55%も成功率が高かった。

信念は努力の結果も左右する。だから、最大限に能力を発揮するためにはネガティブな信念を捨てることが大切だ。僕は、エネルギーと時間のかなりの部分を、自分より大きく考える人たちと過ごすことに使っている。自分の可能性についてのストーリーを書き直すことができるからだ。そのことで僕自身も会社も成長することができた。

意識工学の第2ステップは、**生活を形づくっているシステム、すなわち習慣をアップグレードすること**だ。ヴィシェンは、習慣というのはスマホのアプリのようなものだと言う。習慣とは、食事や運動や睡眠など、一日24時間を形成しているパターンのことだ。ヴィシェンは、大きなことを成し遂げた人びとから成功の原動力となった習慣を学ぶことを勧めている（この本を読んでいるあなたは、いままさに、それを実行している）。

## 惰性的な反応をやめて「脳の配線」を変える

新しい習慣を身につける方法について学ぶため、僕はロバート・クーパーから話を聞いた。神経科学者であり、ニューヨークタイムズ・ベストセラーの著者であり、400万人もの購読者にポジティブな影響を与えている人だ。ロバートはまったく無関係に見える2つの分野――神経科学とビジネス戦略――を効果的に組み合わせて、エリートパフォーマーやトップクラスの指導者たちが頭脳、時間、パフォーマンスを最大限に活用できるように助けている。

僕はロバートに、3年目のブレットプルーフ・バイオハッキング・カンファレンスの基調講演を依頼した。公演後、**パフォーマンスを下げる悪しき習慣を断ち切り、より良い習慣を脳に**

**焼きつける方法**について語り合った。

ロバートによると、人間の脳には2000年前の世界でならば役に立ったパフォーマンスを発揮させる習慣がプログラムされている。僕たちは、脳に埋め込まれた時代遅れのプログラムを捨てて最善のアウトプットを追求することもできるし、今日の現実に合わせて脳をプログラムし直す（神経科学の用語では「再配線（リワイヤー）」）こともできる。

そのためにはまず最初に、脳のデフォルトの設定を理解しなくてはならない。人間の本能は、これまでやってきたのと同じことをくり返そうとする。それは日常生活では都合がよい。あれこれ考えないで同じ道をドライブして出勤できるのは、そのおかげだ。だが、絶えず無意識に行動していては、革新的な思考は生まれてこない。習慣が焼き付いてしまった配線をロバートは「固定配線（ハードワイヤリング）」と呼ぶ。他方、「自在配線（ライブワイヤリング）」は成長と変化をもたらすもので、神経可塑性の「可塑性」の部分だ。

## 脳は「いまのあなた」を維持させたがる

ロバートによれば、固定配線に頼って行動しているときも脳は絶えず変化している。問題は変化の方向だ。レストランでお気に入りの席がふさがっていたら腹を立てるような、情けない習慣に支配されているデフォルトモードなら、その脳は「下方配線（ダウンワイヤリング）」されている。加齢とともに下方配線する人は多いが、**可能性に心を開き、もっとよくなろうと意図するなら**

**「上方配線（アップワイヤリング）」も可能**だ。

パフォーマンスを高めたければ、下方配線ではなく上方配線に時間を使うことだ。ところが、脳の本能はエネルギーを節約するために下方配線を選びがちである。

脳はこれまでと同じことをくり返したがり、あなたにいまのままのあなたでいてほしがっている。多くの人にとって、昨日と同じ今日が居心地よく感じられ、恐れも不安も少ないのはそのためだ。要するに、**あなたの脳は変化を恐れる臆病で愚かな器官**なのだ（気を悪くしないように）。

上方配線するためには努力が必要で、リスクが伴う。あなたは脳を居心地のよいデフォルト状態から無理にでも引きはがして、人間としての成長をサポートする意図的な選択へと向かわせなくてはならない。

そのためにロバートが推奨する方法は、無意識の反応を回避してより良い方向へと向かえる瞬間を発見することだ。マインドフルネスの専門家は、そういう瞬間のことを「メタ・モーメント」と呼ぶ。きっかけ（トリガー）と反応（レスポンス）のあいだの一瞬の時間のことだ。

たとえば、何か腹が立つことを言われたとき、いつもどおり怒る下方配線ではなく、**間を置いて、なぜ腹が立つのかを考え、望ましい反応を選ぶ上方配線を心がける**のだ。練習しだいでメタ・モーメントを見つけることも習慣化できる。

脳も信念も現実も変えられるというのは、わくわくすることだ。僕たちは自分がどんな人間かを自分で決め、自分自身にとっての真実を選ぶことができる。それがゲームチェンジャーというものだ。

**やるべきこと**

- HACK4で紹介した手法をひとつ選んで、自分に関するどの信念が真実かを見抜こう。疑ってかかったほうがよい信念は、「こうあるべき」「こうすべき」「こうする必要がある」と語りかけてくる信念だ。また、人や世界を善と悪に二分するような信念にも警戒が必要だ。そんな類いの信念を3つ書き出そう。
  - ・信念1：
  - ・信念2：
  - ・信念3：
- 自分について、あるいは周囲の世界について、真実だと信じていることを穏やかな心で吟味しよう。朝か夜の瞑想の中でそれを行おう。
- 真実だと信じていることを日記に書こう。週に1回、30分をかけて。今日から始めよう。
- あなたが自分の物語に囚われていることを指摘できるコーチかセラピストを雇って、月1回か週1回、定期的に面談しよう。
- 1週間、瞑想するときか目覚めたとき、次の文言をくり返して心を集中させ、感謝の気持ちを呼び起こそう。「ものごとが正しく起こるための天の配剤がある。宇宙が私の背中を押してくれている」。信じなくてもよいが、なるべく実感するように努めること。いわば、自分の神経システムをだますということだ。

- 耳を傾ける習慣をつけよう。僕たちはたいてい相手の話に耳を傾けるのではなく、次に自分が何を言おうかと考えるようにプログラムされている。これは幼少期に、「大人と話すときは割って入らないと子どもの話などだれも聞いてくれない」という信念によって形成された習慣だ。だが、現実は違う。相手の話をよく聞き、それから話せば、だれもがあなたの話を聞いてくれる。
- 有意義な話をする友人や同僚とおしゃべりをするとき、意識的に、次に何を言うか考えないようにして会話してみよう。会話を通して学んだことや自分が話したことに、きっと驚くだろう。あなたにとって耳を傾ける価値のある身近な人はだれだろう？

## HACK 05 ▼ 超速学習法で「流動性知能」を高める

IQ（知能指数）は「結晶性知能」——学習と経験の総和——を測るスコアだ。高ければ気分はよいかもしれないが、新しいことを学び、新しい情報を統合する能力である「流動性知能」ほど重要ではない。

いまだに流動性知能を固定されたものと考えている科学者が多いが、その考えは間違っている。流動性知能を劇的に向上させるバイオハックのテクニックがある。能率の悪い学習で時間を無駄にするのか、学習効率を向上させて自分を解放するのか、それはあなたの選択しだいだ。

## 「学習効果」を極限まで上げる

ジム・クウィックはスーパーヒーローだ。速読、記憶改善、脳パフォーマンス、加速化学習のエキスパートとして世界的に知られている。本人は謙遜するが、フォーチュン500社のCEOを多数、トップクラスの映画俳優を何十人も指導してきた。俳優の中には『X-MEN』シリーズの出演者もいて、実際にプロフェッサーXのトレーニングも行った。

ジムはステージで速読のデモンストレーションをしたり、数百人の名前をその場で記憶してみせたりする。能力を見せびらかすためではなく、**人間にはどこまでできるか**を示すためだ。レストランでは、ジムはテーブルに来る店員全員の名前を覚える。名前で呼べば、呼ばれた側の気分がよいからだ。

## もっと速く記憶できれば、もっと速く学べる

ジムはそうした能力に生まれつき恵まれていたわけではない。それどころか、幼稚園児だったときにひどい事故に遭い、脳に損傷を負っている。学習困難になり、集中力が低下し、同級生に追いつくのに、いつも苦労した。大学では学業が遅れがちなことに、うんざりした。

心機一転、家族が誇りに思ってくれる人間になりたいと思って勉強に打ち込み、睡眠や食事、運動、友人と過ごす時間を削るようになった。そのせいで、パフォーマンスを高めるどころか、疲れ果てて図書室で気を失う始末だった。階段から落ちてまた頭を打った。

2日後に病院で目覚めたとき、体重は53キロまで落ち、ひどい栄養失調で大量の点滴を受けていた。ジムは「もっとよい方法があるはずだ」と思った。

看護師が紅茶をいれたマグカップを手に現れた。そのマグカップにはアインシュタインの写真と有名な名言「**問題を生じさせたのと同じレベルの思考では、問題は解決できない**」が書かれていた。

その日、宇宙がジムの背中を押した。ジムはこの名言のおかげで気づいたのだ。それまでずっと、問題は自分の学習遅滞傾向にあると思い、すべての時間を学習に充てることで解決しようとしていた。だがこのとき、ジムは問題を違う方向から考えられないかと自問した。学習に時間を割くのではなく、もっと速く学習できる方法を見つけるために時間を使えばよいのでは

ないかと。

ジムはこれまで受けてきた教育を振り返った。学校では、教師から何を学習すべきかを教わったが、どのように学習するか——創造性、問題解決、思考法、集中力、速読、そして最も重要な記憶術——は教わったことがなかった。

かのソクラテスは「記憶しなければ学ぶことはできない」と言った。**もっと速く記憶できればもっと速く学べる**、とジムは悟った。記憶力強化の近道を探すために、脳とその記憶のメカニズムを詳しく調べることにした。

ジムが考案した記憶テクニックは、すぐに効果を発揮した。授業についていくのに四苦八苦していたのに、オールAの成績優秀者になった。自分のテクニックをほかの人にも教えて助けてあげた。自分と同じような困難や苦しみをだれにも味わってほしくなかったからだ。

## 「読書」ほど効率のいいハックはない

20年以上前のこと、ジムに記憶テクニックを教えてほしいと頼んできた大学1年生の女性は、30日で30冊の本を読みたいと言った。ジムが理由をたずねたところ、母親が末期癌と診断され、余命60日と宣告されていたことがわかった。その学生が読んでいた本は、すべて健康、ウエルネス、医学、心理学、セルフヘルプ、スピリチュアリティに関するものだった。**ありとあらゆる本を読めれば、母親の命を救うのに役立つ内容を見つけられるかもしれない**と考えたのだ。

6カ月後、ジムに電話がかかってきた。最初はだれからの電話かわからなかった。聞こえてくるのは泣き声だけだった。ようやく、あの若い女性だとわかった。彼女は、母親が生き延びただけでなく、体調が回復して元気になったことで、うれし泣きをしていたのだった。医師には回復の理由がわからなかったが、母親は、娘が大量の本から得た貴重な知見のおかげだと言った。

このときジムは、自分が勧める学習法は人生を変え、命を救うことさえできると実感した。それ以来、人びとの学び方を変え、学ぶことに集中するように励まし、人びとに天分に気づかせるというミッションに励んできた。

ジムはおもに「読む」ことについて研究している。なぜなら読むことは学習の基本だからだ。**著者が数十年かけて蓄積した経験と知恵を注ぎ込んだ一冊の本を一日とか二日で読んで、その内容を取り込める**のだから、読書は強力なハックだと言える。

## 超速学習法「FAST」をマスターする

飛ばし読みをして大意を把握する伝統的な速読とは違い、ジムが教えるのは集中力を高めて読む方法なので、ただ速く読めるだけでなく、読んだことを効率的に学び、記憶することができる。ジムの方法論はいみじくもF・A・S・T（速く）という頭字語（アクロニム）で表すことができる。

## F：FORGET（忘れる）——空にしなければ入れられない

学び、読み、記憶することについて話しているのに「忘れること」から始めるのは奇妙かもしれない。だがジムは、自分は知っていると思っているために新しいことを学べない人が大勢いることを発見した。たとえば、あなたが栄養学の専門家で、セミナーに出席したとしよう。最新情報を吸収すべきなのに、自分は専門家だと思っていると、自分の世界に安住して新しいことを学ぼうとしないから失敗する。

**知っていることを一時的に忘れなければ、新しいことは学べない。**ありふれた考えかもしれないが、これは真実だ。心はパラシュートと同じで、開かなければ役に立たない。心を開くために、すでに知っていることを忘れよう。

自分の限界も忘れるべきだ。自分の記憶力や理解力について、自己を制限する信念を抱いている人が多い。ヴィシェンの指摘どおり、そんな信念は人を尻込みさせる。ジムは、脳はつねに内心の独りごとを盗み聞きしている、とうまいことを言う。人の名前を覚えるのが苦手だと自分に語っていたら心は開かず、最大のポテンシャルで学ぶことはできない。これこそ誤った信念が真実になる瞬間だ。

忘れるべきことは、いま学ぼうと集中していること以外のすべてである。ジムによれば、**一度に集中できる情報は、７つほどでしかない。**いまあなたがこの本を読みながら、子どものことを考え、仕事の心配をして、ごみ出しをどうすべきか迷っているなら、あと3つしか新しい情報には集中力を向けられない。余計なことを脇にどければ、本に集中できて、最大限に学ぶことができる。

## A：ACTIVE（能動的）──自ら創造する学習へ

20世紀の教育は暗記と反復の上に構築されていた。教師が生徒の前に立って事実を述べ、生徒に何度もくり返させた。生徒はそのようにして学んだが、この方法の問題は、時間がかかることだ。ジムはこれをトレーニングにたとえている。2キロのダンベルを毎日1時間上げ下げすることもできるが、はるかに少ない努力で劇的にダンベルの重量を増やしていくこともできる。これと同じで、**学習も集中してやれば短時間で結果を出せるのだ**。

21世紀の教育は創造性に基づくものであるべきだ、とジムは言う。与えられたものを消費するだけの教育であってはならない。そのためには学習に積極的に参加することが求められる。ぽかんと口を開けて人に食べさせてもらうのではなく、自分から知識を食べにいく。つまり、積極的にノートを取り、学んだことを共有するのだ。それは学習を助けるだけでなく、学んだことを記憶に定着させてもくれる。

ジムはペンと紙を使う昔ながらのノートの取り方を推奨している。ページの中央に線を引く。左側は「キャプチャー・ノート」で、ここに学んだ情報やアイデアを書く。右側は「クリエイティブ・ノート」で、学んでいることに関する印象、自分の考え、疑問を書くところだ。この方法を使えば脳全体を学習に没頭させることができ、速く学び、多く記憶できる。

## S：STATE（状態）——脳と身体のコンディションを整える

どんな学びも学習者の状態に依存している。学習者の状態とは、ジムの定義では脳と身体のコンディションやムードだ。多くの人びとは、これが自分で完全に制御できることに気づいていない。退屈なのは環境のせいだ、気分が落ち込んでいるのは悪いことが起こったからだ、と考えている。

しかし、ジムに言わせれば、**僕たちは温度計ではなく温度調節器(サーモスタット)だ**。つまり、周囲の環境に受け身の反応をするのではなく、自らに高い基準を設定して、それに合うように環境をつくり出したり修正したりすることができる存在なのだ。

## T：TEACH（教える）——教えることでわかることがある

ビデオを見たり本を読んだりするとき、明日それをだれかに説明しなくてはならないならば、入念に注意を払うのではないだろうか？　情報の収集や整理の仕方が変わるのでは？　**新しいテーマや技能を猛スピードで学びたければ、自分が教師になることだ**。「これを人にどうやって教えるのが効果的か？」と自問しよう。突如として、あなたは記憶力が倍増していることに気づくだろう。ほかの人に説明するという意識で吸収しようとするからだ。

この方法は思いのほか強力だ。僕はシリコンバレーで駆け出しのころ、カリフォルニア大学で現役のエンジニアを相手に、インターネットを構築する方法を教えるという副業に取り組んでいた。その後には、カリフォルニア大学サンタクルーズ校のシリコンバレー・キャンパスでウェブとネットのコースを受け持つことになった。現在のネット社会が誕生しようとしていたころのことだ。

そのため、頭脳明晰で経験豊富なエンジニアたちを相手にして、週に数夜、2時間の講義を行った。**自分が教材を理解するだけでなく、人に解説できるほど吸収しなければならなかった**が、やりきった。そのおかげで2年後、脂の乗り切った27歳の僕は、年商10億ドル規模の会社の技術戦略計画の部門長に昇進した。

そもそも、人に教える必要がなかったなら、その仕事に求められる知識を身につけることもなかった。学びたければ、それを人に教える口実を見つけよう。教える機会がなければ、だれかに教えるつもりで情報を吸収しよう。

## 最も効果的な「脳の筋トレ」は何か？

「流動性知能」の話となれば、ダン・ハーリーを外したら叱られる。ダンは受賞歴のある科学ジャーナリストで、知能向上の科学というニッチな分野で記事を書いている。学習と知能に関する僕たちの考え方を根本から変えた人物だ。

ダンによれば、「頭が良い」という形容詞は、その人が現に保持している知識や情報について、内容や質を評価したものであることが多い。だが、その知識や情報をどこから、どんなふうに得たのかは無視した形容詞だ。

同じクラスの生徒たちが、同じ時間、同じ教師から、同じことを教えられても、テストで同じ点を取ることはない。それは生徒たちがまったく同じように学ぶのではないからだ。持っている流動性知能のレベルが異なっているということだ。

ＩＱと流動性知能とは違う。ほとんどのＩＱテストは「結晶性知能」を含むあらゆる要因を調べるが、どれも対象者の能力よりも経験について多くを語る内容となっている。そのため、**知能に関するほとんどの研究はＩＱテストを重視しない**。

## 「二重Nバック課題」で流動性知能を高める

流動性知能については以前から知られていたが、近年まで、知能について研究する心理学者たちは、流動性知能を強化することはできないという見解で一致していた。彼らは１００年間、研究に研究を重ねた。そして２００８年、ある研究グループが短期記憶の一部である「ワーキングメモリ」（作業記憶）を向上させることに照準を絞ろうと決めた。

ワーキングメモリは流動性知能にとって重要だ。その研究グループは、ワーキングメモリの改善が流動性知能の向上につながることを確かめようと考えた。

被験者に、ワーキングメモリを改善するための「二重Nバック課題」という2分間の簡単なテストを続けてもらった。1日30分、5週間それを続けた被験者たちの流動性知能は、平均で40%増加した。[*2] これはすごい発見だった。

ただし、問題がひとつあった。二重Nバック課題は、やっているとイライラしてきて、パソコンを放り出したくなるのだ。**これは脳のための高強度フィットネスプログラムだ。**ひたすら耐えてやりつづけなくてはならない。

どんなものか説明しよう。まずは、三目並べのボードのようなものが画面に映し出される。ひとつの四角が点灯する。それが消えて、別のひとつが点灯する。それも消えて、また別のひとつが点灯する。2つ前に点灯したのと同じ四角が再度点灯したらボタンを押す。これが「2バック」だ。

ここまではさほど難しくないが、それができるようになったら「3バック」へと進んでいく。その間、点灯に合わせて特定の文字が読み上げられ、それも覚えなくてはならない。つまり、3つ前に点灯した四角を覚えておくとともに、それが点灯したときにどの文字が読まれたかも覚えなくてはならない。**意識から他のいっさいを遮断して、本気で集中しなくてはできることではない。**

やって楽しいものではないが、結果ははっきり出ている。2008年の草分け的な研究以来、数十もの研究が、「二重Nバック」トレーニングは、ワーキングメモリはもとより読解力から数学力まであらゆる知能に基づくスキルを向上させることを確認している。しかも、そうした発見はまだ氷山の一角にすぎない。いま知能研究の分野は大騒ぎ状態で、この先どうなるかと、僕は興奮している。

## IQが上がり、言葉が流暢になる

2011年にブレットプルーフ・ブログを始めたとき、僕は不細工なオープンソースのNバック・トレーニング・アプリを使っていたのだが、**IQは12ポイント上昇した。**

ブログに結果を書き、使っていたアプリの情報をシェアしたが、そんな結果は「あり得ない」と言ってきた人の多さには驚いた。「そんなことはあり得ない、だから事実じゃない」とか「科学系の〝荒らし〟が言いそうな主張だ」といった反応が殺到した。僕に言えたのは、このトレーニングは僕には効いたということだけだった。だが、いまや、その効能を支持する科学的研究は多数存在する。

ダンによれば、IQ検査は流動性知能を測定しないが、IQのスコアは通常、流動性知能が改善されると上昇する。僕自身は良い結果が出たが、このトレーニングは頭が疲れるし、うまくできなくてがっかりすることも多いので、途中で投げ出す人が多いことがわかった。

ブレットプルーフ社の初期に、僕は世界中を飛びまわってヘッジファンドマネジャーたちに脳をハックする方法を教えていた。このモチベーションの高い人びとのあいだでも、Nバック・トレーニングをやりきった人はわずかしかいなかった。結果が出る前に、嫌というほど失敗を実感させられるせいだ。

このトレーニングを試したいという人に勧めたいことは、その前に、この本が紹介するほかのツールで脳と意志の力を強化することだ。Nバックは脳をフル回転させても容易ではないが、意志力を鍛えておけば、ついていきやすくなる。準備ができてから、**1カ月ほどを目安にトレーニングに取り組むことをお勧めしたい**。

最初のうち、あなたの脳はこのトレーニングが気に入らないだろう。退屈したり、いらだったり、奇妙な夢さえ見るかもしれない。上達するにつれて、言葉の流暢さが高まり（二重Nバック課題のおかげで僕のプレゼン能力は劇的に改善され、どんなに大勢の前でもリラックスして話せるまでになった）、聴解力、読解想起力などが向上する。

無事トレーニングを終えたとき、新たに獲得したワーキングメモリのパワーを実感できるだろう。これまでこの半分でどうやって生きてきたのかと不思議に思うかもしれない。それほど効果は強烈で、まるで脳のRAM（ランダムアクセスメモリ）をアップグレードしたような気分を味わえる。

**Nバック・トレーニングの最良の部分は、どうやら効果がずっと続くらしいことだ。**僕は20

セッション行ったあと、丸8カ月トレーニングを休止して、もう一度最初からやり直すことになるのかどうかを確かめてみた。驚いたことに、結果は予測とは正反対だった。休止していたのに、トレーニング中より上達していた。まるで脳が8カ月の休憩中にさらに最適化したようだった。

**やるべきこと**

- ジム・クウィクのコース（https://kwiklearning.com 英語）のひとつか、または別の速読コースを試して、文字どおり速く学べるようになろう。
- この本のあらましを友人、同僚、配偶者、または子どもに教えよう。そうすれば全体を覚えておける！
- 二重Nバック課題をやって流動性知能を改善しよう。僕が推薦するのは、アイチューンズまたはアンドロイドストアで扱っているMikko Tyrskeranta作のアプリDual N-Back（英語）だ。

Nバック・トレーニングをする際の心得。
・少なくとも20日間やろう。だが40日間がベストだ。
・少なくとも週に5日、疲れていないときにやろう。
・1～2週間で投げ出したくなるだろうが、とにかくやりぬくこと。
・トレーニングをするときは、右脳を集中的に活性化させるために、頭の中でつぶやきながら行わないこと。

・失敗するレベルまで自分を毎回追い込もう。あるレベルで70～80％できたら、次のレベルに進むこと。僕の推奨しているアプリはこれを自動的にやってくれる。

・二重Nバックに取り組むことを、友人やコーチに話しておこう。投げ出したくなったらそのことを話す。冷やかしてでももらえれば、継続の助けになる。ジム通いと同じだ。宣言して、あとに退け(ひ)なくしておいたほうが続けられる。

HACK 06

# ▼言葉ではなく「イメージ」で記憶する

脳は言葉の世界ではなく、感覚、音、イメージの世界で進化した。何かを読んだり聞いたりするとき、イメージを構築し、脳の奥深くにある視覚を司(つかさど)るハードウェアを活用できるように練習しよう。言葉でものごとを記憶しようとすると、脳の動きが鈍り、もっと良い使い方ができるエネルギーを浪費してしまう。

## 「視覚化」すれば、脳は簡単に記憶できる

マティアス・リビングはおそらくあなたが聞いたこともない称号の持ち主だ。スウェーデンにおける脳トレーニング界の第一人者、3度のスウェーデン記憶力チャンピオン、世界では75位にランクされている。世界メモリースポーツ協会から、世界に154人しかいないグランドマスターに認定されている。

マティアスが自分の記憶をハックしだしたのは、2008年のこと。それ以前は平凡な記憶力の持ち主だったという。**一度に覚えられる数字は10個かそこらでしかなかったが、いまでは1000個を記憶できる。**

マティアスは学ぶことが大好きだった。記憶力は改善できると知って、脳を鍛えはじめた。わずか数カ月後には、スウェーデン記憶力選手権で優勝した。彼は脳を鍛えることを車の運転を習うことになぞらえる。数カ月はかかるが、身につけた新しい技能はいつまでも忘れることはない。さらに、年を経るごとに技術が向上する（運転技術もそうだとよいのだが）。

### 神経の4分の3は「視覚」と結びついている

マティアスによれば、記憶力を強化する基本は、言葉よりイメージで考える方法を脳に教え

ることだ。そのためには視覚化（ビジュアライゼーション）のスキルを向上させるトレーニングが必須になる。

イメージを視覚化すると、情報は脳の記憶装置のところまで近道をする。短期記憶をすっ飛ばして長期記憶の保管場所に直行してくれるので、定着しやすくなる。

五感――視覚、聴覚、触覚、味覚、嗅覚――のうち視覚が脳にとって最も重要なのは、最も密接に生存に結びついているからだ。五感とともに働くニューロン（神経単位）の4分の3は視覚と結びついている。

聴覚や触覚を通じてのほうがよく学べると考える人もいるが、マティアスによれば、**記憶の専門家は新しい情報を吸収する方法としては視覚化が最も効果的だと考えている**。人に教えたり自分で実際にやって学んだりすることは新しい情報を記憶する強力な方法だが、どちらも視覚化が伴うことで効果が強化される。

## 「視覚化記憶術」をトレーニングする

音で情報を吸収しようとして何度も声に出すとき、脳は一度にごく少量のデータしか受け入れない。イメージで学ぶときには、もっと多くの情報をもっと速く吸収する。これを日常の場で活かすには具体的にどうすればよいのだろうか？

たとえば、**新聞を読むとき、記事の内容を映画のように視覚化してみよう**。最初は、視覚化しやすいものから始めるのがよいだろう。経済や国際政治の記事より、強盗事件を扱った記事のほうがやりやすい。

強盗が逃げている場面を想像しよう。銀行から飛び出してきて、歩道を一目散に走っている。体格は？　服装は？　黒い帽子、緑色のジャケット、黄色のズボンだ。拳銃を抜いた2人の警官が追いかけている。それが見えているか？　そのイメージをしばらく維持するように、頭に頑張ってもらおう。

次にその光景にもっと接近する。強盗の目や髪をよく見てみよう。どんな顔をしているのだろう？　強盗が逃げている道路についても詳しく見ていこう。

たぶんあなたは、これまでも意識せずに同じようなことをしてきたはずだ。たとえば、小説を読んでいるとき。しかし無意識ではなく意識的にイメージを思い浮かべるほうが、細部までよく記憶することができる。何度もやっているうちに自然にできるようになる。イメージが自動的に浮かぶようになり、視覚化によって知識を定着させることが新しい習慣になる。

**自分は「視覚型の人間ではない」と思う人も、視覚化が得意になるように励むべきだ。**まず簡単なものから始めること。目を閉じて、犬を視覚化しよう。最初に頭に浮かんだ具体的な犬種を選んでイメージする。視覚化するときは、最初に頭に浮かんだものを使うのがよい。

次に、そのイメージを拡大しよう。どんどん拡大して、細部まで詳しく見ていこう。視覚化は三次元の立体にすることが重要だ。それは平面的なイメージより長く脳に残る。

## 脳が磁石のように情報を定着させる

最初は犬や新聞記事だったとしても、マティアスによれば、そのうちに数字や突拍子もない数式まで、あらゆる情報を視覚化する習慣が身についてくるという。

彼は、だれかの話し声が聞こえてくるたびに、このスキルを練習することを勧めている。**声に耳を傾けながら、どんなイメージが浮かんで脳にとどまるかを見届けよう。**本気になって細部まで集中すると、よく覚えられる。定着したイメージは、脳が元々の情報へとさかのぼるための手がかりになるだろう。練習しだいで、あなたの脳はまるで磁石のように新しい情報を引き寄せて、保持するようになる。

もちろん、視覚化の技術はなんら革新的なものではない。過去数千年にわたって実践されてきた古来の発想だ。

僕はチベットに瞑想を習いに行ったとき、僧侶から、寺院で何時間も目を閉じて座り、とてつもなく詳細な視覚化をするように命じられた。「仏陀を思い浮かべなさい」ではなく、「蓮華座に着いた仏陀を思い浮かべなさい。蓮華座には階段が3段ある。各段に花びらが6枚の花が3つ描かれている」といった調子だ。仏陀の着ているものや座っている姿勢の描写に至ったころには、イメージを丹念に作り込むしか記憶する術(すべ)がなくなっていた。

当時、僕はまだ、視覚化とは言葉を覚えることではなく頭の中に絵を描くことだと理解していなかったが、チベットで行ったことは、まさにその視覚化だった。

マティアスほどのレベルになると、**創り出したイメージをスクロールして、情報を無限に保持できる**という。スマホの画像を閲覧するようなものだ。脳内にイメージがあるので、マティアスは元の情報をあらためて参照する必要がない。

彼が視覚化の練習をするのは静かな時間、たとえば人を待っているときや歯を磨いているときだ。一度に数個のイメージをスクロールして記憶にとどめていく。

## 視覚化で難解な概念も理解できる

イメージが有効なのは、情報の記憶に対してだけにとどまらない。実際、僕はいまでも長いリストを覚えるのが苦手なのだが、視覚化の手法には感謝している。そのおかげでイメージの力を利用してパフォーマンスをアップグレードできるからだ。

また、視覚化のおかげで、機能的神経科学からビジネス・リーダーシップ、ホルモン補充療法から老化防止まで、さまざまな分野の専門家の話についていくことができ、有意義な意見交換ができる。**言葉だけでそれをやろうとしたら、わけがわからなくなって、専門的情報を含むインタビューなどできない**だろう。

実際、僕は前著を書くとき、章ごとにまずミトコンドリア経路の図を描き、その後に言葉で情報や自分の考えを書いていった。とにかく重要なのは、イメージだ。詳細に視覚化すれば、丸暗記では不可能な知識を得ることができる。

つまるところ、マティアスが言うとおりで、言葉には限界がある。どんなにたくさんあるとしても有限だ。しかし、イメージは無限なのだ。そのイメージと同様に、脳のハードウェア、ソフトウェア、配線をアップグレードすれば、あなたの可能性もまた無限に広がっていく。

**やるべきこと**

- ポッドキャストやオーディオブックを聴くとき、目を閉じて、話者があなたの頭に描こうとしている絵が思い浮かぶかどうかを確かめよう。目を閉じると、脳にアルファ波が出る。それが創造性につながり、視覚のためにハードウェアを解放する。
- マインドマップを試そう。言葉の使用はごく少数にとどめて、それらのつながりを絵と線で表そう。
- ジム・クウィクの記憶力強化のコースを取ることを検討しよう（www.jimkwik.com 英語）。
- 特にものを記憶することが目的ならば、マティアス・リビングのオンラインのコースを検討しよう（www.grandmasterofmemory.com 英語。無料コースもある）。

# HACK 07 ▼ 「呼吸」は脳を変えるドラッグである

呼吸はシンプルな行為だが、LSDの利用を先頭に立って推し進めていた心理学者でさえ、自らが開発した幻覚剤を使った治療を呼吸法による治療に変えてしまったほど強力な効果がある。深く静かに息をすることは難しくも何ともないが、本当に効果のあるやり方を学べば、脳の奥深くに分け入る経験をすることができる。

## 幻覚剤研究の第一人者が発見した「呼吸」のパワー

スタニスラフ・グロフ博士は幻覚剤研究の第一人者で、医師の資格と博士号を持ち、1960~70年代に妻と行った研究によってトランスパーソナル心理学という新分野を創出した。人間の経験のスピリチュアルな側面と超越(トランセンデント)的な側面に注目して、両者を結び合わせて現代的な精神療法と心理学の枠組みを構築するものだ。

グロフ博士はLSDを使った精神療法の本を書いている。1960年代に、モスクワとジョンズ・ホプキンス大学（米国ボルチモア）で臨床研究を開始し、標準的な患者のための幻覚剤を使った治療方法を追究した。グロフ博士はのちに、カリフォルニア州ビッグ・サーのエサレン研究所で研究した。20冊以上の本と数百編の論文を著し、90歳近い高齢にもかかわらず、いまだに教鞭を執っている。世界中で講演し、ワークショップを主催する、この流派の治療の巨匠だ。

かくしゃくとしていて、昼に参加者たちと呼吸法エクササイズをし、夜にはブレットプルーフのイベントで僕とともに登壇して、ほれぼれするようなインタビューの録音をしてくれた。

## ドラッグから呼吸法へ

そんなグロフ博士だが、もともとは伝統的な心理学者だった。キャリアの初期に伝統的な精神分析の限界を見抜いて落胆した。当時の精神医学界ではまだ電気ショック療法、インスリンショック療法、インスリン昏睡療法や前部前頭葉ロボトミー手術といった野蛮な治療法が用いられていた。

グロフ博士がプラハで精神治療院を開業していたとき、スイスのサンド製薬会社から、謎めいた「LSD-25」というラベルの貼られたアンプルが詰まった箱が送られてきた。同梱された手紙には、新しい治験物質だと書かれていた。精神科医や心理学者にとって、興味深い試験的研究になると思われた。まったく新しい可能性に興奮したグロフ博士は、**LSDを自ら試す**

**ことを引き受け、自身を完全に変容させる経験をした。**6時間後には博士の人生はすっかり違う方向へと向きを変えていた。

LSDによる治療の研究に没頭したグロフ博士は、1967年に奨学金を得て渡米した。ところが、LSDはまもなくアメリカで違法とされてしまい、博士は打ちのめされた。これで精神医学は治療に大きな可能性のある貴重なツールを失ったのだ。

そして博士はLSDで得られたのと同じ利益を患者に経験させられる代替物を探しはじめた。驚いたことに、彼はそれを「呼吸」に見いだしたのである。

## 呼吸を速めて「新たな意識状態」に入る

古代の文明と知恵の伝統では、何千年もの昔から、呼吸はただ生きるためのものではなく、大きな変化を引き起こすために操れる力でもあると認識されてきた。**人間は呼吸を速めると幻覚剤を摂取するのと似た状態になることを、グロフ博士は発見した。**「精神疾患」で救急室に入れられた人が、じつはただの過呼吸だったという経験がどんな医師にもあるほど、呼吸は強力なものなのだ。

もちろん、過呼吸の患者がいたら、たいていの医師は呼吸を遅くさせる。だが、グロフ博士は違う。「ホロトロピック呼吸法」というテクニックを開発したのだ。全体性（ホロトロピック）に開かれた精神状態に入ることができる奥義のような呼吸法だ。

やり方はシンプルで、平穏な場所で情緒に訴える音楽を流しながら、呼吸を速める、ということに尽きる。目を閉じてマットに横たわり、自分の呼吸と部屋に流れている音楽の効果によって、通常とは異なる意識状態に入っていく。

この変容した意識状態は、人間の中にある自然な癒やしのプロセスを活性化して、なんらかの内的経験をもたらす。それは内なる知恵による癒やしのプロセスなので、もたらされる経験の質も内容も人それぞれであり、そのとき、その場所に固有のものとなる。すべての癒やしのプロセスに共通するものはあるが、どのセッションをとっても同じものはない。

僕はホロトロピック呼吸法を数回行ったが、そのうち2回はグロフ博士に同伴してもらった。**ホロトロピック呼吸法は、僕にとって、はじめての超越的もしくはスピリチュアルな体験だった**。この体験によって僕は、自分をアップグレードするには、スマートドラッグに重点を置いた探究から、スピリチュアル、感情、認知、身体のすべてに意識を向けた探究に移行しなければならないと考えるようになった。

## LSDより脳がぶっ飛ぶ

ホロトロピック呼吸法を、スター・ファウンデーションという非営利団体で催眠状態と合わせて行ったときに、僕はオギャーと生まれた誕生の瞬間に回帰した！　そんなことが起こるとは想像もしていなかったが、僕はへその緒で首が絞められかけた状態で母の胎内から世界に出てきた自分にタイムスリップしたのだ。誕生のときの体験が赤子の僕にとってトラウマとなり、成人したいまでも、僕を闘争・逃走反応〔不安や恐怖を感じた際、急激にストレスホルモンが高まる現象〕に縛りつけているなどとは思いもよらないことだった。

ホロトロピック呼吸法は、僕が赤ん坊のときに味わった恐怖を感じさせ、その瞬間の詳細を思い出させた。**あとで両親に確認したら、そのとおりの出産だったことがわかった。**分別あるエンジニアとして、正直な話、背筋が寒くなるのを覚えた。

当時の病院での慣行として、医師たちは新生児の僕を保育器に入れた。つまり、僕は生まれたとたんに母親から引き離されたわけだ。

ホロトロピック呼吸法がもたらした意識の変性状態の中で、僕は保育器に無防備に横たわっていた。自分は独りなのだと気づき、生後5分のベビーとして決定を下した。独りで世界に出てきたのだから、ずっと独りのままでいるのだ、と。その瞬間から30年、僕は他者と健全なつながりを保つことができずに生きてきたのだ。

これは脳みそがぶっ飛ぶような体験だった。もはやLSDの必要などなかった。

## 自分を「尻込み」させているものは何か?

生まれてすぐに赤ちゃんを母親と引き離すことは、赤ちゃんにとても悪い影響を及ぼすが、それがアメリカでの慣行だった。特に帝王切開による出産の場合はそうだ。しかし、帝王切開で出産したお母さんは罪悪感を感じないでほしい（帝王切開で生まれてきた人もストレスを感じないでほしい）。知は力なり、だ。出生時のトラウマがのちの人生でもストレスでありつづけると知ったいま、そんなストレス反応をリセットする治療法はより取り見取りだ。

ホロトロピック呼吸法は、僕を恐怖で「尻込み」させてきた隠れたトラウマを見つけるのを助けてくれた。それを知った僕は治療へと踏み出した。いまでは、僕には真の友がいる。人生には愛がある。良き親として必要なものを備えている。失敗から逃げるのをやめ、日々情熱を燃やせる大きなミッションを受け入れている。

この呼吸法を行う前に、そんな効果があると言われていたら、僕は一笑に付していただろう。これを読みながら、あなたも笑っているかもしれない。でも僕は、心から勧めたい。**どんなに成功していようと、無意識のうちに自分を尻込みさせているものがある**という考えを受け入れることを。当時、僕は物質的には成功を収めていたが、その考えを受け入れた。どんなに成功していても、お金があっても、社会的評価を得ていても、問題のない人生を送っているとは言えない。

## 「隠れた行動パターン」を見つけるさまざまな方法

出生時トラウマであれ、他のどんなトラウマであれ、あるいは悩ましい行動パターンであれ、それが存在しているとわかれば対処できる。

隠れた行動パターン——ほとんどは過去のトラウマによるもの——を識別する安全な手法を見つけることは、ゲームチェンジャーになるための有力な方法だ。**何が自分を抑えているのかがわかれば殻を破りやすくなる。**インパクトのある成功を収め、幸せになれる。

ホロトロピック呼吸法はハイパフォーマーになるための呼吸法のひとつにすぎない。ヨガの実践者は「プラーナヤーマ」という呼吸法を数千年前から修行している（これは人気を博している「アート・オブ・リビング」が教えている呼吸法の基礎で、僕はこの呼吸法を5年間にわたって毎朝練習した）。パトリック・マッキューンのようなバイオハッカーは、特殊な呼吸法で自分の酸素濃度を修正することができる。

あるいは、「ウジャイー呼吸」を学ぼう。ブランドン・ラウスがブレットプルーフ・ラジオで語ったものだ。ブランドンは『スーパーマン リターンズ』でスーパーマンを演じ、現在はテレビシリーズの『レジェンド・オブ・トゥモロー』でアトムを演じている。スーパーヒーローに効くなら、試してみる価値があるというものだ。呼吸をマスターすれば、自分を知ることができる。

**やるべきこと**

- ホロトロピック呼吸法を検討しよう。たいていの都市には、ローカルグループか治療師を見つけることができる。必要なサポートをしてもらえるだろう。

- ウジャイー呼吸法を学ぼう。
- アート・オブ・リビングのプラーナヤーマの講習を受けよう〔同団体の日本語サイトhttps://www.artofliving.org/jp-ja〕。

# 第3章
# 恐怖
# 邪魔な原始的本能をリセットする

## 恐れることは人間の本能

成功するために重要なこととして、すべてのゲームチェンジャーが口を揃えて、恐れを克服しなければならない、と言う。

もちろん、彼らも恐れは経験する。だれにでも恐れはあるが、彼らはほとんどの人と違って、たとえ本能的な恐れがあっても、それをはねのけて未知の世界へと踏み出していく。

当然ながら、普通は未知のものは怖い。精神（マインド）は習慣によって形成され、恐怖に引きずられて動くことを思い出してほしい。本能はつねに環境に目を光らせ、恐れの対象を見つけると、あなたを「安全」に保つための決定を下す。だが実際は、恐怖に屈していたらあなたは安全ではない。そして、**リスクを取らずにいることはあなたを弱くする。**

ゲームチェンジャーたちはそれを知っている。伝説の自己啓発本の著者スーザン・ジェファーズの言葉を借りれば、彼らは恐れを感じても、やるべきことをやる。自らを教育し、学びつづけ、行動し、好奇心を忘れない。使命感を持ち、創造性を失わないための習慣を身につける。自ら改革の人生を生き、人びとが改革の人生を生きることを助ける。

ゲームチェンジャーはまた、規則や権威の陰に隠れる安逸を拒む。これは不思議なことではない。権威のイメージは現状を維持するためのものだが、改革者はつねに人と違う考え方をする。停滞は改革の敵なのだ。かつて僕を教えてくれた先生たちには悪いが（そして心から感謝しているが）、人が決めた規則を破る覚悟がなければ改革などできない。単純なことだ。

## HACK 08 ▼あえて「無防備」になって恐れを手放す

失敗が怖いのはなぜか？　人類の進化の過程で、失敗とは「トラに食われること」「食糧がなくなること」「部族から追放されること」「配偶者が得られないこと」「自分も種全体も死に絶えること」を意味していたからだ。

今日、もはやどれも現実的ではないが、長い歴史の中で培われた生物学的な失敗への恐れが、神経システムの反射的な部分に残っている。

批判や失敗に対する不合理な恐れと向き合って、大きなことに挑もう。身体が失敗を恐れなくなれば大量のエネルギーが解放され、目標のために使うことができる。失敗を恐れると失敗する。恐れに屈してはならない。逆にハックするのだ。

## ネガティブな感情はすべて「恐れ」に根ざしている

ラヴェ・メータは、革新的なエンジニアにして起業家、教授であり、受賞歴のあるピアニストで作曲家だ。ヘリオス・エンタテインメントという自身の会社を通じて子どもの教育法を変えつつある。そこで創造したゲーム、音楽、本によって、大人にも子どもにも恐れを克服する方法を教えている。また、科学（science）、テクノロジー（technology）、工学（engineering）、数学（math）を総合するＳＴＥＭ教育を推進している。僕はラヴェにブレットプルーフ・ラジオで恐れについて話してほしいと頼んだ。

### 副交感神経を静めて「いま・ここ」に身をゆだねる

ラヴェは南アフリカのサファリで自分に起こった出来事を話してくれた。

彼のグループがオープンカーのジープに乗って、誇り高いライオンたちを見物していたときのことだ。突然、一頭が車に近づいてきた。ラヴェは前部座席に座っていて、ライオンにいちばん近かった。ライオンが近づくなか、隣席のレンジャーのささやき声が聞こえた。「動きを止めて。息を止めて。いないふりをするんだ」

前腕にライオンの息を感じた。こんなところで死ぬのかと思って怖かったが、音をたてず、身体をぴくりとも動かさずにいる必要があった。**副交感神経を静める呼吸テクニックを使って「いま・ここ」に身をゆだねた**。とてもそうは思えなかったが、大丈夫だと自分に言い聞かせた。するとやがてライオンはくるりと背を向け、歩み去っていった。

これは、ラヴェが恐れの作用を解明するための研究とハックを開始して数年が経ったときに起こった出来事だ。だが、その瞬間こそ、彼の知識とスキルが真に試される瞬間だった。信頼に身をゆだね、「いま・ここ」につながっていられなかったら、どうなっていたかわからない。

## 無防備になることで「感情の免疫システム」を強める

ラヴェは恐れの研究を通して、あらゆる否定的な感情——怒り、妬み、不安、罪悪感、恥、強欲——は恐れに、あらゆる肯定的な感情——自信、好意、謙遜、勇気、感謝——は信頼に根ざしていることを発見した。さまざまな感情を2つの基本的な心のありように分けてみると、「恐れに基づく感情」を「信頼に基づく感情」に転換する方法がわかりやすくなった。

**あらゆる感覚と感情を支えている生命力がひとつある**、とラヴェは信じている。彼はそれを「愛」と呼んでいる。すべてを結びつけ、すべてを生み出す力だ。ジョージ・ルーカスはそれを「フォース」と呼んだ。中国では「気」、インドでは「プラーナ」と呼ばれている。ラヴェはそれを愛と呼ぶ。

彼は、愛に到達するための能力を管(パイプ)のイメージで思い描いている。恐れは管を閉ざすので愛が流れないが、信頼は管を開くので愛を通わせることができる。

ラヴェによれば、信頼も恐れも心の中でグラデーションになっている。恐れは懸念から始まって懐疑へとつながり、身もすくむ恐怖に至る。

他方、信頼は希望から始まり、大きく育って宇宙への全面的な信頼に至る。そんな究極の信頼の状態にあるときは、しかるべき人生に導かれるという安心感が得られる。

この境地に至ったとき、人はガードを下ろして無防備になることができる。心も身体も傷つくことはないと信頼できているからだ。無防備になることは「フロー」の状態に到達する能力を高めるとラヴェは言う。世界を信頼して無防備でいることを自分に許すことで、「感情の免疫システム」——つらい経験から自分を守る能力——を強められる。

本当の気持ちをガードで遮断して傷つくことを避けていたら、この能力は弱まっていく。**鎧(よろい)を脱いで無防備になる練習をすれば、人生につきものの失敗からの再起力(レジリエンス)が高まる**。僕がこの本で自分にとってつらい話や情けない話をシェアしているのも、無防備になることでレジリエンスが高まることを知ったからこそだ。

## 恐れの3要因――時間・愛着・期待

ラヴェは、恐れは3つの要因から生まれると指摘している。

### 時間――「不確かな未来」への不安

完全な信頼をしているとき、あなたはいまこの瞬間を生き、受容している。「いま・ここ」から離れるとき、恐れが入り込む余地が生じる。

**恐れは通常、「もし~したら」という問いのかたちでやってくる。**もしライオンが襲ってきたら？　もし僕が死んだら？　恐れはつねに、あなたを「いま・ここ」から連れ去る。現に起こっていることではなく、未来に起こるかもしれないことに基づいているからだ。

恐れを招き入れたら、「いま・ここ」にいられなくなる。だが、完全に「いま・ここ」にいれば恐れが入り込む余地はなくなって、あなたは無限の愛、あるいはフローに近づくことができる。

### 愛着――「固定した愛着」によるストレス

なんらかのアイデアや物に愛着（アタッチメント）を覚えることは良くないと考えられている。ラヴェも当初、なんであれ愛着は断つべきだと考えていた。だが時が経つにつれて、すべての愛着が問題なのではないと思うようになった。問題かどうかは、愛着の性質によるのだ。

ラヴェによると、**愛着には2つのタイプがある**。

ひとつは、固定した愛着だ。あなたと愛着の対象を鉄の梁（はり）のようにがっちり結合し、ストレスを生じさせる。もうひとつのタイプは、引力（グラビティ）による愛着だ。あなたと愛着の対象である他者や物とを安定的につなぎはするが、固定的愛着よりも柔軟だ。

後者の場合、あなた自身の引力と愛着の対象の引力以外に、両者をつなぎとめるものはない。関係を保ちながら、ストレスなく互いのまわりを回っている。両者のあいだの力学が変わると、自然に離れたり、近づいたりする。

たとえば、だれかに固定的愛着を抱くと、その相手を支配しようとする。しかし引力的愛着の場合は、つながりに自信が持て、自分に集中でき、良き相手でいることができる。そのことが、あなたのまわりに正しい出来事を引き寄せ、誤った出来事を遠ざけてくれる。

そのために必要なのは、ちょっとした考え方の変更にすぎない。**ほかのことにではなく、自分に焦点を合わせる**ということだ。そうすれば、すべてがおのずと正しい方向に進んでいく。

## 期待——「特定の結果」へのこだわりが落胆を生む

恐れの第3の柱は「期待」である。ラヴェはそれを「特定の結果への愛着」と定義している。

自分の努力に一定の結果を見たがる傾向のことだ。

**期待することは、どう転んでも不利な作戦だ**。期待どおりに達成しても、そうなると思っていたことが起こっただけだから特にうれしくもない。逆に、期待どおりに達成できなければ落胆し、怒りや罪悪感、恥すらも感じるかもしれない。これらのネガティブな感情は、いずれもフローの状態を妨(さまた)げる。

結果を出そうとすることや目標をめざすことが悪いと言いたいのではない。ラヴェは期待をただの「好み」と考えるように考え方をシフトすることを勧めているだけだ。そうすれば、望みどおりの結果を達成できたら喜べるし、達成できなくても落胆することはない。ほかの結果も受け入れる余地が残されているからだ。あなたが他より好ましいと思っていた結果が出なかっただけで、たしかに結果は出たのである。

**3つの要因のすべて――時間、愛着、期待――が揃って、はじめて恐れが姿を現す**、とラヴェは言う。このうちひとつでも克服することができれば、恐れは、ジープから離れていったライオンのように黙って立ち去っていくだろう。

## 恐れは「細胞」までも支配する

恐れを克服することが重要なのは、それが、あなたの想像力だけではなく細胞も乗っ取ってしまうからだ。

細胞生物学者のブルース・リプトン博士は後生学（こうせいがく）――環境が遺伝子にどんな影響を及ぼすかについての学問――の父の一人とされている。博士にインタビューした際には、**恐れが人の生物学的状態にいかに影響するか**についての興味深い話を聞いた。インタビューのテーマはそれではなかったのだが――細胞の機能について話してほしいと頼んでいた――結局、感情が細胞レベルで健康にいかに影響するかという話になっていった。

## 同じ細胞なのに、なぜ骨になったり筋肉になったりするのか

リプトン博士の草分け的な仕事は、実験室で「幹細胞」のクローン化に取り組んでいた1967年に始まった。当時、博士は幹細胞とは何かを知る世界でも数少ない科学者の一人だった。幹細胞とは人間が生まれたあとに体内に残っている胚細胞のことだ。ほかの多種多様な細胞を生み出す能力を持っている。

博士が幹細胞に魅了されたのは、人は何歳になっても毎日、正常な自然減で数千億個もの細胞を失っていると知ったからだ。古い細胞が死ねば、その穴を新しい細胞で埋めなければならない。例を挙げれば、**口から肛門まで続く消化管の内壁は、3日ごとにすべてが新しい細胞に置き換わっている**。その新しい細胞はどこから生じるのか？　幹細胞からだ。

リプトン博士は1個の細胞を単体でペトリ皿にとり、10～12時間ごとにそれが分裂するのを

見守った。1週間後、細胞は5万個になった。最も重要な観察は、どの細胞も遺伝子的に同一だったことだ。同じ親幹細胞から生じていたということである。

そこで次に、この遺伝子的に同一の細胞を、培地の化学的性質が少しずつ違う3つのペトリ皿に分けた。つまり、異なる環境に置いたのだ。すると驚いたことに、細胞そのものは同じなのに、1つ目の皿では筋肉が、2つ目の皿では骨が、3つ目の皿では脂肪細胞が形成されたのだった。

## 感情が血液を変え、細胞を変え、身体を変える

当時、リプトン博士は医学部の教授であった。遺伝子が生命を決定づけるという確立された考えを学生に教えていながら、実験室でそれが真実ではないことを目撃していたことになる。遺伝子は細胞の運命を支配していない。支配しているのは、環境だったのだ。

それを発見した博士は、次には、細胞が人の体内環境――この場合は血液――によってどう変えられているのかを観察した。すると、血液の組成が変わると細胞の運命まで変わることがわかった。では、血液の組成を支配しているものは何か？　ペトリ皿の組成を変えたのは博士だったが、血液の組成を決めたのは脳だ。心（マインド）が感知したことに従って、脳がそれに対応する化学的組成を血液に形成していくのだ。

**世界を見て喜びと幸せを感じたら、脳はその喜びと幸せを化学物質に変換する。**たとえば、

快楽を感じたらドーパミンを放出する。この化学反応は人を成長させる。逆に、恐れのレンズを通して世界を見るならば、脳はストレスホルモンや炎症作用物質を放出させ、防御の構えに入る。これでは成長が止まってしまう。

リプトン博士には、血液の化学が――つまり細胞の培地が――世界の見方に基づいて変わることがはっきりとわかってきた。それが細胞の運命に大きな影響を与えることも。

リプトン博士がポッドキャストで解説してくれたとおり、人間の身体は恐れの状態にあるときには、古代から受け継いできた生き残りのメカニズムに駆動されて、成長ではなく生き残りに専念する。それはトラににらまれたときには都合が良いが、慢性的な恐れの状態になると可能性も成長も妨げられてしまう。もっと悪いことに、**成長を止めるストレスホルモンは、自分に必要なエネルギーを蓄えるために免疫システムの働きを中断させてしまう**。かなり困った状況だと言える。

リプトン博士はこれが病気の原因の90％以上を占めると信じている。博士が最終的に大学を離れたのは、自分が信じていないことを学生に教えることはできないと思ったからだ。

医学界は、遺伝子が人間を支配しており、人間は遺伝の犠牲者だと主張する。しかしリプトン博士は、人間は受け身の無力な存在ではなく、自分の生と運命に責任を負っていると考えた。これは深い洞察であり、僕は博士が権威をはねのけ、好奇心を保ち、難問について考えつづけ、ついに革命的な考えを導き出してくれたことに感謝している。

## 100日連続で「ノー」と言われる挑戦

恐れを克服するための探求の過程で、僕はさんざんクレイジーなことを試したが、ジア・ジアンほどには過激ではなかった。ジアは起業家で講演者、ブロガーであり本の著者でもある。「拒絶」について語ったTEDトークで彼のことを知っている人もいるかもしれない。それは口コミで広まり、いまや400万回以上も視聴されている。

ジアにインタビューしたとき、恐れをハッキングするための破天荒な手法――本人はそれを「拒絶セラピー」と呼んでいる――について聞いた。ジアの考えでは、身体が慣れてしまえば、拒絶される可能性に直面しても恐れを感じなくなるという。

ジアが設定した目標は、**見ず知らずの人にとっぴなことを頼んで、1日1回、100日間、拒絶される**ということだった。ファストフード店に行って、ハンバーガーを食べ終わったときに「おかわり」を頼んだ。見知らぬ人の家のドアをノックして、庭でサッカーをさせてもらえないかと頼んだ。見知らぬ人にお金をくださいと頼んだ……などなど。ジアの目標は毎日「ノー」と言われることだった。

ジアはさんざん拒絶されたが、面白いのは、思ったよりはるかに多く「イエス」と言われたことだ。実験の3日目、クリスピー・クリーム・ドーナツ店へ行って、オリンピックの五輪マークのようにつながったドーナツを作ってくれと頼んだ。担当の女性が「はい」と答えて誇らしげにドーナツを運んできたとき、ジアは泣きそうになった。彼女のやさしさに感動したのだった。

ジアの要求には応えられなくても、代わりに何かを与えようとする人も多かった。それで、ジアはこう考えた。**拒絶されるのを恐れ、求めることをせずに生きてきたせいで、これまで自分はどれほど損をしてきたのか**と。それは結局のところ、最初から自分に「ノー」と言っているのと同じだとジアは悟った。

恐れをハックするために、ジアは失敗を祝うことを勧めている。用心深く安全なことだけしていれば、拒絶されることも失敗することもないが、そんなことに意味があるだろうか。失敗するほど大胆なことに挑む意思があるならば、そのことを祝おう。そのこと自体がすでに大きな達成なのだ。

## 人間の本能は幸せを嫌う

ラヴェ、リプトン博士、ジアが恐れについて語ったことは、どれも僕の心に響いた。ラヴェの〝恐れのグラデーション〟についての考えは特にそうだ。僕は「40年の禅」というニューロフィードバックの5日間コースでクライアントを訓練しているが、そのとき「感情の階層（エモーショナル・スタック）」

と呼んでいるものを教える。積み重なった感情のいちばん下には「無感動と恥」がある。これは最低最悪の意識の状態だ。無感動と恥の上には「悲しみ」が、その上には「怒りとプライド」が、その上には「恐れ」が、さらにその上には「幸せと自由」が乗っている。記憶しやすいように図にしておこう（次ページ）。

**感情の階層が人の心を支配するのは、それがつねに正しいからだ。**何かを恥ずかしいと感じたら、自分は何を悲しんでいるのだろうと自問しよう。次いで、自分の中にある怒りやプライドを探ろう。それがわかったら恐れを探そう。恐れの層にたどり着けば、幸せは手を伸ばせば届くところにある。

しかし感情の階層は、生き残ることを優先して、いつもあなたをネガティブな感情へと引きずり降ろそうとする。

悲しいかな、**あなたの身体は、幸せを味わっていたら外からの脅威に気づかず安全が損なわれると思い込んでいる。**そして、つねに用心深くまわりをうかがい、いつでも脅威から逃げるか、それを殺すか、自分の身を隠せるように準備させておこうとする（脅威がないときは、ドーナツをたらふく食べさせ、子孫づくりに励ませようとする）。

身体はあなたをだますために、この感情の階層を設定して、つねに幸せではなく脅威を感じさせようとしているのだ。

これが原始時代ならばありがたい話だが、恐れは成長と創造性を妨げる。それに、あなたは

■感情の階層

| |
|---|
| 幸せと自由 |
| 恐れ |
| 怒りとプライド |
| 悲しみ |
| 無感動と恥 |

るプログラムをリセットしなければならない。
幸せになりたいはずだ。だったら自分を支配してい

## 恐れるべきは「恐れ」そのもの

「40年の禅」には、「ニューロフィードバック拡大リセット・プロセス」というものがある。本当は脅威でないものに無意識に反応するのをやめるプロセスだ。この技法は、ネガティブな情動が起きている状況を突き止めて、その情動をなるべく正確に再現して理解し、その中でも感謝できることを、どんなに些細なことでもいいから見つけるというものだ。

感謝は恐れを止める。そこで、状況を引き起こしたのがだれであれ、何であれ、深い赦(ゆる)しの感情を抱くように自分を励ますのだ。

あなたもまた、赦しや感謝や共感を感じられる瞑想を通じて、恐れの対象と自分自身に向き合うことができる。

最も重要なのは、**頭に浮かぶ批判的な考えは、自分自身の考えではない**と認識することだ。それは古代から引き継がれてきた生き残りの本能で、あなたが恐れ知らずになるのを防ぐために必死で働いているプログラムなのだ。本能は「恐れることで生き残れる」と考えている。それがわかれば罪の意識と恥の意識はなくなって、感情の階層を幸せの層まで上っていける。恐れなくてはならない唯一のものは、恐れ自体なのだ。

**やるべきこと**

- 恐れをもたらす「時間」「愛着」「期待」の3つの要因を理解しよう。
- 気を散らすものを排除して、「いま・ここ」にとどまろう（電話の着信音を消して）。
- 「期待」を「好み」と言い換えよう。「〜が必要だ」ではなく「〜したい」と言うこと。
- 恐れを手放す練習を毎晩の習慣にしよう。たとえば、僕は子どもたちとこんなことをしている。寝る前に、子どもたちに感謝していることを3つ挙げさせる。そのあとで、きょう失敗したことをひとつたずねる。失敗とは「一生懸命やったけれど達成できなかったこと」だと説明する。
- その日、子どもたちが何かで失敗していたら、それほど難しいことに取り組んだことをほめる。失敗したことがなかった日には、わざと悲しそうな顔をして、明日はもっと良い日——失敗するほど難しいことに取り組む日——にしようと励ます。子どもがいる人はぜひこれを試してほしい。

- 子どもがいない人は、日記をつけてみよう。ただ失敗したことを記すのでなく、こんなに頑張ったのだという証（あかし）として記録しよう。リスクを取ったことを日記で祝福するのだ。これを数回やるだけで、心が驚くほど軽くなるのを感じられるはずだ。
- わざと拒絶されよう！ 1週間、「拒絶セラピー」を試してみよう。毎日「ダメ」と言われるまで無茶なことを頼もう。頼まれた人が必死であなたを助けようとすることがわかるだろう。みんなすばらしい人たちだ！

# HACK 09 ▼ 反対者にはむしろ「感謝」を贈る

ポジティブな変化を速く生み出すことができるのは、現状を破壊（ディスラプト）できる人だ。世界はそんな彼らに反発する。それには最強の改革者でも恐れや不安を感じるかもしれない。歴史を振り返れば、新しい考え方をする人はつねに批判され、そしられ、もっとひどい目に遭わされてきた。

批判に感情的に反応しないで、障害があっても前に進もう。批判に対処する方法を学んで、喜びとともに自分の道を行こう。平均的な人間にならないようにしよう。

## 「脳の中」を調べて、人の行動を改善する

今日、ダニエル・エイメン博士は脳科学の世界的第一人者として広く認められている。ニューヨークタイムズ・ベストセラー10冊の著者で、エイメン・クリニック創設者にしてCEO。僕がバイオハッカーになると決めたことについて大きな責任がある人だ。

1991年、エイメン博士は精神科の開業医だったとき、単一光子放射断層撮影（SPECT）に関する講義を聴講した。このことが博士のキャリアの進路を根底から変えた。SPECTは核医学の技術だ。

CTスキャンやMRIが脳の構造を物理的にどう見えるかを示す解剖学的な技術なのに対し、SPECTは血流や活動を地図のように描いたり、作業をしているときや特定の感情を抱いているときに脳のどの部分が〝点灯〟しているかを示したりすることで、**脳で何が起こっているかを明らかにする**。

エイメン博士はSPECTスキャンに魅了され、診療に使いはじめた。診察と治療に役立て、症状の多くを速やかに改善させることに成功した。それでも同業者たちからの非難はあとを絶たなかった。そんなテクニックは適切な治療基準を満たしていないと批判し、彼をぺてん師と

呼んだ。人びとを助けようとして働いているときに、けなされ、くさされるのではたまらない。そんな非難にもかかわらず、これを使いつづけるのには大いに勇気が要ったが、好奇心もあった。博士はこう主張した。**もし脳を見られないなら、脳がどれだけ働いているか、どうして理解できるのか？** どうすれば患者が最高の気分になれるように助けられるのか？ 博士は自分が治療している「脳」というものを見たかったので、反発に直面しても頑張りぬいた。

## 脳を見れば「行動変化」の理由がわかる

ある晩遅くのこと、義理の妹から電話があって、エイメン博士は唐突な報告を受けた。彼女の9歳になる息子——博士の甥——が野球のグラウンドで小さな女の子に乱暴した、というのだ。エイメン博士は義妹にたずねた。「彼の様子でほかに何か変わったことがあるかな？」。彼女はこう言った。「ダニー、あの子、まるで別人みたい。意地悪になって、笑顔も見せなくなったの」

エイメン博士は彼らの家に行き、甥の描いた2枚の絵を見つけた。ひとつには自分が木から吊されている絵が、もうひとつには自分がほかの子たちを銃で撃っている絵が描いてあった。博士は義妹に言った。「明日、この子を私の診察室に連れて来なさい」

甥を座らせて、エイメン博士はたずねた。「どうしたのかな？」。すると少年は言った。「ダニーおじさん、わからないよ、僕、ずっと頭にきてるんだ」。博士は、だれかに乱暴されたり、からかわれたり、身体を触られたりしているのかとたずねた。甥はノーと答えた。

博士が甥の脳をスキャンすると、左側頭葉にゴルフボール大の囊胞が見つかった。**左側頭葉があってしかるべき場所が失われていた**のだ。博士がそんな画像を見たのははじめてだったが、このとき以後、嫌というほど目にすることになる。当時、普通の精神科医は情動の徴候に注目するだけで、スキャンで脳の機能を調べたりはしなかった。

研究によると、左側頭葉は暴力と関係している脳の部位だ。[*1] エイメン博士が見つけてきた外科医が**囊胞を切除すると、甥の行動は正常にもどった**。執刀医の説明では、囊胞が脳に強い圧力をかけていて、左側頭葉付近の骨が細くなっていた。バスケットボールが頭に当たりでもしたら、即死していただろう。

その瞬間、エイメン博士は世間からぺてん師と思われても気にするのをやめた。SPECTスキャンの助けを借りれば発見できたはずの脳の問題を担当医が知らなかったために、刑務所に入れられた人たちや、死んでしまった人たちのことを思った。そして、このツールを使ってできるだけ多くの人びとを助けることを自分の使命とした。

## カビに毒された脳を修復する

僕もそうして助けられた一人だ。エイメン博士のことをはじめて知った2002年、博士は大きな批判にさらされていたが、彼が拠って立つ科学的根拠は揺らぐことがなかった。

そのころの僕は、スタートアップ企業でフルタイムの仕事をしながらウォートン・スクールでMBAを取得しようとしていた。なんとか頑張っていたが、キャリアには影が差し、試験は落第すれすれで、人間関係もうまくいっていなかった。

エイメン博士がスキャンしてくれた脳の画像の一枚に、毒された自分の脳が写っているのを見たとき、僕は打ちのめされた。エイメン博士は結果を見て言った。「きみのことを知らずにこの脳のスキャン画像を見ていたら、ホームレスのドラッグ中毒者の脳だと思っただろう」

健康な脳と比べたら、僕の脳は本当に活動が鈍かった。**ドラッグ中毒者の脳や、カビなどの環境毒にさらされた脳のようだった**。実際、スキャン画像の僕の脳には化学物質に誘発された損傷があった。脳に明らかに異状があったのだ。

奇妙に聞こえるだろうが、僕はその診断を聞いてわくわくした。ついに希望をつかんだ、と思えたからだ。具体的に取り組めることを見つけたということだ。僕はそれまで、表面的には成功していたものの、自分は弱く努力が足りないと考えていた。しかしSPECTスキャンが、問題は僕の性格ではなく脳というハードウェアにあると教えてくれたのだ。

そこから僕は、幼少期とウォートン・スクールに入学する前の2つの期間に、有毒なカビにさらされていたことを突き止めた。エイメン博士の尽力とたくさんのバイオハッキングで脳を修復でき、期待を超えるレベルまで改善することができた。

ほかの医師たちがエイメン博士を嘲(あざけ)り、脳の中を知ることで得られるメリットを無視して治療を続けていたとき、それでも博士が知ろうとする気持ちを萎えさせないで、頑張ってSPECTを使いつづけてくれたことに僕はとても感謝している。自分の脳を見ていなければ、どうやって治すか見当もつかず、今日ここにいることもなかっただろう。

## 批判には「感謝」で応える

僕が特別な製法を考案し、ラボで検証済みのカビなしコーヒー豆でイライラを抑えることができるコーヒーをつくったとき、市場はまったく存在しなかった。僕のクレイジーなアイデアは（コーヒーにバターを加えることを抜きにしても）批判者の注意をただちに引いた。だが不安、イライラ、思考停止をもたらす普通のコーヒーが飲めなくなっていた僕は、このアイデアに夢中だった。

僕は豆を焙煎するための特殊な方法を工夫して、とにかく市場に出した。6年後の2018年、この特別な豆で淹れた「完全無欠コーヒー」は1億杯以上も飲まれている。普通のコーヒーと相性が悪かった数多くの人たちから、またコーヒーを飲めるようになったと感謝された。そんな展開のさなか、さらなる批判が持ち上がった。たいていは炎上狙いの荒らしだった。いちばん目立った批判者は明らかに金銭的動機で動いていたが、僕がいちばん楽しんだ批判は、コーヒー専門誌のライターのものだ。僕みたいなコーヒー業界のベテランでないコンピュータ・

ハッカーが、コーヒーの製法を変えることなど不可能だ、という一点張りだった。

僕は好奇心によって成功をつかみ、その成功が批判を引き寄せたわけだが、それでも自分が信じる道を突き進んだ。

そうするためには使命感が大事だ。それが信念を守りぬく力を与えてくれる。感謝の気持ちもとても大切だ(詳しくは第14章で)。頭の中の声が、世間は批判者に軍配を上げるかもしれないと不安をささやくだろう。だが、**批判者たちはあなたの仕事を槍玉に挙げるたびに世間の注目を高めてくれているのだ**と考えれば、見方も変わってくる。

ソーシャルメディア隆盛の今日、グーグルで確認しないで批判者の言いぶんを鵜呑みにする人はいない。ネットの批判者が僕の科学を攻撃するたびに、僕の頭の中を不安なストーリーが駆けめぐっても、ブレットプルーフ社の売上は上昇した。僕とミッションを共有している人びとが防戦に協力してくれているのだと気づいたときには勇気がわいた。

だから、根拠のない批判をネットで見るたびに、僕はいまでも無言で「ありがとう」と感謝している。自分に異議を申し立てる人に感謝することは恐れの克服につながる。**自分に楯突く相手に感謝できるのは気持ちがよい**。

僕たちはエイメン博士のような科学者から大きな恩恵を受けている。伝統的な知識に反することを発見したとき、彼らは意見をはっきりと述べ、こつこつと研究を続けた。その世界の常識を変えるために、巨大な障害を乗り越えて、同業者から中傷されることに伴う恐れを打破した。そのような好奇心と勇気なしには改革は起こらず、ゲームはいつまでも古いルールのまま続けられてしまうだろう。

**やるべきこと**

- ソーシャルメディア上の無益な批判があなたの思考を鈍らせるようなことがないように、無視して拒絶しよう。それは1秒あればできる。だが、批判者があなたについて作り話をこしらえるのにはもっと多くの時間がかかる。それを計算に入れれば、最後にはあなたが勝つことは明らかだ。
- 無視して拒絶する前に、まず心の中で「ありがとう」の言葉を送ろう。少なくとも彼らはあなたの仕事を話題に取り上げてくれているのだから。
- ネットでもリアルでも、純粋にあなたの仕事に疑問を呈している有益な批判者には関わっていこう。ただし、相手を罵(ののし)るようなことはしないように。彼らから教わることは多い。感謝することを忘れずに。
- 批判に心を乱されたら、「感情の階層」を思い出そう(121ページ参照)。批判はつねに恥やプライドに働きかける。恥は悲しみを隠し、悲しみは怒りやプライドを隠し、怒りやプライドは恐れを隠し、恐れは幸福を隠そうとするものだ。だから、自分が本当は何を恐れているのかを突き止め、それと向き合い、批判のパワーが自分の中で弱まっていくのを見守ろう。

## HACK 10 ▼「すべてを得た後でも欲しいもの」を知る

ゲームチェンジャーは退屈することがない。自分を魅了するものを見つけ出し、それを追求する意欲によって朝、ベッドから勢いよく飛び起きる。情熱と目的なしには幸福もない。関心が持てて人生をその追求に捧げられるものを見つけ出そう。お金より情熱を優先しよう。お金はあとからついてくる。ただし、お金のことも無視はしないように。

### 正気を疑われるほど大きな夢を持つ

ナヴィーン・ジェインの人生は絵に描いたような成功物語だ。ポケットに5ドル札を入れてアメリカ合衆国にやってきたインド人の学生が、出世して7つの会社を設立して億万長者になった。ナヴィーンの仕事は情報の世界を改革した（彼の会社インフォスペースは大手ネット企業だ）。ソーラーシステムを改革した（ムーン・エクスプレスを創業して、2019年には最初の炭鉱労働用ロボットを月へ送り込もうとしていた）。そしていま、自分の会社ヴィオームとともに、その**空想的なアプローチで人体の神秘を明らかにしつつある。**

ナヴィーンは一日にもっと時間が欲しい。夜は4時間しか眠らない。自分がしていることが好きだし、必要な睡眠はそれだけなのだから。年齢は60歳そこそこだが、まだ40代の僕と同じくらいエネルギッシュだ。朝、目覚めるとベッドから飛び起きる。その日に何を学べるか、とても興奮しているからだ。

## 好奇心を失ったとき人は死ぬ

学ぶのをやめる日は死ぬ日であり、退屈している人びとのほとんどはすでに死んでいるのだ、とナヴィーンは言う。世界は見るべきもの、学ぶべきものであふれているのに、退屈の入り込む余地などあるだろうか？　ナヴィーンの考えでは、脳が成長をやめたら貢献できることもなくなるから、そういう人は社会に寄生する存在になってしまう。夢見ることや知的好奇心がなくなった日に、人はゾンビになる。

ナヴィーンは人間にとって知的好奇心を保つことが最大級の重要事だと考えている。そんな彼には、ゴルフの話で盛り上がっている人たちのことが理解できない。ナヴィーンにとって、**ゴルフコースで8時間も過ごせるほど暇な生活は、もはや生きるに値しない**（もちろん、ゴルフが興奮と本物の喜びを生み出すなら話は別だ。ナヴィーンの考えでは、関心のあること、意味のある変化を実現することに集中すべきで、ゴルフでそんな変化を体験する人は多くない）。

だれもが「情熱を傾ける」ことが大事だというが、ナヴィーンは「取り憑かれる」ことをめざすべきだと言う。取り憑かれて夜も眠れず、全身全霊をかけて追求するものを見つけることだ、と。

## 「夢中」で動くプロセスがお金をもたらす

取り憑かれるものを見つけるための思考実験として、人生に欲しいものすべてを所有していると想像してみよう。数十億ドルのお金、すばらしい家族、その他の欲しいものや必要なものすべてを持っているとする。さて、どうしよう? 本当に取り憑かれている対象とは、**欲しいものをすべて手に入れたあとでも追い求めてしまうようなもの**だ。金儲けでもなければ、目標を達成したからといって終わるものでもない。

ナヴィーンは金儲けは目標にすべきではないと言う。金儲けは関心の対象を追求したことの副産物だ。オーガズムのようなものだとも言う。意識して求めても得られないかもしれないが、プロセスを楽しんでいたら、やがてそこにたどり着く。

ナヴィーンは、**正気を疑われるほど大きな夢を持つ**ことを勧める。クレイジーだと言われたとしても、まだ夢の大きさが足りないと考えることを勧める。そのためには決して失敗を恐れないことだ。失敗するのはあきらめたときだけだとナヴィーンは言う。ほかのすべては方向転換にすぎない。うまくいかなければやり方を変え、状況に合わせて方向転換するだけだ。あきらめないうちは失敗ではない。うまくいかないアイデアは、より大きな成功への踏み台にすぎない。好奇心を持ち、学びつづければ、成功はやってくる。

ナヴィーンの考えでは、親の仕事は子どもに知的好奇心を芽生えさせ、育むことだ。「馬を水飲み場に連れて行くことはできても、水を飲ませることはできない」とよく言われる。彼はさらに、「**馬を水飲み場に連れて行くべきではない、ただ喉を渇かせるべきだ**」と言う。もし馬が水を見つけることに情熱、渇望、執着を覚えたら、勝手に出ていって自分の水を見つけ、そして飲むだろう。

## リーダーを待つのではなく、自分が立ち上がる

喉を渇かせることがあらゆる教育システムの目標だったらよいのに、と思う。子どもたちに知的好奇心を持たせ、世界を変えようという情熱を持って仕事の世界に入っていかせるような教育であってほしい。

多くの人に最大限の潜在的影響力を発揮させるにはどうしたらよいかを学ぶために、僕は、シビル・チョウドリに話を聞くことにした。フォーチュン500社のCEOたちのパフォーマンスを改善するために働いているコンサルタントだ。

シビルによれば、**人のパフォーマンスを改善する最高の方法は、情熱と行動のつながりに注**

**意を払うこと**だ。彼は、有力なCEOたちを助けるためにしていることを含めて、多くを話してくれた。いま取り組んでいるのは、クライアントが他者を気づかう心を育んで人間としてのパフォーマンスを向上させ、組織全体を思いやり深いものにするのを助けることだ。

## 「他者を気づかえる人」の4つの特性

シビルはトリーシャ・プラブという少女の話をしてくれた。当時13歳だったトリーシャは、ある日、11歳の少女がネットいじめを苦に自殺したことを知った。トリーシャはそんな若い女の子が自ら命を絶ったことに衝撃を受けた。ネットいじめについて調べはじめると、ほかにも同じ理由で自殺した青少年がたくさんいた。ソーシャルメディアのサイトが問題を止めるために十分な策を講じていないことも知った。

これに心を痛めたトリーシャは、行動を起こす決心をした。そして「リシンク」（再考）というアプリを開発した。特許技術を使って有害または攻撃的とおぼしき投稿を見つけ出して、投稿者にそれが与えるかもしれないダメージを伝え、投稿を考え直すようにと促すものだ。投稿を考え直すよう促された10代の少年少女の、なんと93％が有害な投稿を思いとどまった。

シビルがトリーシャについて最も感心したのは、大人や権威者にいっさい助けを求めなかったことだ。彼女は問題を見つけ、解決するために行動した。トリーシャは他者を気づかう人が持つ4つの特性を備えている、とシビルは言う。「率直さ」「思慮深さ」「責任感」「結果志向」だ。

**もっと思いやりのある人になるために、生活のあらゆる面でこれらの4つの特性を発揮することをシビルは勧めている。**コミュニケーションを取るときに、もっと率直になれないか？ 小さなことでも、行動する前に考えているか？ 失敗も成功も引き受ける用意があるか？ 結果を出そうと考えて行動しているか？

どの特性が強くどの特性が弱いかは人それぞれだが、多くの人が共通して「責任感」が弱いことにシビルは気づいた。何か問題が起こったとき、他人事と考える人が多い。トリーシャの場合、ネットいじめの解決をSNSの会社やほかの権威者にゆだねたほうが、はるかに簡単だっただろう。だが彼女は自分で事を進め、責任を引き受けたのだった。

マザー・テレサいわく、「**リーダーを待つのはやめなさい。あなたが立ち上がればよいのです**」。ゲームチェンジャーは関心のあることをするとき、恐れに自分のじゃまをさせない。思いやりを持ち、情熱を持ち、恐れを抱かなければ、あなたの行動は違いを生み出すことができる。

**やるべきこと**

- 取り憑かれるほどのテーマや問題を見つけて、その追求にたっぷりの時間とエネルギーを捧げよう。そうすれば幸せになれる。
- 人を気づかう習慣を身につけよう。率直になろう、思慮深くなろう、責任を果たそう、結果を出すために動こう。

第4章

# 休息
## 自分を「アップグレード」する時間をつくる

### どんなに良いことでも、やりすぎたら燃え尽きる

ここまで読んでゲームチェンジャーの知恵に刺激され、すでにスイッチが入った人がいるかもしれない。情熱を注げるテーマがわかり、その実現を妨げる恐怖を克服する方法もわかった。やる気になって燃えてきたのなら幸運なことだ。

だが、**四六時中やる気をフル回転させることには隠れたマイナス面がある**。有意義な仕事への情熱は、しばしば人生のすべてを乗っ取り、疲労回復や人生の楽しみのための時間を奪ってしまう。情熱を傾ける仕事には麻薬のような中毒性があり、打ち込みすぎて命を落とす人さえいる。

僕がインタビューしたゲームチェンジャーの100人以上が、成功して幸福になるためには休息が不可欠だと言った。どういうことか？　世界を変えるために懸命に働き、その毎秒を愛(いと)

おしんでさえいる人が、なぜリラックス、充電、遊びの時間を不可欠だと考えるのか？

世間の圧力は、ぎりぎりまで自分を追い込んで疲労困憊するくらいでなければ成功しないと迫ってくるが、成功した人の話を聞いていると、その反対が正しいことがわかる。**彼らが高度なパフォーマンスを発揮できるのは、まさしく遊びの時間を確保しているから**なのだ。彼らが疲労回復を重視して、その時間を日々のスケジュールにしっかり組み込んでいるのは、行き当たりばったりではそんな時間は絶対に取れないと知っているからだ。

## 「充電の時間」を確保する

つらい体験を通してそのことを学んだ人もいる。強烈なインパクトを感じさせる僕のゲストたちの多くが、休息の重要性を学ぶ前に、一度は燃え尽き（バーンアウト）を体験している。かく言う僕も例外ではない。仕事を始めたころは、失敗に対する無意識の恐れから猛烈に働いた。とりあえず、それで成功した。もっと懸命に働いて、もっと金持ちになれば幸せになれるという考えしか頭になかった。休暇を飛ばし、睡眠を飛ばし、仕事の手を止めなかった。

猛烈に頑張りながら、**自分がたいして生産的でも幸せでも効率的でもないことに気づいていなかった**。それがわかったのは、メンタルと身体のために、時間とお金とエネルギーを使いはじめてからだ。ブレットプルーフ社の立ち上げ中は、がむしゃらに働く戦略も功を奏したが、ポッドキャストを始めたり本を書いたりしだすと壁に突き当たった。あれにもこれにも情熱を傾けた僕は、夫や父親としてやるべきことも多かったので、セルフケアをほとんど放り出してしまっていたのだ。

　これではいけないと思って、いくつかやり方を変えた。そのひとつが、**スケジュール表に充電の時間を確保し、そこに仕事を入れない**ことだった。問答無用で仕事はシャットアウトした。また、出張で不在のとき以外は、毎日子どもたちを学校へ送っていき、その後に「アップグレードの時間」をとった。その時間はもっと良い人間になるために使うことを自分に誓ったのだ。

　ときには研究室にあるクレイジーな器具を使ってバイオハッキング運動もする。一風変わったストレッチをしながら瞑想したり、バリー・モーゲラン博士が開発したエネルギー瞑想アプリに耳を傾けたりもする。またあるときは、頭に電流を流したり、朝の散歩でシャツを脱いで太陽光を浴びて、体内時計を整えたりもする。

　**大事なのは何かをすること。それも仕事の「前」にすることだ**。この時間が僕にとっていかに動かせない大切な時間であるかをめぐって、優秀な部下たちと侃々諤々（かんかんがくがく）の議論をしたこともあったが、僕の考えを理解した彼らは、僕がオンとオフの線引きをするのを助けてくれた……白状すると、自分だけでは守れなかったと思う。

　僕は仕事に関心がありすぎて、お目付役がいなかったら、自分のために使う時間をどんどん削ってしまっていただろう。この時間を確保したこと、それも自分の一存では変えられないようにしたことで、著述家として、放送人として、CEOとして、父親として、すべてを同時にスケールアップできた。本人が言うのだから間違いない。

## 優先順位の鉄則──1位「健康」、2位「家庭」、3位「仕事」

時間配分の優先順位を決める基準も考案した。あなたにもぜひ採用してもらいたい。僕はそれをブレットプルーフ社のスタッフ、特にスケジュール管理をしてくれているスタッフと共有している。

すごくわかりやすい基準だ。とにかく健康が第一。なぜなら健康は他のすべてのパフォーマンスの決定要因だからだ。家族（そして家族のように親しい友人）が2番目で、仕事は僅差の3位だ。

**ほとんどの人は正反対の順序で暮らしている**のではないだろうか。つまり仕事が1位、家族と人間関係が2位、自分のことは不動の3位。それではいけない。

実際、健康と幸福を優先しなければ、望むような仕事はできないし、良き夫や妻に、親に、友人になることもできない。だれにでも見える場所にあるカレンダーに、健康維持や家族のために使う時間を書き込んでおけば、あなたはもっと家族を大切にし、もっと効率的に仕事をし、望ましい影響力を発揮できるようになるだろう。

# HACK 11 ▼「休息」を増やして生産性を最大化する

動物が倒れるまで自分を追い込むのは、飢えているときか狩られそうなときか、要するに命が危なくなったときだけだ。疲労回復の時間を確保しないで自分を駆りたてていると、あなたの身体はあなたが生命の危機に瀕しているに違いないと考える。自動運転のスイッチが入り、とりあえず重要度の低い身体システムが停止する。止められてしまうのは「若さを保つシステム」「幸せを保つシステム」「思考を助けるシステム」だ。

そうならないように、回復の達人にならないといけない。四六時中マラソンを走るような働き方はやめて、ダッシュ、休憩、ダッシュをくり返そう。しっかり生産的に活動しては、しっかり休み、大切なことを追い求める情熱を生涯燃やしつづけよう。

## 身体を破壊する「ストレス」に対処する

イザベラ・ウェンツ博士は、数十万人もの慢性甲状腺疾患の患者が置かれている状況を一新した。『橋本病の治療法』（未邦訳）という大ヒット本のすばらしい著者だ。橋本病というのは免疫システムが甲状腺を攻撃する病気で、この本は彼女自身の身体を傷つけたあらゆることについての、長年にわたる研究を凝縮した本である。

ウェンツ博士のプロトコル（治療を実行するための計画）は、ホルモンの最適化、外傷性ストレスの克服、慢性的な感染症の除去、栄養面の改善、毒素の排除に重点を置いており、**多くの人びとが自己免疫疾患に打ち勝って、豊かで健康な人生を送るのを助けている。**

僕自身もかつて橋本病を患っていたが、抗体反応が陰性になり、もはや症状はない。博士を番組に招いたのは、彼女が人体の複雑な生物学をときほぐす達人であって、その著書がニューヨークタイムズ・ベストセラーのハードカバー・ノンフィクション部門で何週間もトップだったからだ。

## 休んでも休んでもなぜ回復しないのか？

ウェンツ博士も自分が橋本病だとわかるまでのほぼ10年間、慢性疲労と格闘した。子どものころにはだれもが彼女を〝元気なウサギちゃん〟と呼んでいた。潑剌（はつらつ）としていて、いつもエネルギーにあふれ、最高の成績を取ることに熱中するタイプA（競争意識、緊迫感、短気、完璧主義などを特徴とする行動型）でオールAの生徒だった（いまもそれは変わらない）。

ところが、大学1年生のときに彼女のエネルギーは潰（つい）えた。疲れ果てて、朝起きられなくて授業に欠席しはじめた。期末試験のために勉強していて**午後2時に眠り込み、翌朝の9時まで寝てしまった**こともある。その試験は午前7時30分に始まっていた。

そんなことが何年も続いた。14時間も眠ったのに、目覚めてもまだ疲れていた。友人が目標を追いかけたり、外にくり出して20代を楽しんでいたとき、彼女は眠りこけていた。さらに別の症状が加わって頭にもやがかかり、手根管(しゅこんかん)症候群、逆流性食道炎、過敏性腸症候群になった。やがてパニック発作や物忘れを起こしだした。ごく簡単なことも覚えられず、すべて書き出さなくてはならなかった。自分には能力があると思ってはいたが、どう頑張っても結果が出なかった。

橋本病と診断されるまでに9年を要し、健康を取りもどすのにさらに数年を要した。その後、彼女はすぐれた薬剤師になった。そしてこの病気の治療における第一人者となり、わずか2週間で治療効果をもたらすプロトコルを開発した。

## 継続的なストレスが炎症を生む

そのことと休息時間を優先することにどんな関係があるのか? ウェンツ博士は数千人もの橋本病患者を治療し、インタビューし、調査して、ある結論に達した。すなわち、この疾患に適合する遺伝子を持っているだけの「ステージ1」の患者が、**症状が発現する「ステージ2」へと移行する最大の要因はストレスだ**、ということだ。患者の約70%が、ステージ2に進むときに、相当なストレスの生じる時期を経験していた。

ストレスにさらされるばかりで回復の時間が与えられないでいると、身体は自分が危機に瀕していると考える。それが引き金となって炎症が生じ、白血球が甲状腺や他の体内システムを攻撃しはじめる。それが「自己免疫反応」と呼ばれる、身体の防御システムが自分自身を攻撃する現象だ。

ウェンツ博士は言う。橋本病を防ぐために重要なのは——他の自己免疫疾患でも同じだが——日常生活で身体が危機を感じるのを最小限に抑えることだと。これは想像以上に重要だ。人口の20％が自己免疫疾患にかかっており、患者数は毎年20％増加している。[*1] そしておそらくストレスを強く感じるパーソナリティの人たちの罹患率が高い。

## 「ストレス要因」には、間をおいて反応する

リスクを高める日常のこととは何か？　どうしたらそれを避けられるのか？　たとえば車の運転、不健全な人間関係、睡眠不足、怒りの持続、カロリー制限の継続による栄養不足などだ。自分の生活を分析して、**原始人だったころから受け継いでいる「危険回避の本能」を刺激するようなことを、できるだけ排除すべきだ。**そうすれば神経系に、自分は安全だというシグナルが送られる。

橋本病患者の多くが、ウェンツ博士と（そして僕と）同様に、自分を限界まで追い込んで頑

張りつづける「タイプA」と呼ばれる性格特性の人たちなのは偶然のことではない。

彼女は患者に1カ月、生活からストレスを排除することを勧めている。それに加えて、マインドフルネスを実践して、ストレス要因に遭遇したとき本能的に反応するのではなく、一瞬の間をおいてストレスと不安を手放せるようにすることを勧めている。

そうすれば、上司から不快なことを言われても、ストレス反応で体内に炎症が起きたりせず、相手への思いやりを発揮できる。ただしウェンツ博士は、他者の前に自分を思いやるべきだと付け加えることも忘れない。

タイプAの人びとの多くはセルフケアを軽視するが、子どもやペットに接するように、**自分の心と身体にもやさしく接するのは重要なことだ**。もっとも、子どもやペットのほうが、あなたの身体を動かしているシステムよりもずっと賢いのだが。

ストレスをなくすには、要因を排除するだけでなく、日々の生活に楽しみを加えることも有効だ。単純なことだが、喜びを与えてくれないものを減らし、与えてくれるものを増やすのだ。そうすればパフォーマンスもアップする。それはさほど難しいことではない。

## 休んだほうが多くのことを達成できる

たたき上げの起業家で、おそろしく身体を鍛えた発明家、力こぶが僕の頭くらいになる上腕二頭筋を持つマーク・ベルが言うように、だれよりも大切に扱わなくてはならないのはつねに自分自身だ。

マークは歴代記録ベスト10に入るパワーリフティングの選手で、プロのアスリートとして、有名な「スーパー・トレーニング・ジム」や「スーパー・トレーニング・プロダクト」などの事業を立ち上げた。

目標が何であれ、マークは、まずは自分の心と身体を気づかうことが大事だと知っている。バンクーバー島で僕のインタビューに答えたとき、フライトアテンダントが乗客に教える注意事項を引き合いに出して説明してくれた。緊急時には、まず自分の酸素マスクをつけ、それから子どもを手伝うというあの順序のことだ。自分が倒れてしまったらだれも助けられなくなる。休息時間とセルフケアを優先しなければ、あなたは必ず弱っていく。

マークは多くの人びとを助けるという使命を掲げて、そのために多くの時間を自己啓発に充てている。本を読み、音楽やポッドキャストを聴き、散歩をし、ただ黙って座って何もしないこともある。直感に反しているかもしれないが、**頑張りつづけるのをやめて身体の限界を認めれば、もっぱら頑張りつづけるよりも多くのことが達成できる**のだ。

燃え尽きの犠牲者はタイプAの人たちだけではない。世界最高の治療師(ヒーラー)や精神的指導者も、スキルを磨くために全精力を使い、人びとを助けようと懸命になるあまり、燃え尽きに苦しむことがある。

実際、その問題の深刻さに気づいたジャック・キャンフィールドは、数年前、招待者限定の、自己啓発リーダーのためのリトリートを主宰した。年2回、リゾートに集まって、ただ自分をケアするための時間を過ごす集まりだ。

光栄なことに、僕もそこに加えてもらったのだが、他者を助けたい一心で燃え尽きかけている自己啓発の達人が多いことに、素直に驚いた。そこに集った人びとは、自分の人生がそれで決まるかのようにセルフケアに集中していた。彼らが数百万、いや数千万の人びとを助けていることを考えれば、決して大げさなことではない。

## 「禅哲学」が教える人間発展の5段階

そんなヒーラーの一人、ゲンポ老師は、ブレットプルーフ研究所がスポンサーとなったイベント「無限になれ（ビー・アンリミテッド）」で僕がインタビューした人物だ。曹洞宗と臨済宗の両方の修行をした禅僧で、数十年の修行から得た知恵を「偉大な心（ビッグ・マインド）」と呼ぶ一連の教えにまとめて、多くの人たちに影響を与えているゲームチェンジャーである。

２０１１年、禅を教えだして30年経ったころ、ゲンポはヨーロッパで４００人の弟子を対象に10日間のイベントを行うことにした。空港に着いたときに、妻から電話があった。彼が家に忘れていった携帯に、別の女性との不倫関係がわかるメッセージが残っていたのだった。

インタビューでは聞きにくい話だったが、ゲンポはありのままを語ってくれた。

ゲンポは最初、自らの過ちを認めることができなくて妻に反撃したりもしたが、その後、不倫をして妻を裏切っていたことを弟子たちに告白した。彼の人生と評判はもろくも崩れた。66人の禅僧が、ゲンポは少なくとも1年間は弟子を指導するべきでないという請願書に署名した。ゲンポは責任を負わなければならなかった。指導者（メンター）やセラピストたちと話して、自分の過ちを理解することができた。他者への奉仕で自己をすり減らし、これくらいの楽しみは許されるだろうという間違った考えに囚われて、衝動的で向こう見ずな行動をとってしまったのだ。

ゲンポは、これを話すのは自分の行動を正当化するためではなく、**慚愧（ざんき）に堪（た）えない行為をしてしまった原因を理解することが失敗をくり返さないことにつながる**からだ、と説明した。そして過ちから学ぶことを自分に誓い、人間関係における正しい境界線の引き方や、正直さと高潔さを追求する中で、人として大きな変容を遂げた。

## 「弱い自分」も「イヤな自分」もすべてを受け入れる

ゲンポはこの時期を、自らが2003年に体験した癌の克服にたとえた。どちらもいまでは貴重な体験だったと振り返ることができるが、だれにも起きてほしくないし、自分も二度と経験したくないと思っている。ゲンポのいまの仕事は、人が同様の過ちを犯すのを避けるよう助力することだ。

自分がどこで道を誤ったかを理解するために、ゲンポは**中国の禅哲学が教える人間の発展の5段階を研究した**（これは体系的な宗教学というより人間の行動と精神の研究である）。

第1の段階は、何か自分よりも大きく、高く、偉大なものの存在にはじめて気づくときだ。これは「仏陀の覚醒」と呼ばれる。この覚醒に至った人は、仏陀の知恵を体得するための勤行を始めることができる。

これはやがて第2の段階、仏教で「大疑」と呼ばれる段階へと至る。なすべきことを行っていても、まだ完全に幸福ではない段階だ。

覚醒を体験した直後の1年間、ゲンポは幸福だった。だが大疑の段階に至り、幸福も現実も何もかも疑問に感じるようになった。気がつけば、何を本当に経験したのか、何を本当に得たのか、何を本当に学んだのかと問うている自分がいた。

**すべてを疑い、考えぬくことで、もうひとつの「深い覚醒」に達する**。それが発展の第3段階だ。ここでは個人が絶対的な現実となり、相対的な存在も、恐れも、苦しみも、自己も、他者もない。

多くの精神的指導者がここで行き詰まる。ゲンポによれば、それはこの段階に達したときに自分はエゴを手放したと思ってしまうからだ。しかし、むしろこの段階こそが最も自分本位の場なのだ。

ゲンポ自身がここで過ちを犯したのは、この段階にあったとき、フィードバックに開かれていなかったからだ。自分は悟りを開き、すべてを知ったのだと思ってしまった。だが、いかに悟りを開こうとも、人の中にエゴはつねに存在する（僕はそう考える。エゴは身体を生きつづけさせるOSなのだから当然だ）。目覚めたエゴはその人の生き方を決定する。何が正しく何が間違っているかをエゴが教えてくれる。それがあなたのルールのすべてとなる。

ここから第4の段階である「下降」へと至る。この段階は避けられないが、ゲンポによれば、なるべく速く通過するに越したことはない。ここでは啓発された状態を手放して、恐れや影や怒り――有害と思われるすべて――が自己に統合されはじめる。

完全に下降したと思ったとき、第5段階でさらなる「完全な下降」が起こる。その最中にあらゆるものが粉々に砕かれる。陰と陽が自己に統合され、2つのあいだを行き来できるようになるのだ。

## 人の役に立つには「セルフケア」を重視する

僕自身は最初の段階でうろうろしているが、ゲンポの話には教えられることが多かった。特に、他者への奉仕に自己を差し出すことで自分が立派な人間であるかのように感じてしまう、という指摘には考えさせられた。それは自己犠牲の文化について多くを物語っている。

僕たちは自己犠牲を尊ぶあまり、それを厭（いと）わずに頑張る自分を聖人でもあるかのように勘違いしてしまう。仏教僧でも、ワーカホリックでも、親でも同じだ。この**自己犠牲の文化と価**

**値観が、僕たちのパフォーマンスを妨げている。**

他者のケアに心を砕いている人にとっても、それが仕事という人にとっても、セルフケアを優先することがいかに重要で、それを怠ったら何が起こるかを、ゲンポは教えてくれた。

## 「都会の僧侶」が教える時間術

さて、セルフケアの大切さはわかった。では、そのために具体的にどうすればよいのか？それを知るために、僕はペドラム・ショージャイ博士を頼った。ニューヨークタイムズ・ベストセラー『都会の僧侶』『時間を止める技術』（ともに未邦訳）の著者だ。東洋医学の医師、Well.Orgの設立者、得度（とくど）した僧侶、高く評価されている気功師だ。**東洋の伝統の知恵によって、西洋的ライフスタイルに起因する課題を克服しようとする**人びとを助けている。

休息の習慣を身につける方法を教えられる人がいるとすれば、〝都会の僧侶〟を自称するショージャイ博士以上の人はいない。博士は自分が言ったことを実行している。僕がなぜそれを知っているかというと、彼は友人だからだ。

若い鍼師（はりし）として職業人生を始め、有名人のプライベートのケアをしていたとき、トップパフォーマーを疲労困憊させるものが何かを知った。博士の見たところ、彼らは心の健康や家族よりもお金や成功を優先していたせいで苦しんでいた。そうして博士は、経済的成功を人生の成功と考えることを改める必要があると悟った。

## 30日、60日、90日の目標を書き出す

ショージャイ博士が勧める方法はこうだ。自分にとって最も重要なことがはっきりしたら、30日後、60日後、90日後の目標（ゴール）を書き出す。それに照らして、時間の使い方に優先順位をつけていく。

興味をそそられる新たな機会が舞い込んでも、**目標達成に役立つものでなければ、それには「ノー」と言う。**新しいことを加えたら、現在やっていることのどれかにしわ寄せがくるからだ。それは過密スケジュールとオーバーワークにつながり、ストレスを生む。

ほとんどの人がストレスを感じているのは、あれもこれも抱え込んでいるからだ。時間がないのにやることが多すぎるのは、他者に対してであれ自分に対してであれ、無理な約束をしているからだ。

## 細かく「5分」の休息を取る

ヨガも瞑想も、時間の使い方の正しい境界線を定めるうえで実用の役には立たない。僕たちの多くは時間の使い方に無頓着だが、ショージャイ博士が「マイクロハビッツ」（小習慣）と呼んでいる小さな変化が、それを変える助けになる。

まず、自分にとって重要なことを5つ書き出し、それぞれにどれだけ時間を割り当てる必要があるかを自問しよう。そして実際にそれぞれの目標にどれだけ時間が使えるかを考えるのだ。やりたいことは多くても、5つの目標と関係ないものは重要ではない。ショージャイ博士はそれを庭の雑草にたとえている。雑草を抜けば花（優先事項）が咲くのである。

優先事項に集中するために、ショージャイ博士は「ポモドーロ・テクニック」を使って1日に数回、意図的に思考力と注意力をリセットしている。これは1980年代にフランチェスコ・シリロが開発した時間管理のテクニックで、**何かを25分間続けたら、そのあと5分休むようにタイマーをセットする**というものだ。ショージャイ博士はその5分で身体を動かしたり水を飲んだりする。

僕も同種の時間術を使うことがあるが、僕の場合、少なくとも朝は、全身バイブレーション装置に乗ってストレッチをし、コーヒーを飲む。何をするかは人それぞれということだ。

ショージャイ博士はポモドーロ・テクニックを使いはじめたとき、こんなに休憩を取るのは時間の無駄ではないかと心配したという。だが、何百もの会社のウエルネス向上をサポートする仕事を通じて、勤務時間にリフレッシュする時間を組み込むと好ましい変化が起こることがわかった。欠勤が減り、生産性、職務満足度、パフォーマンスが高まったのだ。

従業員もショージャイ博士自身も最初は、そんな休憩時間を取っている余裕はないと思っていたが、いまでは**そんな休憩時間を取らずにいられる余裕はない**と実感している。

ショージャイ博士のやり方が、あなたにも有効かどうかはわからない。自分に合った方法を見つけるために、さまざまな方法を試すべきだ。必要なセルフケアを行ってストレスや燃え尽きを避け、身体を壊すほど無理をしなくても成功できる時間管理の習慣を身につけよう。

**やるべきこと**

- あなたが定期的に行っていることの中で、身体に負担をかけていることは何か？ それをやめよう。
- あなたの生活から最もエネルギーを吸い取っている上位3つのことを書き出そう。
- あなたの生活に最もエネルギーを与える上位3つのことを書き出そう。
- あなたのエネルギーを吸い取ることに時間の何%を費やしているか。
- あなたのエネルギーを生み出すことに時間の何%を費やしているか。
- あなたを弱らせ、エネルギーを吸い取ることの中で、だれかに頼めばやってもらえそうなことは何か。だれにそれを頼むか。
- 他者のケアに多くの時間を使う生活をしている人でも（そうであればなおさら）、毎日のセルフケアを優先しよう。歯医者の予約や就職の面接と同じように、セルフケアのスケジュールを立てよう。
  - ・毎日どれほどの時間をセルフケアに割り当てるか。
  - ・一日のどの時間帯にそれをするか。

●週1回と月1回、少しまとまった時間を使って行う疲労回復タスクを書き出そう。この先6カ月のスケジュールを立てよう。さあ、いますぐカレンダーを開いて。
・週1回の疲労回復タスク：
・月1回の疲労回復タスク：
●30日、60日、90日の目標を書き出して、時間を取られる新規のタスクと自分の目標を照らし合わせよう。目標と関係ないことは断るか、ほかの人にやってもらおう。そのためには紙に書き出して記録する必要がある。
・いつ目標を書き出すか。
・どこに目標を書き出すか。
・目標を書き出す時間を決めて予定表に書き込んだか。

# HACK 12 ▼「朝」の使い方を変えれば一生が変わる

一日のはじめに何をするかが、その日がどんな日になるかを決める。いつ目覚めるにしろ、周りの出来事に反応することから一日を始めてはならない。それはストレスや、燃え尽きや、目標からの逸脱につながる。

朝は自分を最優先して、その日のために心と身体を整え、優先すべきことを優先させよう。そして一日に向かって歩み出そう。

## ネガティブな気持ちをぶちまける「5分間ルール」

「奇跡」について聞きたければ、ハル・エルロッドの話を聞くことをお勧めする。モチベーションを高めてくれる講演者、すばらしいコーチ、ベストセラー1位を記録した『人生を変えるモーニングメソッド』（大和書房）の著者だ。ハルは一度ならず二度、死を免れている。

20歳のとき、**飲酒運転で時速110キロで飛ばしていた車に轢かれて死亡を宣告されたが、6分後に息を吹き返した。**医師の悲観的な見通しをくつがえして、情熱と意志の力でふたたび歩けるようになったばかりか、84キロのウルトラマラソンを完走するまでに回復した。その後、勤めていた有名なナイフ製造会社カットコーで販売員としての記録を樹立し、販売部門の責任者としても全米1位の成績を収めた。いまでは引っ張りだこの講演者、多数のベストセラーの著者である。

## 「自分でコントロールできること」に集中する

カットコーでハルは、メンターから「5分間ルール」と呼ばれるテクニックを教わった。ものごとがうまくいかないとき、5分間だけネガティブな気分になることを自分に許可するというものだ。

**タイマーをセットして、5分間だけ泣きごとを言い、うめき、不平をつぶやき、感情をぶちまける**。だが5分後には、自分の力で変えられないことにエネルギーを使うのをやめ、自分が進みたい方向、自分がコントロールできることに集中していくのだ。

ハルはこのルールを事故後に実践した。昏睡状態から目覚めて1週間後、医師が両親を呼んで言った。「息子さんのことが心配です。身体は回復しているのですが、現実が認識できていないようなのです」。ハルはいつも看護師やセラピストと笑ったりジョークを飛ばしたりしていた。二度と歩けなくなった若者の正常な反応とは思えなかった医師たちは、ハルが現実から逃避するために一種の譫妄（せんもう）状態になっているのではないかと心配したのだった。

だが、ハルは妄想を生きていたのではなかった。5分間ルールを生きていたのだ。

過去には戻れない。**ただ途方に暮れ、嘆き悲しんで、事故が起こらなかった世界を求めても意味がない**ことがわかっていた。ハルは選択肢が2つあると考えた。医師の言うことが正しく、二度と歩けないのならその現実を受け入れる。だが、もし間違っているなら、車椅子の人生は断固として受け入れない。

結局のところ、医師は間違っていた。大腿骨が2つに、骨盤が3つに砕け、意識不明の昏睡状態で発見されてから3週間後、ハルは最初の一歩を踏み出した。そして1カ月後には退院し、医師の指示に反して職場に復帰し、記録破りの販売成績を収めたのだ。

## 朝の1時間に「6つの鉄則」を実践する

ハルにそんなことができたのは、できると考えたからだけではない。ポジティブ思考は魔法のように問題を解決してくれるものではない。ハルの考えでは、奇跡を起こす鍵は、最良の知的・身体的・感情的状態に自分を置いて、最高の結果を求めて最善の努力をすることにある。

ハルによれば、いちばんこの状態になりやすいのは朝だ。たいていの人は起きないといけないから起きる。行かなくてはならない場所、しなくてはならないことがあるから、アラームをセットする。しかしそのせいで、自分ではなく他者の必要のための一日が始まってしまう。自分の価値観や目標に沿って計画的・意図的に選ぶ一日ではなく、目の前のことに追われるだけの一日になってしまうのだ。

ハルは**自分に集中して、きのうよりも良い自分になるために朝を使っている**。毎朝1時間を使い、自分の命を救って（セーブ）くれた自己啓発のルーティンを行っている。ハルはこのルーティンを、構成する各要素の頭文字をとってＳＡＶＥＲＳ（セイバーズ）と呼ぶ。瞑想（サイレンス）、自己肯定宣言（アファメーション）、視覚化（ビジュアライゼーション）（成功をイメージする」、運動（エクササイズ）、読書（リーディング）、記録（スクライビング）〔日記などを書くこと〕である。

　これがハルのモーニングメソッド、どんな障害にも打ち勝てる酸素マスクだ。

　やり方は柔軟に変えてよいと考えるハルだが、それを一日のいつ行うかについては、**朝以外ではメリットがない**と主張する。特にサイレンスとアファメーションと視覚化は潜在意識に働きかけ、あなたのその日の考え方、行動の仕方、反応の仕方を変え、ひいては生活の質を変えるので、朝に行うことが重要だ。

　自分を整えるためのＳＡＶＥＲＳ以外のプラクティスは、朝以外の時間にすることをハルは勧めている。とりわけ、その日もっとよくできたことは何だったかを振り返る内省の時間は、夜が適しているという。これはエゴを傷つけることなく自分の不完全さを受け入れ、自分を向上させることができるシンプルな方法だ。

## 逆境にどう「反応」するかは自分で決められる

　ハルはＳＡＶＥＲＳとそれが呼び起こす知的・身体的・感情的状態が、２０１６年にも命を救ってくれたと考えている。この年、彼は急性リンパ性白血病と診断された。

　癌は自分の意思ではどうにもならないが、それにどう反応するかは自分で決められると考えた。**自分ではどうしようもないことは受け入れ、いまあるものに感謝し、否定的な経験にも意味と目的を見いだす**ことで、癌を含むあらゆる逆境には人生を変える利点もあることを発見したのである。
ハルは本書が紹介しているようなさまざまなハックを直感的に理解し、それに従ったことで癌を克服したと僕は信じている。ハルのような人は、だれから教わらなくても習慣の重要性を理解しているのだ！

僕たちはみな逆境に直面する。それにどんな意味を与えて、自分のため、愛する人のため、使命のためにどう活かすかを決めるのは僕たち自身だ。ハルの癌は寛解した。彼はこれからも、朝の時間を使って多くの奇跡を生み出しつづけるに違いない。

**やるべきこと**

- 目覚めたらすぐ有意義なことをするのを毎日の習慣にしよう。瞑想し、イメージし、目標を書き出そう。自分にいちばん合う方法を見つけて実践しよう。
- 就寝前に携帯電話を機内モードに変えて、朝のプラクティスを終えるまで、そのままにしておこう。
- 嫌な気持ちを吐き出したくなったり、不平不満が湧いてきたり、ネガティブな考えに支配されそうになったときは、タイマーを5分間にセットして、ありったけを吐き出してしまおう。そして5分経ったら生産的なモードに復帰しよう。

# PART 2

## FASTER
## もっと速く

# 第5章 快楽 意識の変容に至る究極の秘法

## 語られることの少ない「もうひとつの重要事項」

ＰＡＲＴ２の最初は人生の重要事項を扱う章だ……と言ってはみたが、じつのところ、セックスはゲームチェンジャーたちのパフォーマンス向上テクニックの上位には入っていない。話の流れでセックスに言及したゲストは多かったが、その重要性をざっくばらんに語る人は少なかった。たぶん色好みの愚か者と思われるのを心配したのだろう。多くの人がセックスに恥ずかしさや、きまりの悪さを抱くのは確かだ。それは汚く、悪いことで、人前で話すべきではないと幼少期に教えられる人もいる。

そんなわけで、セックスはインタビューの結果を分析したデータに入ってこないが、全体を通じた印象としては、**ライフハックを論じる本でセックスを無視することはできない**。なんといっても、セックスは人間が営む３つの重要な行為のひとつであり、男でも女でも、無意識のうちにパフォーマンスに直接の影響を受けているのだ。

**セックスはあなたのホルモン値に、神経伝達物質に、脳波に、そして総合的な幸福度に影響を及ぼす。**そしてそれらすべてが、親として、夫あるいは妻として、友人として、従業員として必要な能力に直接に影響する。

前にも述べたが、人間の脳には生存のために必要な「F」で始まる3つの行為が組み込まれている。重要な順に、「闘争または逃走」(fight or flight)、「食物の摂取」(feed)、そして……この章で取り上げるもうひとつのFで始まる行為だ。どれもあなたを生きつづけさせ、種の増殖を確実にする行為なので、人間の身体はほかのことよりこの3つを優先する。

つまり、身体はこれら3つの本能のために最も多くのエネルギーを生成する。〝完全無欠(ブレットプルーフ)〟であるための肝(きも)は、これを自在に操(あやつ)り、その背後にあるエネルギーを最適なかたちで吸収することだ。

セックスは、生きつづけるために身体が必要とすることのひとつだ。振り回されて大量のエネルギーを浪費するのか、この章の助言に従ってパフォーマンスを強化する原動力とするのか、あなたは選ぶことができる。

HACK 13 ▼

# 「性欲」を支配して成功をつかむ

男性は、セックスに向けているエネルギーの使い方を変えて、人間として成長するために使う必要がある。人間の身体は、種を途絶えさせず確実に増やしていくために、膨大なエネルギーを使っている。そのエネルギーをもっと良いことに使おう。そうすれば、もっと幸せになり、長生きし、たくさんの有意義なことができる。

一食抜いても世界は終わらないように、オーガズムが感じられなくても世界は終わらない。それを身体に教えることができたら、ストレスは減ってエネルギーが増える。性欲は身を焦がすような欲だ。これを自由に操れなければ大きなことはできない。

## 「性的エネルギー」を生産性に転換する

２０１１年、ニューヨーク大学の研究者たちが、セックスと暴力について興味深い実験を行った。彼らは、光に敏感なタンパク質を雄のマウスの脳に注入し、光ファイバー技術を使ってそのタンパク質を刺激した。詳しく言うと、タンパク質を注入したのは視床下部という、空腹感、体温、ホルモン調整などの代謝プロセスに関係する部位だった。複数の雄のマウスをひとつのケージに入れ、視床下部に光を当てると、マウスは突然暴力的になった。これまで完全に従順だったマウスが、いきなり他のマウスやそばにあるものを攻撃しはじめたのだ。

この暴力の衝動を抑える活動がひとつだけあった。セックスだ。マウスがセックスしている最中に脳の同じ部位を照らしても、何も起こらなかった。そして面白いことに、雄のマウスは射精してしまうと、ふたたび光の照射に刺激されやすい状態にもどった。マウスのニューロンを個々に調べたところ、攻撃中にもセックス中にも活発になるニューロンが同じであることがわかった。[*1]

**脳の同じ部位が暴力とセックスの両方に関係している**ことを科学者がニューロン単位で見たのは、この研究がはじめてかもしれない。考えてみれば、生存のための2つの行動を脳の同じ部位が制御するというのは理に適っている。捕食獣を撃退する攻撃性は個体の延命につながり、セックスは種の存続につながる。

## 社会観察でわかった性衝動の強力な力

これを指摘したのは、暴力的なセックスを免罪するためではない。僕が言いたいのは、性的エネルギーを好ましい目的のために振り向ければ強力なエネルギーが得られるということだ。

性的または他の衝動を創造性や身体的行動に意識的に転換することを、心理学者や霊性（スピリチュアル）の教師は「昇華」と呼ぶ。ボクサーなどのプロスポーツ選手が試合前にセックスを控えることは昔から知られている。報じられているところでは、モハメド・アリはボクシングの試合前には6週間、セックスを拒んだという。サッカーのワールドカップでも、セックス禁止令が敷かれたチームがあったようだ。[*2]

僕がこの考えにはじめて出合ったのは、1937年に出版されたナポレオン・ヒルの重要な著作『思考は現実化する』（きこ書房）を通してだった。この古典的名著は、自己啓発のビジネス書として成功した最初期の本のひとつだが、男性の性的エネルギーを生産的目的に転換することに丸ごと1章を割いている。

神経科学など知られていない時代で、ヒルの知見は素朴な社会観察に基づくものだったが、そのアイデアとテクニックは大いに参考になった。ヒルは、**男性の性衝動は人間が持っている最も強力なパワー**だと主張している。僕がインタビューしたハイパフォーマーたちにも同じ考えの人がいる。

## 男は火星から、女は金星からやってきた——性ホルモンの男女差

たとえばジョン・グレイもそう考えている。たぶん出版史上、最もよく知られた男女関係の

本『ベスト・パートナーになるために——男は火星から、女は金星からやってきた』(三笠書房)の著者だ。過去数十年にわたり、セックスと男女関係にホルモンが与える影響を研究してきた。彼が男女関係ハッカーであるのと同程度にバイオハッカーでもあることをインタビューで知り、少し驚いた。

ジョンによれば、男女関係の問題の多くは男女のホルモンの違いに端を発している。その違いに注意し、それを尊重すれば、性生活も男女関係も劇的に改善される、とジョンは主張している。

## 女性がセックスしたがる時期

女性ホルモンは1カ月単位で男性よりも大きく干満を繰り返す。閉経前のほとんどの女性は、月経開始日から第12日目ごろに排卵する。そのとき、子を産めという生物進化上の要請によってエストロゲン(卵胞ホルモン)が急増する。**それで月経開始日から第6〜12日目ごろに、女性はセックスをしたくなる傾向がある**。ジョンはこの時期を「愛の期間」と呼んでいる。

この自然なホルモン周期以外に、女性のエストロゲン分泌を刺激するものはあるのだろうか。ジョンが示唆するひとつの要因は、男性との絆だ。パートナーが自分のニーズを(セックス以外の面で)満たしてくれていると感じると、女性の身体はエストロゲンを放出する準備をする。女性が男性にかまってもらいたがる無力な存在だということではない。必要なことは自分でできるものの、それに加えてホルモン分泌の変化で異性からの庇護という利益も得ているということだ。

ジョンによれば、女性の生物学的OSは相手の男性が信頼できないと判断したらセックスしたいという思いに至らず、子を授かる可能性も小さくなる。それは生物進化上の要請だ。哺乳類すべてにあてはまることで、安全な環境がなければ繁殖もない。

**「愛の期間」が始まるころ、妻は夫が自分を無視していると感じることが多い**、とジョンは指摘する。夫が意地悪なのかもしれないし、ホルモンの変化が相手の行動に対する感じ方に影響しているのかもしれない（あるいは夫が本当に妻を無視しているのかも）。ホルモンが急増し、受精のために卵子を放出する段階に移ると、女性は相手とつながり、相手から支えられているという感覚を求めるようになる。

## セックスを成功させるコツ

ジョンは男性の側に、パートナーの「愛の期間」が始まったらすぐ、特別なデートを計画することを勧めている。そんなとき、女性は気づかってもらえていると感じてエストロゲンを放出し、男性は女性のニーズを満たすことに快感を覚えてテストステロン（男性ホルモンの一種）を放出する。

ここでは、年齢やホルモンの健康が重要な役割を果たす。閉経後の女性やテストステロン値の低い男性（僕は20代の若さで低かった）には、そのようなホルモンの変動は起こらない。
愛の期間中に万事うまく運べば、カップルがセックスをする確率が高まる。この時期には、生物学的に女性が相手を最も好ましく思い、最高のオーガズムを体験する可能性がある。女性がわれを忘れるようなオーガズムを感じれば、そのことが男性のテストステロン値を倍増させる。自分が英雄になったように感じるからだ（男というのはわかりやすい動物だ）。射精後にテストステロン値は低下するが、1週間後には回復してふたたびピークに達する。
ジョンは、**男女ともホルモン値を最適化するために、7日に1回セックスすることを勧めている**。1週間、マスターベーションせず、ポルノを楽しんだりもせず、ひたすら禁欲して7日目にセックスするということだ。これはテストステロン値の低い男性には特に有効だ。近年、テストステロン値の低い男性が増えていて、いまや30歳以上の男性のほぼ4分の1が低い。[*3]
ジョンによれば、多くのカップルが、親密な関係になるとすぐ問題に直面する。セックスをして強い絆を感じると、男性のエストロゲン値が上昇し、テストステロン値が降下する。すると男性は、テストステロン値を回復させるために女性と距離を置こうとし、パートナーと関係のない活動に向かってしまうのである。ジョンによれば、これは生物学的に予想できる展開だ。そんなときの男性はテストステロン値を回復しているのだ（ただの意地悪かもしれないが）。

## あなたは「サル」のように異性に惹かれる

セックスは週1回というアドバイスに従う気はない人でも、性ホルモンによる生物学的衝動を理解しておくことは大切だ。性ホルモンは衝動の主要な原動力だからだ。ベストセラーになった『性の進化論』（作品社）の共著者クリストファー・ライアンは、多くの人びとの男女関係の見方を変えた。

クリス（クリストファー）は、一夫一婦制は遺伝子の作用というより文化的なもので、認めたくはないが、**人間のセクシュアリティは霊長類仲間のチンパンジーのそれに似ている**と言う〔チンパンジーは雌雄ともに複数の異性と交尾をする〕。

だが、クリスは必ずしも一夫一婦制を否定しているのではない。一夫一婦制は本能ではなく人為的決定だと言っているだけだ。クリスは、これは人間のもうひとつの本能である「食べる」ことと同じだと説明する。ベジタリアンになることは本能ではない。それは選択だ。ほとんどの人にとってベジタリアンになるのは自然なことではないし、そうなったからといってベーコンの匂いに惹かれなくなるわけではない。僕はロービーガン〔生菜食主義者〕だった時期もあるから、クリスが間違っていないことがわかる。

セックスも同じで、たとえあなたが一夫一婦主義で、パートナーを深く愛していても、ほかのだれかに惹かれたり、妄想を抱くことはあるはずだ。でもそれは、パートナーとの関係に問題があるとか、あなたの人間性に問題があるというわけではない。それはただ、あなたがホルモンを分泌するホモ・サピエンスだというだけのことだ。

クリスの考えとジョンの考えに重なり合う部分があると言ったら、驚くだろうか。**一夫一婦制の関係にある男性が、別の女性とセックスをするとテストステロン値が上がる**、とクリスは言う。つまり、不倫は男性をホルモン的に良い気分にさせるのだ。

一夫一婦の関係にある人は、意識的にテストステロン値を高く保つジョンのテクニックを使うことで、ふとした浮気心を抑えて、堅実な関係を保てるかもしれない。あらゆる分野の多くのトップパフォーマーが、異性との不適切な関係や破壊的な行動で自らを貶（おとし）めている。それではとうていゲームチェンジャーにはなれない。

## 「道教的セックスライフ」を実験する

バイオハッカーを自認する僕は、セックスについても学んだ理論を自分で試さずにはいられなかった。麗しのわが妻ラナ博士は、クリスの知見を確認するのに熱心ではなかったが、ともあれ僕たちはクリスが紹介している道教の房中術（ぼうちゅうじゅつ）、つまり性技をいくつか試してみた。

バイオハッキングから東洋哲学の探索へと導かれた僕は、古代中国の道士——世界で最古のバイオハッカー――が性的エネルギーを不死の妙薬へと転換しようとしていたことを発見した。彼らは若さを保つために、男性が維持すべき射精の頻度さえ定式化していたのだ。

## 次の射精までの日数＝（年齢－7）÷4

これで射精から次の射精までの理想的な日数が割り出される。算数がセクシーじゃないなんてだれが言った？　さらに彼らは、永遠に生きたい男性は30日に1回だけ射精をして、オーガズムは1回につき1時間以内（!?）に抑えろとさえ教えている（でも、不死の道士がいたなどという話は聞いたことがないぞ）。

僕はこれを数年前、39歳のときに実地に試みた。右に記した道教の公式によれば、僕の射精から次の射精までの理想的な日数は8日間だ。ジョンの推奨する7日という数字に近い。

僕はほぼ1年間この公式に従い、セックス（またはマスターベーション）の頻度、射精の頻度、そして自分が感じたQOL（生活の質）を1～10のスケール（1＝最低、5＝普通、10＝最高）で採点して記録した。キャリア、エネルギー、夫婦関係、健康への満足度など、あらゆることを採点に含めた。

かなり恥ずかしいが、僕はここでその結果をシェアして、パフォーマンスを向上させるために性欲を抑えることの重要性を示すつもりだ。僕のセックスライフのデータなど（きわどい詳細は伏せるが）気持ち悪くて読めないという人は、遠慮なく飛ばして次に進んでほしい。僕は別にかまわないが、おそらくあなたは、自分にもあてはまる興味深い結果（驚くべき結果もある）を見逃すことになるだろう。ここでのポイントは、人間の身体は膨大なエネルギーをセックスに注ぎ込んでおり、そのエネルギーは別の使い方もできるということだ。

## 8日周期射精

実験の第1段階では、魔法の道教の公式に従って、射精から次の射精までを8日間とした。もっとも、僕は僧侶になったわけではなく、活発なセックスライフを送っていた。**ただ射精はしなかっただけだ**。実験開始後の数日、欲求不満を覚えたが、そのエネルギーは当然どこかへ行くしかなく、たいした苦労もなく生活の他の部分に振り向けることができた。

やがて、生活の満足度が日々上昇していることに気づいた。射精の頻度を減らしたのにセックスの頻度は高まった。射精の回数が減れば減るほど、もっとセックスしたくなった（そりゃそうか）。主観的なＱＯＬも、セックスの回数が増えれば増えるほど上昇した。道士たちはさすがだった。

## 30日周期射精

実験の次の段階では、不死への期待も込めて、射精周期を30日と定めた。これは難しくて、いくつかのアクシデントに見舞われ（人間ですから）、何度か最初からやり直す必要があった。しかし結果はすごかった。生活の満足度は急上昇し、性衝動は天井知らずとなり（そりゃそうだ）、目を見張るほど生産的になり、エネルギーにあふれた。

**いちばん驚いたのは、妻やほかの女性陣からも、ふだんよりずっと注目されたことだ。**もちろん僕が相手をしたのは、美しくて賢い（そして信じられないほど辛抱強い）わが妻、ラナ博士だけだが。意外にも、僕の人生の満足度はこの射精条件のもとで高まった。

## セックス断ち

実験の最終段階は、射精だけでなく、まったくセックスなしで30日過ごすというものだ。僕はこれを「僧侶モード」と呼ぶことにした。30日周期の射精よりはるかに難しかった。強靱な意志力のテストをしたいというのでなければ、本気で勧めようとは思わない。

何回か失敗してやり直したが、**セックスなしの1カ月が進行するにつれ、幸福度と生産性が増していった**。ただし、効果の程度は、30日周期射精ほどめざましくはなかった。しかも、30日後には、あそこが縮小する恐怖も味わった。20%ほどだ。使わなければ衰えるということだろうか。幸い、もとにもどすための道教エクササイズを数週間（および何度もセックスを）やったら正常に復帰した。やれやれ。

## 個人的結論

この実験の結果、僧侶モードでいたいとは思わないものの、僕は射精後の感じ方については意識的になった。射精後の僕は、二日酔い(ハングオーバー)ならぬ「射精後遺症(ハングオーバー)」に陥っていたことに気づいた。期間は2〜3日間。このときは何をするにもエネルギーに乏しく、没頭できず、生活の満足度は低下した。**射精を減らした時期には、先にも書いたが、セックスの回数は増え、人生のすべてが好ましく思えた。**これはまったく予想していなかった結果だ。

3段階にわたる実験全体を通して、個人的には、セックスの回数を増やし、ただし射精は30日に1回、というパターンのときに最大限の満足を得ることができた。

# 「オーガズム断ち」で男女に何が起こるか?

僕はこの実験結果に本当に驚いたが、そうなるのが当然だと説明する科学はふんだんにある。射精後、男性の体内ではプロラクチンが急増する。性衝動を失わせて、一眠りしたくなるようにさせるホルモンだ。[*4] 女性もオーガズム後にプロラクチンを生成するが、男性ほどのレベルではない。快感ホルモンと呼ばれるドーパミンと反対の作用を及ぼすので、**僕たち男性が、ことを遂げたあと数時間はちょっと落ち込む理由がこれで説明できる。**

男性はプロラクチン値が上昇すると、テストステロン値が下降する。健康な男性のテストステロン値は3週間の禁欲で上昇することが研究でわかっているが、そうなる理由のひとつがここにある。[*5] 射精なしでセックスすることもテストステロン値を高める。この場合は72%の上昇率だ。[*6]

実験中、僕は女性たちに興味を持たれているように感じたものだが、その理由はこのホルモンのメカニズムにあったのかもしれない。意識的に女性の気を惹くようなことはしなかったのだが、彼女たちは僕の高まったテストステロン値と強い性的欲求を感じたのかもしれない。あるいは僕のフェロモンが変化したせいなのかもしれない。**射精しないことがパワーの源であり、女性をその気にさせる効果もある**ことを、学生時代に知っていたらどんなによかっただろう！

大事なことなので注意しておくが、道教の教えでは、女性の性衝動はオーガズムに達しても減退することはない。だから、オーガズム断ちの実験は男性限定だ。これに挑戦した女性は、オキシトシン値が下がり、例外なく悪い経験だったと報告している（これに関する詳細は次のHACK14で）。男性にとっては、パートナーの理解を得てセックス断ちの実験を継続することは女性より簡単だ。ゲイのカップルの場合、セックス断ちの影響を示すデータは僕にはないが、たぶんペニスを持つだれにとっても同じ効果があるのではないだろうか。

## 性的自重と人生のパフォーマンスの関係

僕がこの調査についてはじめて報告したとき、多くのブレットプルーフ・ラジオ視聴者が、自分でも試して大成功したとこっそり教えてくれた。関係が根本的に改善されたという夫婦もいた。20代後半のある男性は、開始後60日で3万ドルもの昇給を手にしたと報告してくれた。起業のためのエネルギーをついにつかみ、事業を急成長させたという男性もいた。

不思議なことではないが、僕自身、この実験をしていた年に、フルタイムで技術系の管理職として働きながら、夜間にブレットプルーフ社を立ち上げ、父親にもなった。そのエネルギーはどこかから湧いてきたはずだ。種を増殖させたいという本能的欲求をうまく手なずけることができたおかげだ。

HACK16で、**ポルノやマスターベーションがこうした結果を台なしにする確実な方法**だということを説明する。快楽を与えてはくれるが、世界を変えようという人にふさわしい習慣ではないのだ。たった30日間が我慢できないなら、あなたは自分をコントロールできておらず、エネルギーを無駄にしている。

**やるべきこと**

- もしあなたが女性ならば、自分の「愛の期間」を確認して、ジョンの指摘どおりかチェックしよう。愛の期間の日にちをパートナーと共有し、特別なデートを計画してほしいと頼もう。
- もしあなたが男性ならば、ジョンのテストステロンについての指摘が自分にあてはまるか確かめよう。特定の女性がいるなら、愛の期間がいつ始まるかをたずねて、デートに誘おう！

●セックスと生活全般の満足度を記録して、自分のオーガズムがエネルギーに、幸福度に、生産性にどう影響しているかを調べてみよう。

●もしあなたが男性ならば、射精の回数を減らし、高強度の運動を行い、糖の摂取を抑え、ヘルシーな脂肪の摂取を増やし、さらに必要ならパートナーと（やさしく）距離を置くことによって、テストステロン値を上昇させよう。

## HACK 14 ▼ 女性は「オーガズム」で大きなパワーを得る

女性にとって、定期的なオーガズムは自分をフルに発揮するための鍵のひとつだ。女性がオーガズムを感じるとき、幸福感とパフォーマンスにつながるすべてのホルモン値が上昇し、免疫システムが改善され、若返る。

オーガズムを感じることは、新たなレベルの幸福と変性状態に到達するためのスキルだ。オーガズムを自在に体験できれば、ゲームチェンジャーにもなりやすい。

## 女性に送る本音のアドバイス

僕自身のオーガズムについて詳しく書いたから、女性のオーガズムについても書かなければバランスを失する。そう思って第一人者を何人かインタビューした。最初に話を聞いたのが、エミリー・モースだ。ヒューマン・セクシュアリティの博士号を持ち、大人気のポッドキャスト「セックス・ウィズ・エミリー」を主宰してもいる。モース博士がこの番組を始めたのは、女性のオーガズムの力を広く知らしめ、最高のセックスをするのを助けるという使命感からだった。

彼女はリベラルな家庭で育ったので、セックスに関する悩みなどなかったと思われがちだ。母親はこう言っていた。「セックスについて知りたいことがあったら、何でも言ってね」。だが博士には質問などなかった。家族はだれもセックスについて話さなかったからだ！　大学に進学するとセックスをするようになったが、そんなに興奮することとは思わなかった。あるとき友人が「オーガズム」について話すのを聞いてたずねた。「**それって何？**」

似たような話は世の中にあふれている。それがこの章が存在する理由のひとつでもある。

いまやモース博士は世界中のセックス会議に出席し、セックス界の最新最大の発展について学び、それを女性が自身のセックスライフに組み込めるように尽力している。

博士が最も重視している問題は、女性の性欲の低さだ。博士が会う女性たちの多くは欲求不満を抱えてあきらめかけているが、血流を活発化するなどの単純なことで性的欲求（リビドー）は高まると博士は言う。

## オーガズムを感じるためのテクニック

性的欲求とオーガズムを感じるには、血液が生殖器に流れ込む必要がある（男性も同じだ）。バイアグラなどの勃起不全の特効薬は男性にも女性にも有効だが、女性には、薬を使わない安全で自然な解決法がある。モース博士はマインドフルなマスターベーション、総胆管から注入するリラックス効果と刺激効果のあるマッサージオイルなど、クリトリスを刺激して快感をもたらしてくれる製品を勧めている。

ケーゲル体操は、もうひとつのシンプルな解決法だ。骨盤底筋という尿を止めるのに使う筋肉を鍛える体操である。**男性も女性も1回10秒、1日に数分間、この筋肉を緊張させることで効果が得られる**。男性は射精をコントロールしやすくなり、オーガズムが高まる。だれもが求めていることではないだろうか。女性もオーガズムと泌尿器機能が高まり（くしゃみをしたときの尿漏れがなくなるなど）、性欲が強まる。

## 免疫系が調整され、老化が抑えられる

次には、僕はジョリーン・ブライトン博士にたどり着いた。女性の生活習慣病に自然療法でアプローチしている医師だ。博士は、女性は少なくとも週に1～2回オーガズムを感じれば、気分が改善されて長生きできると語った。

博士の研究によると、定期的にオーガズムを体験している女性は、免疫システム全体が調整され、炎症マーカーが下がる。女性はオーガズム後に、炎症を起こすストレスホルモンのコルチゾールが減るので、そのような効果があるのは筋が通っている。つまり、**オーガズムの回数が増えるほど、女性はストレスが減り、病気が減り、老化が抑えられる**ということだ。

ただし、注意が要るのは、これは女性だけにあてはまる話だということだ。本書のほとんどのアドバイスは男女両方にあてはまるが、オーガズムの回数だけは別で、男性は増やせばよいというわけにはいかない（男性が射精なしでオーガズムを感じることは厳密には可能だが、高度な練習なくしては非常に稀なことだ）。

**女性のオーガズムは健康なホルモン値を支え、ストレスを軽減し、意識の変性状態をもたらす。**[*7] 頻繁なオーガズムは、男性においてはテストステロン値を低下させる傾向があるが、女性の身体にはエストロゲン[*8]とオキシトシン[*9]をあふれさせる。

オキシトシンが〝愛の分子〟というニックネームで呼ばれるのは、社会的なつながり、信頼、リラクゼーション、寛大さを促進するからだ。女性がセックス後にパートナーの傍らで感じる、うっとりするような温かな余韻は、オキシトシンのおかげだ。エストロゲンもオキシトシンの効果を高める。[*10] この2つのホルモンの相乗効果によって、オーガズムに達した女性は心地よい絆とリラクゼーションを楽しむことができる。

さらに、女性はオーガズム後に神経伝達物質のセロトニンが増大して、ますます気持ちが高揚する。[*11] 基本的に、**女性は頻繁にオーガズムに達することでさまざまなメリットを享受し、男性はオーガズムの頻度を下げることでデメリットを抑えられる**ということである。母なる自然が森羅万象を支配していることを、これ以上雄弁に物語る事象があるだろうか。

**やるべきこと**

- あなたが女性ならば、オーガズムは健康に長生きするための秘訣である。しかも心地よい方法で。
- 性的欲求の少なさに悩んでいるならば、定期的にケーゲル体操をして性欲を高めよう。
- あなたが男性ならば、パートナーがセックスで感じる喜びへと注意を向けよう。そうすれば、いつまでも連れそって一緒に歳をとっていける。

# HACK 15 ▼型破りなセックスで「フロー状態」に入る

セックスはハイパフォーマンス状態や意識の変性状態への入り口だ。そこに到達するには、自分の枠を超える勇気を持たなければならない。セックスを思考の枠から解放して、身体が欲するものを追求するとき、深いレベルの自由、癒やし、創造性を開発することができる。

## 「同じ順番」では満足度が落ちていく

オーガズムが身体にもたらす効果が、男と女で異なることはわかった。だがセックスには、単なるオーガズムの快感より深い精神的な側面がある。そこで僕は、セックスの秘めた力を使って「フロー」――心身ともに本人も驚くパフォーマンスを発揮できる状態――を実現する方法を追求している人を探すことにした。

最初にアプローチした対象は、**精力旺盛なエグゼクティブを相手にしているニューヨークのSMプレイの女王**〝ナタリー女史〟だった。幸運なことに、友人のスポーツトレーナーが彼女のワークアウトを担当していたから、簡単に連絡を取ることができた（たしかに尻叩き（スパンキング）だって何度も繰り返すのは重労働で、機能性向上トレーニングをしなければ反復性緊張外傷と筋肉痛になりかねない！）。

## 「自己変容」をもたらすプレイ

何が飛び出してくるか、まったく予測がつかないインタビューだった。ナタリー女史は、ＢＤＳＭ——拘束（ボンデージ）、懲罰（ディシプリン）、服従（サブミッション）、被虐（マゾヒズム）——のための多彩な手法を駆使し、それを望んでやってきた顧客をフロー状態に近づけるサービスを提供している。ＢＤＳＭを変態扱いするのは簡単だが、ナタリーによれば、**顧客は彼女とのプレイに治療効果を認め、ときには自己変容の体験をしている**。

実際、彼女はＢＤＳＭの治療的価値に刺激され、勉強し直してライフコーチになった。そのユニークな「倒錯的コーチング」では、精神的・身体的状態を高めるツールとして、いくつかのバイオハッキングの原則とともにＢＤＳＭを用いている。

重要なのは、ナタリーの仕事がセックスを未知の領域に持ち込んでいることだ。僕たちは、おとぎ話と言えば「昔むかしあるところに」から始まって、「それからずっと幸せに暮らしましたとさ」で終わるものと知っているが、セックスについても同じような意識を持っている。セックスといえば前戯から始まり、挿入へと進み、その後（理想的には）オーガズムで終わる。

**この伝統的手順はそれなりに有効だが、大きな欠点がある。**

それはセックスをマンネリ化させることだ。毎回同じではだんだん満足できなくなる。もうひとつの問題は、オーガズムがゴールになってしまうことだ。終点に到達することに集中すると、そこに至る過程を味わいそこね、セックスを自然の流れにゆだねられなくなる。

また、両者同時のオーガズムを期待するせいで、どちらかがオーガズムを感じなかったら、セックスは失敗だったと考えることにさえなりかねない。それは恥ずかしさやテクニック不足への不安など、山ほどの問題につながる。セックスの失敗など、だれも感じたくはない。

セックスにゴールを定めず、お約束の手順など忘れてしまえば、何も考えずにパートナーとの関係に集中できて、どんなことであれ、してほしいことをパートナーに求めることができるようになる。

## 「考えるだけ」でもフローに近づく

これは神経系の観点から見て、非常に重要なことだ。なぜなら、セックスとは生と死にまつわる事柄だからだ。

性的に本当に満たされていなければ、人間の潜在意識は飢えを感じる。シナリオから外れて欲するままに進む勇気を持つなら、セックスは毎回が唯一無二のものになって、オーガズムと同じくらいセックスそのものを楽しめるようになる。食事をしてただ満腹になるだけでなく、すばらしい料理を味わって満足するのと同じことだ。

ナタリーの顧客の場合、この経験は身体だけでなく心でも起こっている。ナタリーは顧客とセックスはしない。顧客の多くはプレイ中、貞操帯を付けている（ご存じのアレだ）。プレイがもたらす相互作用のダイナミズムによって、**彼らは嫌でも自分自身を異なる角度から見ることになり、究極的にはそこに治療効果がある。**くり返すが、彼女へのインタビューはどう進むかまったく予測がつかなかった。

ナタリーの顧客の限界を押し広げ、フロー状態へと至らせるのに必要なものは、心理学的な作用だ。彼女の説明によると、ＳＭの世界では、フロー状態は「サブ・スペース」と呼ばれ、1回のセッションのあとで数日間は効果が持続する。顧客はリラックスし、集中力と明快さが高まる。ナタリーが提供しているＢＤＳＭやその他の独特の手法は、顧客の限界を押し広げてフロー状態へと近づける彼女なりの方法なのだ。

ＢＤＳＭのような手法には批判が多いが、ナタリーはそれをスカイダイビングやウルトラマラソンのようなものだと説明する。つまり、**身体的に快適なゾーンから抜け出して限界に挑み、脳にスイッチを入れて強力な神経化学物質を噴出させる**ということだ。何をすればそのような状態になれるかは人それぞれである。身体をケーブルにつないで高い橋から飛び降りるのはよくて、恥辱や緊縛に走るのは異常だ、などとは、だれにも言えない。

セックスについて考えるだけでもフロー状態に入る助けになる。僕は「40年の禅」(1週間のニューロフィードバック・セッション)で、自己誘導でフロー状態に入ることに行き詰まった場合に使う、必ず成功する簡単な方法を教えている。それは性的なファンタジーを短時間思い描くことだ。**本気で興奮できることを考えだすやいなや、脳波が急上昇して、行き詰まりから抜けられる**。

ポイントは、その効果は心から好きなことを思い描く場合にだけ生じるということだ。型どおりのおとぎ話のようなセックスは、ほとんどの人には効かないが、本気になれるイメージを思い描けば絶対うまくいく。そういうやり方に批判的でない人には特によく効く。僕はこの方法で脳電図で最高値を出し、停滞状態から抜け出したことがある(どんな空想にふけっていたのかは内緒だけれど)。

セックスで自分(そしてパートナー)に何がいちばん有効かを知っていれば、ベストパフォーマンスを可能にする変性状態に入る役に立つ。だが、オーガズム体験ばかりに意識を集中させていたら、分析的思考がじゃまをして感情や共感が妨げられる。[12] これでは良質なセックスにはならない。分析する脳を閉じて直感にゆだねれば、共感、喜び、創造性、平穏、パートナーとの一体感を得ることができる。それこそセクシーなことだ。

## 「オーガズム瞑想」で意識を解放する

僕はセックスがフロー、創造性、スピリチュアルな側面までも解き放ってくれると知って、その方法を教えてくれるエキスパートを探した。そして、「オーガズム瞑想」の指導者を見つけた。この「意識のプラクティス」では、女性のクリトリスをパートナー（たいがいは男性だがそうとは限らない）が、**刺激による興奮と2人のつながりの感覚だけに意識を集中させて、15分間愛撫する。**

なんという瞑想だと思う人がいるかもしれないが、僕の射精の分析も我慢して読んでくれた人なら、ここも難なく読み通せるだろう。

イーライ・ブロックは、いささか賛否両論ある会社ワンテイストに所属するオーガズム瞑想インストラクターのリーダー格だ。イーライいわく、顧客がこれを試しにやってくる理由のひとつは、**自分を閉じ込めている思考の外に飛び出して性的体験をしたい**ということだ。

彼は、自分が教えているテクニックをシェアしてくれた。肉体を自分自身とパートナーをフロー状態に近づけるためのシステムと捉えて、互いの感覚に波長を合わせ、精神の完全な融合をめざすのだ。それが人を典型的なセックスのパターンから解き放ってくれる。パートナーと一体になることは強力な超越的経験だと、この瞑想法の体験者たちは言う。

やるべきこと

- 自分にとって役に立ちそうだと思ったら（その場合に限って）、すべてを納得のうえで、身体の求めに従って安全なオーガズム瞑想、ＢＤＳＭ、その他の方法を試し、フロー状態に近づけてくれる効果があるかどうか確かめよう。
- セックスに何を心から求めているのかを自問し、恐れずにそれをパートナーに話して、求めよう。
- セックスをルーティンどおりに進めるのをやめ、未知の愛撫や性技を取り入れる工夫をしよう。おそらくパートナーとの絆が強まり、新しい世界を経験できるだろう。

# HACK 16 ▼「ポルノ」をやめて脳を正常化する

適切な相手と意識的なセックスをすることは、あなたを自由にする神経化学物質を生み出して、フロー状態を創り出す。ポルノグラフィーの視聴はあなたを中毒者にする神経化学物質を生み、フロー状態を妨げる。ポルノはセックス版の人工甘味料だ。賢く選ぼう。

# ポルノ中毒者の脳の恐ろしい変化

オーガズムは快感ホルモンと神経伝達物質を解き放ち、セックスは意識を変容させて創造性とパフォーマンスを高めてくれる。じつに大きなプラス効果だ。ではマイナス面は何だろう？

この問いに答えるべく、**脳をハックした草分け的な専門家**ビル・ハリスにインタビューした。悲しいことだが、ビルはこの本の出版直前に亡くなった。センターポイント研究所の設立者として脳をアップグレードするプログラムを開発して数十万人を助け、数千万ドルを慈善団体に寄付したことで知られている。ニューロフィードバックを提供していたおかげで僕はビルの脳波を見る機会に恵まれたが、たしかに進化した脳という印象を受けた。

## ポルノ視聴でドーパミンが過剰に出てしまう

説得力満点のインタビューだったが、その中でビルは、２００８年の経済破綻直後につらい離婚を経験していたことを明かした。過剰なストレスに悩まされ、気づかないうちに慢性的な闘争・逃走状態に陥っていて、賢明とは言いがたい決定を下していた。短期間に6枚もスピード違反の切符を切られ、運転免許を取り上げられた。精神科医で脳のスペシャリストであるダニエル・エイメン博士（124ページ参照）による脳スキャンを受けたビルは、慢性的なストレスのせいで情動を司る大脳辺縁系が過活動になっているのを知った。

**大脳辺縁系が過活動になると、ドーパミンに引きずられた意思決定をしがちになる**とビルは説明する。脳にドーパミンを放出させる行為がしたくなる、ということだ。ドーパミンは脳に即時の満足を与える神経伝達物質だ。放出後につかの間の快感を与えてはくれるが、長い目で見ると身体に悪いもの――たとえば糖、加工食品、さらにはドラッグなど――への耽溺（たんでき）を引き起こす。

そのこととセックスとにどんな関係があるのか？　セックスは快感ホルモンを脳に放出させることのひとつだ。パートナーとのセックスとポルノの視聴とでは、それぞれに異なる量の化学物質を脳に放出させる。具体的には、ポルノ視聴はドーパミンを多く放出し、パートナーとのセックスはオキシトシンを多く放出させる。

## 刺激に「耐性」ができて満足できなくなる

過剰なドーパミンは、問題を引き起こす。いまやポルノはネットで見放題だが、人間の脳は際限のない刺激に対処するようにはできていない。ポルノを見すぎると、コカインやアルコールや糖に対するのと同じように反応し、手っとり早く快楽が高められるが時とともにメリットが減るものを求めるようになる。[*13] **ポルノは常習性薬物と同じように、ドーパミンに耐性を生じさせる**と考えられている。つまり、同じ効果を得るために、ますます多くを求めるようになるということだ。[*14]

その結果、ポルノを見れば見るほど、夢中になるためには、もっと強い刺激が必要になる。2014年にドイツで行われた研究では、**ポルノの定期的視聴者の脳の快楽経路は小さくて、反応が鈍い**という。[*15] 同年フランスで行われた研究では、ポルノを定期的に視聴している男性の60%が、ポルノ視聴中には勃起するのに、人間のパートナーとのセックスでは勃起できないことが判明した。[*16]

これでもまだ、ポルノに中毒性がないと思う人がいるだろうか？　ケンブリッジ大学の神経科学者が、ポルノ中毒を自覚している男性たちの脳をスキャンして調べたところ、ドラッグ中毒者の脳と同様の有意な変化が灰白質に見られた。[*17]

これはきわめて由々しき事態だ。**1カ月間ポルノを断って、性欲やパフォーマンスに変化がないかどうか確かめることを強くお勧めする**。思った以上に難しいことかもしれないが、だとしたらなおさら、すぐにでも取りかからなくてはならない。

## ポルノとセックスは何が違うか？

ポルノ依存という問題の解決策は、プージャ・ラクシュミン博士との奥深いインタビューを通してやってきた。彼女はラトガーズ大学のオーガズム研究者だ（なんてクールな職業だろう）。

オーガズム瞑想の研究中に確認した神経薬理学的効果が人生を好転させてくれたという。

伝統的なインド人家庭に育ち、成功のプレッシャーを絶えず感じながら医師になり、両親が薦める相手と結婚した。だが、彼女は惨めだった。人生を通してずっと頭の中で生きていて、ポジティブであれ、ネガティブであれ、真の感情というものを体験したことがなかった。

そんな彼女だったが、**オーガズム瞑想と出合って、はじめて自分自身の身体に没入し、痛みも快感も感じられるようになった**。最初はそれを怖いと感じたが、時とともに自分に素直になることができ、喜びを感じ、他者と深くつながれるようになった。そんな経緯からオーガズム研究の道に入って、人びとにオキシトシンをもとにした絆を経験してもらうことが彼女のライフワークになった。

## 大脳辺縁系を速く鍛える「スピード瞑想」

ラクシュミン博士によると、ポルノのもうひとつの問題は、ほかの形態のセックスと違ってフロー状態に近づけないことだ。セックスのタイプが違えば放出される化学物質の量も違うように、**脳はパートナーとのセックスで体験するオーガズムと独りで得るオーガズムには異なる反応を示す**。要するに、マスターベーションでは忘我の境地には到達できない。自分で自分をくすぐっても笑えないのと同じこと。すっかり身をゆだねるにはパートナーが必要なのだ。

ラクシュミン博士の研究では、パートナーとの意識的なセックスを通じて、あるいはオーガズム瞑想を通してフロー状態に至るなら、深い感覚を味わうことができる。オーガズム瞑想では、パートナーから刺激を受ける側はプレッシャーをどんどん感じなくなる。このようにして感受性が高まることは、ポルノの見過ぎで生じたドーパミン耐性の解毒剤としても役立つうえに、刺激を与える側もメリットが得られる。瞑想中に両者の神経システムが調和するのだ。

このつながりは脳に直接の影響を及ぼす。**それがじつのところ、大脳辺縁系を鎮める**、とラクシュミン博士は言う。ビル・ハリスが瞑想で大脳辺縁系を鎮め、慢性化していた闘争・逃走状態を脱し、より良い意思決定を下せるようになったことを紹介したが、ラクシュミン博士は大脳辺縁系を速く鍛えてくれるオーガズム瞑想を「スピード瞑想」と呼んで、直観を引き出し、より深く強力な感覚を体験するために使っている。

**やるべきこと**

- 1カ月、ポルノをやめてみよう。難しいと感じたなら、さらにもう1カ月やめよう。
- 普通の瞑想、オーガズム瞑想、あるいは普通のオーガズムを通して、大脳辺縁系を鎮めることに優先的に取り組もう。

# 第6章

# 睡眠
# 努力しなくてもできるライフハック

## 良質の睡眠が幸福と成功をもたらす

ゲームチェンジャーは障害を突破し、自身の限界を押し広げていく。だが真の変革は疲れた心と身体からは生まれない。僕がインタビューしたゲストの3分の1以上が**「良質の睡眠」はパフォーマンスを高めるために不可欠**だと言っている。良質の睡眠はパフォーマンス改善のための条件の第5位だ。

この章は僕個人にとっても意義深い。ハイパフォーマーになるための学びを深めていくにつれて、睡眠に対する自分の態度を改めざるを得なかったからだ。じつはいまでも、毎日かなりの時間を無意識状態で過ごすのは気に入らないのだが、やむを得ない以上、なるべく短時間で最高の睡眠をとりたいと思っている。

睡眠のハックに取りかかった僕は、いつもの手順に従って世界トップクラスの専門家を数人インタビューし、入手可能な先行研究の結果を調べた。

その中で、**120万人の睡眠習慣を数年にわたって分析した画期的な研究**を見つけた。睡眠時間のわずかな違いと寿命を関連づけるのに十分なデータを集めた、最初にして唯一の研究だ。あまりに広範囲にわたっていたので、統計学者はどこから手をつければよいかわからなかったほどだ。あらゆる角度からデータを分析するには、現代のコンピュータ技術の発達を待たねばならなかった。だがついに、実験に参加した人に関しては、睡眠時間が6時間半の人のほうが8時間の人より長生きであることが判明した。[*1]

「6時間半眠れば長生きできる」という結論に飛びつきたくなるが、事実はもう少し複雑だ。健康な人は必要な睡眠時間が短いというだけかもしれない。**睡眠の質が良ければ短時間しか必要ない**ということもあるだろう。僕は何年間も自分の睡眠の状態を記録しつづけている。過去1726日間の睡眠時間は平均6時間5分で、それよりも前の8〜9時間寝ていた時期よりもリフレッシュした状態で目覚めている。

この章では、睡眠やウエルネスの一流の専門家や専門医から教わった、新しい睡眠の科学を詳しく見ていくことにする。良質の睡眠は幸福を、幸福は成功をもたらすからだ。インタビューから学んだのち、僕は最良の睡眠を求める闘士となった。あなたにもそうなってほしい。

# HACK 17 ▼ 遺伝子が命じる「リズム」どおりに眠る

早起きも夜更かしも道徳の問題ではない。パワーの問題だ。いつ寝れば最良の眠りを得られるのかを知って、そんな眠りを得られる生活パターンを築くことは大きなパワーをもたらしてくれる。

## 睡眠パターンを決めるサーカディアン・リズム

睡眠のあらゆる微妙な差異を学ぶために、僕はまずマイケル・ブルース博士にインタビューした。臨床心理士で、ベストセラーの著者で、睡眠障害の治療に取り組みつづけている睡眠のエキスパートだ。駆け出しのころは製薬業界と距離を置き、不眠症の患者の治療において、天然由来のサプリメントや認知行動療法など、あらゆるテクニックを試していた。効果の出た患者もいたものの、多くの場合、まったく改善が見られなかった。そこで博士はハッキングに取りかかった。

## 勤務時間をずらすだけでパフォーマンスは変わる

ブルース博士は何が患者の眠りを妨げているのかを解明しようと決めた。患者の睡眠パターンとホルモン値を調べたところ、睡眠時間は十分にとっているのに、入眠と覚醒の時間が間違っている人が多いことがわかった。要するに不眠症ではなかったということだ。6時間半〜7時間半、自然に眠れるのだが、就寝時間が早すぎたり遅すぎたりして身体がそのスケジュールに同調できなかったのだ。

患者がわざと、あるいはうっかり、睡眠パターンを乱していたわけではない。彼らは通勤、通学、子どもの世話など、やるべきことをやるための時間割に基づいて、いつ寝るかを決めていた。ほとんどの人がそうしていることだろう。

しかしブルース博士は、身体の自然な「サーカディアン・リズム」（概日リズム）、つまり**脳の入眠・覚醒サイクルに合わせて眠り、目覚められる人は、きびきび動いて生産的になれる**と確信していた。

脳内には視交叉上核（SCN）と呼ばれる体内時計がある。これが僕たちがいつ眠くなり、いつ目覚めるかを決めている。SCNは、一日の特定の時間に、「睡眠ホルモン」といわれるメラトニンなどの特定のホルモンの分泌を刺激することで睡眠のリズムを決めている。[*2]

これは急速に研究が進んでいる「時間生物学」と呼ばれる分野で、サーカディアン・リズムが健康に及ぼす影響という点に限っても、ほとんど毎日のように新たな知見が得られている。事実、2017年のノーベル生理学・医学賞は体内時計をセットする新たなタンパク質を発見した研究者たちに贈られた。

サーカディアン・リズムは解明されつつあり、ブルース博士のような臨床医は、これにどう働きかければ生活を改善できるかを考えている。

ブルース博士は、スケジュールを変えるだけで睡眠が改善されると確信していたので、患者たちの上司に電話して、始業と終業の時間を遅らせて生産性が向上するかどうかを確認してほしいと要請した。そのとおりに勤務時間をずらしたら、働いている時間の長さは変わらないのに**睡眠時間が増えて生産性がたしかに上昇した**のだった。その結果は上司たちを驚かせた。

こうしてブルース博士は「いつ眠るかが決めるパワー」に魅了され、その研究に没頭した。自然のリズムに沿って一日の時間をスケジュール化し、生産性を最大化する方法を説いた博士の著書は、『いつ眠るかが決めるパワー』（未邦訳）と題された。博士は一日24時間を通して患者のホルモンレベルを調べたうえで、身体の生物学的状態をふまえ、身体の準備が最も整ったときにやるべきことができるようにスケジュールを作成する手助けもした。

## 睡眠パターンは遺伝子で決まる

そのやり方に懐疑的な患者もいることにブルース博士は気づいた。「早起き」に価値を置く文化は根強く、睡眠パターンを変えることに不安を覚える人は少なくない。「早起きは三文の徳」という価値観が、幼少期からたたき込まれているのだ。早起きをする鳥は虫を捕まえて生産的な生活ができるが、惰眠(だみん)をむさぼる怠けものの鳥が起きてきたときには虫は食い尽くされている。生きていくのは楽ではない――。

人間がそんなふうに考えるようになったのは、狩猟採集社会から農耕社会に変わったときだ。早起きをして農場で働かなければ飢え死にするかもしれなかったからだ。だが今日、農場で働いている人はそれほど多くはない。一日のスケジュールを再考しないのは愚かなことだ。

ブルース博士は、母なる自然と戦っても勝ち目はないと患者たちに説いている。**あなたのサーカディアン・リズムはあなたの好みで決まるのではない。遺伝子的にあらかじめ決まっているのだ。**科学者がそのことを知ったのは１９９８年、ｍＰｅｒ３遺伝子〔哺乳類時計遺伝子〕を単離して、この遺伝子の発現の第1段階がＳＣＮ内にはっきりとサーカディアン・リズムを刻んでいるのを発見したときだ。[*3]

ＳＣＮの発するシグナルが、体内にある多くのミニチュア版サーカディアン時計の時刻を揃えている。言い換えれば、ｍＰｅｒ３遺伝子が睡眠の欲求をもたらし、ＳＣＮがサーカディアン・リズムを定めている。こうした遺伝要因と争わずに協力すれば、あらゆることがそれほど苦労なくできるようになる。生物学的状態と調子を合わせて無理なくパフォーマンスを向上させる――これはバイオハッキングの基本方針のひとつだ。

## あなたは「4つのクロノタイプ」のどれか？

この研究を通じてブルース博士は、人間には4つのクロノタイプ――生まれつきのサーカディアン・リズムの傾向――が存在することを発見した。博士はそれに「早起き鳥（アーリー・バード）」や「ヨタカ」などという呼び名ではなく、マッチするサーカディアン・リズムを持つ哺乳類動物の名前をつけた。なるほどｍＰｅｒ３遺伝子を持っているのは哺乳類だけだし、生物学的ドライブに関して言えば、人間は鳥類よりも哺乳類と多くの共通点がある。4つのクロノタイプを以下に挙げよう。

### クマ――太陽とともに働く堅実タイプ

人気抜群のクロノタイプだ。人類の50％がクマである。その入眠・覚醒パターンは太陽に従っていて、一般には睡眠困難を起こさない。**努力を要する作業をこなす準備が午前中に最も整っていて、午後の中ごろにややエネルギーの低下を感じる。**

クマは全般にエネルギーをむらなく保つこと、仕事を完了させることが得意だ。置かれた場所で着実に働き、ものごとがスムーズに運ぶように貢献する。午後の中ごろのエネルギー減退を再チャージで補うか、生来のエネルギーの限界を超えるような無理さえしなければ、生産性を終日維持することができる。

## ライオン——夜明け前に起きる働き者

古典的な呼び名では「早起き鳥」に相当し、日が昇る前にベッドから飛び起きる頑張り屋だ。昼食の少し前、最も生産的な時間がすでに過ぎたあとでも、コーヒーカップに手を伸ばすことさえしないかもしれない。**朝にたくさん活動するせいで、夕方から夜にかけて尻すぼみになり、早く眠りに就く**傾向がある。人口の15%を占めている。

## オオカミ——夜とともに働き始める

オオカミは4つのクロノタイプの中で最も夜型だ。一日の始まりが遅く、生産性の波に乗るのは世間が寝静まるころだ。興味深いことに、オオカミには生産性のピークが2つある。**ひとつはいま述べた深夜、もうひとつは正午から午後2時ごろにかけて**だ。

オオカミはクリエイター、作家や芸術家やプログラマーに向いている。脳の創造的な部位は日が沈んだときに点灯する。内向性の傾向が少なからずあって、独りになる時間を欲しがっている。自分を場の盛り上げ役だと感じることはあまりない。椅子に身を沈めて、周囲で起きていることを観察したいタイプだ。

オオカミも人口の約15%を占めている。早起き鳥を雇って虫を獲らせ、遅い朝食に間に合うように持ってこさせるのが好きな人たちだ（そう、僕はオオカミだ。午前3時にこれを書いていて、そのことに満足している。でも今夜はよく眠って、6時間の睡眠を確保するだろう）。

## イルカ――寝つけない完璧主義者

イルカは不眠症患者だ。決まった睡眠ルーティンの有無は不明ながら、性格はタイプAで、日中にしたいことを終えられないことが多々ある。それでその日の失敗とおぼしきことを反芻（はんすう）しつつ、遅くまで輾転反側（てんてんはんそく）する。眠りが浅く、夜中にしばしば目覚め、ふたたび寝入るのに苦労する。

高い知性を持っていたり完璧主義の傾向があったりして、夜中に長時間その日のことに思いをめぐらしてしまうのだ。彼らが**最高に良い仕事をするのは、午前の半ばから午後の早い時間までだ。**

# クロノタイプに逆らっても勝ち目はない

あなたがどのクロノタイプかは、www.thepowerofwhenquiz.com（英語）で選択式の質問に答えることで判定してもらえるが、自分で調べる方法もある。ブレットプルーフ・ラジオのもう一人のゲスト、ジョナサン・ウィザー博士は世界屈指の睡眠および神経系機能の研究者だ。

国防総省と国立神経疾患・脳卒中研究所は、睡眠の研究に分子遺伝学と生化学的技術を応用するため、博士の研究室に資金を提供した。

最先端を行くイメージとは裏腹に、ウィザー博士が推奨するクロノタイプの見極め方は、ただ単に**1週間、仕事を休んで気の向くままに寝て起きる**という、しごくローテクな方法だ。博士の考えでは、サーカディアン・リズムはとても強い生物学的ドライブなので、こんな短期間でも明白になる。

僕は長らく「早起き鳥神話」を信じていた。バイオハッカーになる前、生来のサーカディアン・リズムに反して早起きになろうと頑張った。2年間、無理やり朝5時に起きて1時間瞑想した。成功するために必要なことだ、と心から信じていた。ところが、どうなったと思う? 僕の生産性は高まらなかった。僕は幸せにならなかった。ましな人間にもならなかった。**それまでより疲れて、朦朧（もうろう）として、創造性が低下しただけ**だった。

何年も自分の睡眠状態をトレースし、ハックしてはじめて、朝型人間になるために莫大なエネルギーを無駄にしていたことに気づいた。せっかく自然に意識が冴えているときに眠って、疲れているときに起きて活動していた。そんなふうに身体と戦うような生き方をするのではなく、自分の自然のリズムに合わせることを僕はついに学んだ。さて、それでどうなったか? 生産性が高まり、幸せになり、自分自身のリズムに抗（あらが）って〝虫を捕まえようとしている〟努力家たちのパフォーマンスをしのぐようになった。

ウィザー博士と話をして、自分はきわめて真っ当だということが確認できた。話してみて、僕がなぜ朝よりも夜に強いのかの説明がついたからだ。僕は断然オオカミなのだ。**深夜遅くまで仕事をして、朝の8時45分ごろに起きるというパターンのときに、最も創造的でパフォーマンスが上がる。**事実、僕はこの本のほとんどを（そして前の2冊も）深夜から早朝5時まで、世間の人たちが眠っている時間に書いた。そのリズムが心底から気に入っていた。

僕は希望を抱いている。社会が古めかしい「早起き鳥」の価値観から離れて、各自が持っている自然のリズムに身体を従えられるようになるという希望だ。僕は企業のCEOだが、始業時間を2時間遅らせてもスタッフが終日生産的であってくれるほうが、早く始業してもすぐにガス欠になるよりずっと良い。この本を読めば、だれもが同じように考えると僕は信じている。クロノタイプの重要性を広く知らしめてくれたブルース博士とウィザー博士に感謝している。

## 「光」で睡眠パターンを調整する

両博士は、自然のリズムを乱して本来のクロノタイプにとどまるのをじゃまする攪乱要因がある、と警告する。「光」である。クロノタイプは遺伝子に基づいているが、光にさらされることに敏感なのだ。

これについてもっと学ぶために、僕はサンディエゴのソーク生物学研究所のサチン・パンダ博士の研究室を訪ねた。博士にポッドキャストのインタビューをする前に、博士の指導を受けている大学院生が、**サーカディアン・リズムを整えてくれる、目の中にある特別な光センサー細胞（メラノプシン）**を電子顕微鏡で見せてくれた。この光センサーが、光の周波数を感知して時間帯を判定し、それに基づいてホルモンを放出するよう身体にメッセージを送る。興味深いことに、目の不自由な人も、光を浴びてこの反応を引き起こす。*4

パンダ博士は身体の中枢タイミング・システムを制御する遺伝子を1個特定し、食事と睡眠を同調させる2個一組の遺伝子を発見した。その研究は完全無欠（ブレットプルーフ）ダイエットが推奨する「断続的ファスティング」が本当に効果的であることを裏づけている。彼の著書『サーカディアン・コード』（未邦訳）は、何をいつ食べるかについての情報の宝庫だ。

パンダ博士によると、目の中のセンサーはフルスペクトルの光（たとえば昇ってくる朝日）にさらされると、身体に目覚める準備をさせるシグナルを送るし、暗くなったときには身体に寝る時間だと伝えるシグナルを送る。これは夜に寝室を完全に暗くすることが重要であるひとつの理由だ。

目の光センサーが夜に人工光をわずかでも感じたら、メラトニンの生成を遅らせることで睡眠パターンを乱しかねない。言い換えれば、寝る時間になったというシグナルを身体が受信しなくなるのだ。**寝る前に身体が期待するシグナルのひとつは赤色光である。**このスペクトルが日没に生じるからだ。僕は、自宅にいるときには就寝前に、ジューヴ・ライトという高性能の赤色光および赤外線ＬＥＤライトの光療法装置をよく使用する。身体が期待する「日没シグナル」を増幅するものだ。このスペクトルに身体をさらすことには、皮膚の状態が改善する、治癒が早まる、眠りが深まるといった副次的効果もある。

さらに重要なのは、夜は「ブルーライト」――スマートフォン、ラップトップＰＣ、タブレットなどが放出している周波数の光――を確実に避けることだ。目にある光センサーは、この光周波数にとりわけ敏感なのだ。寝る前にこれを受けると、それがたとえＬＥＤの光療法装置であっても、睡眠の質が損なわれてしまう。

## 日中に「太陽光」を浴びることで夜よく眠れるカラクリ

シンプルな工夫としては、黒い遮光テープで寝室の光源をすっかりおおうことで真っ暗にするという方法がある。寝る前の時間帯にトゥルーダーク社製の眼鏡をかけることも勧めたい。光学フィルターが何層にも重ねられ、睡眠を妨げるとされる全スペクトルの光をブロックする。「ブルーライトカット」の眼鏡よりもはるかに強力だ（ここで情報開示。僕はこの科学をとても信じているので同社に投資している。この眼鏡をかけると眠りの深さが倍増する。この眼鏡をかけて、いまこのセンテンスをタイプしている）。

日中に適度に太陽光を浴びることも大切だ。日光に照らされると、身体が「幸せホルモン」として知られる神経伝達物質のセロトニンを生成する。このセロトニンが分解されて、睡眠を助けるホルモンであるメラトニンを生成する。

**日中に十分な自然の太陽光を浴びなかったら、夜ぐっすり眠るのに十分なメラトニンを生成できない**。これでは、たとえ自分のクロノタイプにとって理想的なスケジュールに従っていても、サーカディアン・リズムが台なしにされる。オフィスの窓、車のウィンドウ、コンタクトレンズ、サングラスも、体内時計の制御に必要不可欠なスペクトルの光をブロックしてしまうから、毎日数回、短くても1回に数分は外に出ることが肝要だ！

**やるべきこと**

- 気が向いた時間に寝ては起きる生活を1週間続けるか、www.thepowerofwhenquiz.com（英語）でブルース博士の質問に答えて、自分のクロノタイプを判定しよう。
- トゥルーダーク（TrueDark）社製の眼鏡を使うことを検討しよう。
- 一日のスケジュールを自分に有利になるように変更し、生物学的に好ましい時間にものごとをするように工夫しよう。
- 日中、太陽光をたっぷり浴びよう。夜には人工光をすべてブロックし、劇的に改善された良質で効率的な睡眠を経験しよう。
- 夜8時以降にものを食べないこと！

# HACK 18 ▼「睡眠の質」を上げるハックを実行する

ベッドで何時間横になっていても、ぐっすり眠れなければ意味がない。睡眠が不足している人は、睡眠時のパフォーマンスを運動や仕事のそれと同等に扱っていない。人生の浪費だ。「いつ、どこで、どう眠るか」を改善して、睡眠名人をめざそう。さもなければ、いつか将来、仕事があるのに入院しなくてはならない身体になってしまう。

## あなたは夜中に「覚醒」しているかもしれない

フィリップ・ウェストブルック博士へのインタビューは、わくわくする経験だった。睡眠研究の第一人者でカリフォルニア大学ロサンゼルス校（UCLA）臨床医学教授。博士が最初に睡眠の科学に興味を持ったのは、**睡眠中に繰り返し呼吸が止まる人びと**についての報告書を読んだときだった。呼吸器科医でもある博士は、なぜどのようにそれが起こるのかを理解したかった。

当時の旧式な実験で、睡眠中に呼吸が止まる一人の患者を見つけた博士は、初歩的な睡眠研究を行った。メイヨー・クリニックの自分のオフィスの外に置いた車輪付き担架に、ありとあらゆるモニターにつないだ患者を横たわらせ、寝入るのを待った。案の定、患者は入眠するやいなや呼吸が止まった。これが睡眠時無呼吸の症例の第1号だ。きわめて珍しい症状だった。夜間ずっと呼吸の停止と再開をくり返す睡眠障害である。このシンプルな研究がウェストブルック博士のキャリアを変えてしまった。

## 「炭水化物ゼロ」では睡眠に支障が出る

睡眠中の気道を調べたところ、次のことがわかった。脳は眠っているとき、上気道の開閉を制御する筋肉にシグナルを送らないので、上気道は開いたままとなって、呼吸することができる。その筋肉はすべての筋肉と同様に睡眠中は弛緩（しかん）しており、一定の条件下で気道がつぶれるか、つぶれかけて呼吸を妨げることがある。呼吸をしなければ人は死ぬので、呼吸が止まるたびにほんの一瞬、身体はおのずと目覚める。

軽い睡眠障害でも、**毎晩、本人も記憶していない覚醒が何度も起こりうる**。このことが睡眠の継続と質を妨げ、しばしば日中のパフォーマンスを低下させる。それは高血圧、心疾患、2型糖尿病、意思決定スキルを含む認知能力の減退などにつながる、重度のリスク要因でもある。[*5]

自分では記憶していなくても、睡眠中の覚醒は現実に起こっている事象だ。僕が前著『シリコンバレー式自分を変える最強の食事』（ダイヤモンド社〔以下『自分を変える最強の食事』と略記〕）のリサーチの一環として、炭水化物をほぼゼロにして脂質を主要栄養源とするケトーシス食事（ダイエット）をしていたとき、睡眠モニター装置は僕が一晩に少なくとも十数回、認識も記憶もないままで覚醒していることを示した。わかったのは、朝起きたらひどい気分だったことだけだ。

睡眠をモニターしたおかげで、際限のないケトーシスとは対照的に、周期的なケトーシスにはプラスの効果があると気づくことができた。僕は週に2回、食事に炭水化物を加えることで睡眠を改善し、最終的には人に推奨できる食事パターンを開発することができた。

ショックだったのは、無呼吸でなかったとはいえ、**睡眠中に何度も目覚めていたのを知らなかった**ことだ。それは、知らないうちに睡眠時無呼吸になりやすいことを示してもいる。ウェストブルック博士の推計をあてはめれば、本書の読者の約10%が、程度の差はあれ、健康と日常のパフォーマンスに影響を及ぼす睡眠時無呼吸症状を抱えていることになる。あなたはどうだろうか？

## 「横向き」で眠れば睡眠の質が上がる

起業家にして連続発明家でもあるダン・レヴェンドウスキーがウェストブルック博士に会ったとき、ダンは既存の医療を揺るがすような技術開発の最前線に立って活動していたが、自分に睡眠の問題があることを知ってもいた。うんと若いころから、いびきがひどかった。40代の前半には、そのいびきは完全な睡眠時無呼吸の域に達していた。

2000年ごろから、ダンとウェストブルック博士の意見交換が始まった。どんな種類のテクノロジーならば睡眠時無呼吸の認知度を高めることができ、患者が自宅での診断に使えるかといったことを検討した。

## 「あおむけ」が不快になる仕組みをつくる

2人は共同で、ARES（無呼吸リスク評価システム）という装置を開発した。睡眠中にひたいに装着しておくと、睡眠時無呼吸を感知できるというものだ（悲しいかな、ヴィクトリアズ・シークレット〔米国のナイトウェアのメーカー〕は僕が使ったことのある睡眠モニター装置をどれも承認してくれないのだが、ARESも例外ではない）。

ダンがARESを装着してあおむけに寝ていたとき、なんと1時間に70回も呼吸が停止し、血中酸素濃度が危険なほどに低下した。だが横向きで寝ているときは、ほぼ正常に眠っていた。1時間当たりの覚醒回数は驚きだったが、寝る姿勢による違いについては想定内だった。専門家はずいぶん前から、背中全体をベッドにつける「あおむけ寝」を避けることの重要性を知っていたからだ。

この姿勢をとると、重力が気道をつぶしやすい。睡眠障害の有無にかかわらず、**ほとんどだ**

**れもがあおむけに寝ると、気道がふさがりやすく、酸素濃度が低下しやすくなる**。健康な人はあおむけ寝をしてもいびきが増えるだけなのに対し、睡眠時無呼吸患者はこの姿勢だと呼吸が止まる傾向が強い。

医師たちは何年も前からこのことを知っていたが、現実的な解決法がなかった。睡眠専門医が患者に勧めていたのが、あおむけ寝が不快になるように、**パジャマの背中にテニスボールを縫い付ける**という方法だ。患者がその指導に従う割合は当然ながら低かった。それでも、テニスボールを縫い付けたパジャマはいまでもアマゾンで買える。ウェストブルック博士とダンは患者が進んで使いたくなる有効な代替策を見つけたかった。

彼らは患者の首に巻く「ナイト・シフト」という製品を開発した。これは、あおむけ寝を感知すると、かすかに振動して姿勢を変えさせる。重要なのは、患者を目覚めさせたり睡眠パターンを妨げたりしないことだ。姿勢が変わらなければ、振動は徐々に強まっていく。ナイト・シフトのもうひとつの利点は、患者の睡眠状態を記録してくれることだ。何度あおむけ寝になったか、装置からのフィードバックにどれほど速く反応したかも記録される。

## 単純な「マウスピース」の絶大な効果

僕自身の体験から、良質の睡眠を得るには、気道をつぶさない顎(あご)の噛み合わせも重要なことがわかった。10年以上前になるが、**自分用のマウスピースをあつらえたところ、睡眠の質がめざましく改善されて、いびきをかかなくなった。**これを考案したのはドワイト・ジェニングズ博士で、口腔（こうくう）に器具を装着して顎の嚙み合わせを正すことで、多くの人びとの人生を変えたのだった。

ジェニングズ博士はインタビューで、顎の嚙み合わせを正す利点は無呼吸を治すだけでなく、神経機能を改善し、ストレス対策にもなり、耳鳴りや慢性病にも効くことだ、と語った。僕の脳がよく働くようになったのも、博士が嚙み合わせを治してくれたおかげだ。

アメリカ国立衛生研究所はダンとウェストブルック博士に助成金を与え、睡眠時無呼吸を治療するためにマウスピースの改善を研究させた。彼らは、マウスピースのカスタマイズ費用を患者に負担させる前に、試用して相性や効果を確かめられるようにした。また、全身麻酔から醒めつつある患者や、睡眠時無呼吸による合併症のリスクが高い患者がこれを利用できるようにした。

## いびきと日中の眠気でわかる睡眠の質

どうすれば自分が睡眠時無呼吸だとわかるか？　最も一般的な症状はいびきだ。いびきは睡眠中に気道がつぶされて、息を吸うときに空気の流れがさえぎられている証拠である。いびきがひどくうるさい人は睡眠時無呼吸のリスクが高い。睡眠中に息が止まっているように見えるほどならば、かなり深刻だ。

しかし、**もっと重要なのは、日中に眠いと感じるかどうか**だ。単に疲れているのではなく、テレビを見たり退屈な本を読んだりしているとき、いつの間にか寝入ってしまうとすれば、かなり危険なレベルだ。こうした徴候に思い当たるならば、医師に診てもらって改善する必要がある。

いびきをかく人もかかない人も、マウスピースを買うことは、検討に値する。夜間の歯ぎしりは睡眠不足を起こすだけでなく、慢性の頭痛や口腔内の健康問題の原因になるからだ。僕は、マウスピースをせずに眠ろうなんて夢にも思わない。既製品でも、顎にぴったりフィットするようにあつらえたものでも、睡眠をハックするための手軽なツールである。

## 「畳」はふかふかのベッドに勝る

ギュンター・W・アマン＝ジェンソン博士はSAMINAマットレスの考案者だ。知らない人のためにわかりやすく言うと、マットレス版ベントレー〔英国の高級車〕である。博士は、睡眠時無呼吸などの健康問題の解決法を驚くべき場所に見つけたと考えている。自然界である。

人類も含めて200種類の霊長類すべてが筋骨格の問題を経験している。[*6] しかし、すべての種の中でも人間は、森の地面で眠る獣たちよりもこの問題の多くに悩まされている。つまり、マットレスではなく**地面で寝れば、身体が直感的に、腰痛や膝痛などを引き起こす筋骨格のアンバランスを正す姿勢を見つけてくれる**わけだ。

森林の地表は「天然の脊柱指圧師(カイロプラクター)」だ。胸を動かさず、脊椎(せきつい)を正しく並べて、関節の摩擦を少なくする。ベッドで寝るのをやめて地面に寝ろということか？　そうではない。眠るときの姿勢に注意を払えということだ。それは夜の睡眠の質だけでなく、日中の精神状態と生産性に影響する。

それを知ったとき僕は厚さ1インチ〔約2・5センチ〕の硬い発泡材のパッドを床に敷いて眠ることにした。最初の数週間は硬くて寝にくかったが、慣れてしまえばよく眠れるようになって、痛みもこわばりもなく目覚めるようになった。いま僕はこのパッドで少なくとも週4回眠っていて、体調は以前よりも良好だ（これを使わない夜はSAMINAマットレスに寝ている）。

**長期出張中はホテルの床で寝ることにしている。**短時間で良質な眠りを得られるという単純な理由からだ。ホテルのベッドのマットレスは柔らかすぎる。僕のと同じくらいに硬い唯一のマットレスは、東京で見つけた日本の伝統的な畳だった。

## 「頭を高くして眠る」ことの効果

特製マットレスや硬い床以外にも睡眠をハックする方法はある。アマン＝ジェンソン博士は、

**野生の動物も家畜も、頭を少し高くして眠る**という自然な好みがあると指摘する。博士は睡眠のプロセスに重力が果たす役割を研究した。

人間が起きているとき、頭は心臓の上にあって、血液は重力に逆らって心臓から脳へと流れ込む。だが寝ているときは、脳と心臓が同じ高さになり、脳に向かう血行への重力の影響がなくなるので、頭骨内の圧力（頭蓋内圧）が増大する。

アマン＝ジェンソン博士は、この圧力は夜じゅう増大しつづけ、脳室とニューロンに余分な体液を蓄積させると考えている。博士によると、これが脳浮腫（過剰な体液による脳の膨張）を起こす。水平に寝ることは脳の膨張に加えて、目、耳、顔、副鼻腔、歯ぐきにも持続的に圧力をかける。頭全体が、頭骨にかかる圧力によって酷使される。

実際、人間の生理に重力が及ぼす影響に関しては、すでに宇宙医学の分野で膨大な研究が行われている。宇宙飛行士はしばしばバイオハッキングの最先端にいる。飛行士たちは宇宙で、頭に過剰な体液がある状態を経験して、**頭蓋内圧の増大とともに偏頭痛、緑内障、メニエール病、そのほか多数の症状を発生させる**。

それが示唆しているのは、健康的な眠りを得るためには重力の助けが必要であって、野生動物のように頭を心臓より高くして眠るべきだということだ。

## 睡眠中の血流とアルツハイマー病の関係

医学人類学者シドニー・ロス・シンガー博士は、頭を傾けて寝ることが偏頭痛患者にどんな効果をもたらすかを研究した。100人の偏頭痛患者に、頭を10～30度高くして眠らせた。患者の大多数は数晩で症状が改善され、それ以外にも効果を感じた患者も多かった。十分に休んだ感覚があり、鼻づまりの症状が減ったのだ。[*7]

アマン＝ジェンソン博士の観察によれば、頭を高くした睡眠は偏頭痛と鼻づまりの緩和に加えて、血圧を下げ、水分の滞留を減らして静脈瘤を軽減し、**アルツハイマー病を予防する可能性もある**という。アルツハイマー病の一因として、脳鬱血と頭部への圧力過剰を挙げている研究者もいる。アルツハイマー病患者の脳室はしばしば膨張しており、脳室に加わる慢性的圧力と脳の損傷に相関関係があることを示している。

頭痛、慢性の鬱血、睡眠時無呼吸を患っている人にとっては、睡眠は詳しく調べる価値のある分野だ。ベッドの頭部の下に木のブロックを置くだけで効果があるならば、タダみたいなものだ！　僕はここ数年、寝るときは頭を傾け、あつらえたマウスピースを装着し、睡眠トレース装置を使い、光を遮断して真っ暗にし、さらにその他の睡眠ハックを活用しながら眠っている。

自分に効果のある睡眠改善方法を見つけるのは、自分自身と愛する人、貢献したいと願っている人びとに対する義務である。僕は睡眠の全体的な質を大きく改善させた。それによって、願わくは長生きをし、パフォーマンスを向上させたい。**睡眠ハックのいちばんよい点は、努力しつづけなくてよいことだ。**何かを買うなり導入するなり、一回きりのシンプルな変更で事足りるのはありがたい。

**やるべきこと**

- 自分の睡眠状態を調べて、夜中に気づかずに目を覚ましていないか確かめよう。
- 頭が10〜30度高くなるようにベッドの傾きを調整しよう。
- 高品質のマットレス（難燃剤やホルムアルデヒドが入っていないもの）を入手しよう。
- 1カ月間、薄くて硬いパッドで眠ってみよう（お勧めは、厚さが約2・5センチ、縦が約200センチ、横が約120センチの高品質ネオプレン〔合成ゴムの一種〕の下敷きだ）。
- 顎を正しい位置にしてくれるマウスピースを試そう。
- せめて、あおむけ寝はやめること！

HACK 19 ▼ 成功の「第3の基準」を生活に組み込む

プレッシャーにさらされたハイパフォーマーは睡眠を削ろうとしがちだ。だが、それではやがて高いつけを払わされるはめになる。疲れていたら活躍などできない。睡眠は選択科目ではなく必修である。

## 「死ぬほど働いた者が成功する」は迷信である

アリアナ・ハフィントンはベストセラーの著者、精力的で有能な起業家、『ハフィントン・ポスト』（現在の名称『ハフポスト』）の設立者だ。2度にわたる彼女のインタビューは本当に楽しかった。1回目は、親切にも彼女がハフポストのスタジオに僕を迎えてくれ、大いに意気投合して語り合うことができたのだ。

アリアナは折り紙つきの傑物で、2011年には『タイム』誌が「世界で最も影響力のある100人」の一人に選んだ。そこまで達するにはたいへんな苦労があった。アリアナは自身のキャリアを前進させるために睡眠を犠牲にし、その代償を払わされたのだ。

## 1日18時間・週7日労働の代償

2007年、アリアナは自宅のオフィスで働いていたときに意識を失った。倒れざまにデスクの角で頭を打ち、頬骨を骨折し、目を切るケガをした。血だまりの中で目が覚めた。さまざまな医師を訪ねては、**卒倒の原因となった医学上の問題を見つけようとしたが、特別なものはなかった**。疲労と睡眠不足で倒れたのだ。

それは決定的な警鐘だった。かくしてアリアナは、それまでの生き方と成功の定義を見直すことになった。2年前に設立していたハフィントン・ポスト社は驚異的なペースで成長していた。事業を軌道に乗せるために、1日18時間、週7日働いていた。それだけの甲斐はあった。はたから見ればアリアナは大成功しているようだった。雑誌の表紙を飾り、会社は急成長し、何もかもがフル回転していた。

しかし卒倒後、アリアナはこれが本当に「成功」というものなのかと自問しはじめた。ほとんどの人が成功を「富」と「権力」によって定義しているが、**この2つの測定基準だけで成功を定義するのは脚が2本しかない椅子に座ろうとするようなものだ**。アリアナの第3の測定基準は「幸福」だった。幸福とは、適度に時間をとって休むこと、日々新しい自分を感じること、目的と結びついた生き方をすること、内なる知恵を大切にすることだ。

## 睡眠習慣を変えて成功をつかむ

アリアナはそれ以後、生き方をいろいろな面で変えた。特に睡眠習慣がそうだ。彼女自身、その結果に驚いた。キャリアを減速させるどころか、若返って新たなレベルの成功に達した。2011年にAOLがハフィントン・ポストを買収すると、2016年、アリアナは新規企業スライブ・グローバル社を設立し、健康とウエルネスに関するコンテンツとトレーニングの提供を開始した。そしてウーバー社の取締役会に加わり、企業文化の改善に力を貸している。

自分を大切にし、内なる自分とのつながりを強くするほど生産的になって成功した。自分が**これほどの成功を収めているのは毎日7〜9時間寝て、瞑想、ウォーキング、ヨガをしているから**だと彼女は考えている。

幸福という第3の測定基準を設定してはじめて、そこから遠く離れていたことがわかった。転倒した朝も、もし調子をたずねられていたら「絶好調」と答えていただろう。本気でそう思っていたのだ。ご多分にもれず、アリアナもまた、仕事のためには犠牲を払う必要があると考え、そうする価値があると信じていた。だがいまは、それは錯覚だったとわかっている。成功のために幸福を犠牲にする必要はない。話は逆で、**幸福を優先することで成功できる**のだ。

成功するためには燃え尽きるまで懸命に働かなくてはならないという考えを、アリアナは歴史上の他の誤った信念にたとえる。たとえば「地球は平らだ」とか「太陽が地球の周りを回っている」とか。スライブ・グローバル社の活動で彼女が追求している目標は、こうした誤った信念を打ち砕くことだ。それは順調に進んでいる。最近ではJ・P・モルガンからの依頼で同社をサポートしたが、従業員が睡眠、充電、感謝、マインドフルネスに集中できるよう改善を進め、同社の幹部も認めるプラスの効果を上げることができた。

## 「ただ寝るだけ」で莫大なメリットが得られる

多くの人びとがアリアナと同じように、耳元で突然の緊急警報が鳴るような体験をしている。だれよりも努力すれば表彰してもらえるとでもいうかのように、疲労困憊するまで頑張りぬいている。だが、それは「完全無欠（ブレットプルーフ）」が推奨する生き方とは正反対の生き方だ。

まだそれがわかっていなかったころ、僕はサンフランシスコから中国へと飛んで基調講演を行った。講演の翌日、フロリダにとんぼ返りして、別の技術系のカンファレンスで基調講演を行った。さらにその翌朝の5時、僕はフロリダを飛び立つ飛行機の機内にいた。完全無欠コーヒーはおろか水さえ飲んでいなかった（セキュリティゲートで捨てさせられた）。離陸後、機内の通路で僕は文字どおり意識を失った。何が起こったのか記憶はないが、身体を揺り動かされて、それまで経験したことがないような至福の眠りから目覚めたことを覚えている。

疲れ果てて、たぶん脱水症状を起こしていたのだ。正直なところ、もっと慎重であるべきだった。意識がもどったとき、機内放送で乗務員が躍起になって乗客に医師がいないかとたずねていて、別の乗務員が僕にオレンジジュースを飲ませようとしていた。「ダメだ」と半ば目覚めた状態で、僕は主張した。「ケトーシスなんだ！」。幸い倒れた際に頭は打っておらず、転倒による医学的問題も起こしていなかった。この体験は僕の頭に、気を失って揺り起こされる前に睡眠をとって休養することの大切さをたたき込んでくれた。

アリアナと僕とでは睡眠改善のアプローチは異なるが——僕は短時間で良質の睡眠を得ようとし、アリアナは十分な睡眠時間を確保することにこだわっている——体験していることは同じだ。**僕は充電でき、よく休めたとき、良き夫、良き父、良きCEOでいられる。**アリアナも僕も、気を失っていたら何もできない！　アリアナは、彼女自身や僕のような失敗談は珍しくないが、人びとにはこの轍を踏まずに、しっかり休養をとって幸福と成功をつかんでほしいと語った。

僕はアシスタントに手伝ってもらって、**毎日十分な睡眠がとれるように予定を立てている。**平日の勤務スケジュール表には、少なくとも30分の「アップグレード時間」をあらかじめ書き込んでしまう。あなたも自分のための時間を確保しなければ、重要でない仕事で一日の時間があっという間に埋まってしまう。その代償を払うのはあなた自身だ。

**やるべきこと**

- **1週間、ふだんより30分早く就寝して、翌日どれほど気分がよくなるか確かめよう。**

- カレンダーを調べて、自分のミッションにとって重大ではない、出席が義務づけられていない会議やイベントをキャンセルしよう。
- キャンセルできるアポイントを、個人的な充電、回復、燃料補給の時間にしよう。

第7章

# 運動
# 「間違いだらけの運動」をいますぐやめよ

## 健康にいいはずの運動で身体をこわす？

最高のパフォーマンスを発揮して成功しようとすると、つい無理をしてしまうが、疲れてもなお頑張るのは確実に失敗する戦術である。**適切な休息をとることは、目標達成のための必須条件**だ。この本では休息以外にも、瞑想、ヨガ、呼吸法、長めの散歩などを紹介しているが、どれも大切なものばかりだ。

この章では、ブートキャンプやスピンクラス〔自転車をこぐ有酸素運動〕、マラソンの訓練を勧めていないことに注目してほしい。それが悪いと言っているのではない。適切な運動は健康によいし、気分が最高になる人もいるし、ゲームチェンジャーたちが重視する戦術の第4位でもあった。

問題は、**多くの人が「運動（エクササイズ）」に集中するあまり、身体の「動き（ムーブメント）」を忘れている**ことだ。

人間の身体は動くために創られているが、ほとんどの人が満足に動いていないことに疑問の余地はない。専門的に言えば、運動は動きの一形態だが、短時間の強度の高い爆発的な動きだ。それは、継続する「機能的動作（ファンクショナル・ムーブメント）」とは別ものである。

というわけで、ゲストの多くが運動は重要だと認めているが、この章では、その助言を少しアレンジして「動き」について議論を進めることにする。

## 「間違った努力」で時間をムダにしてしまう

僕の経験では、運動に入れ込みすぎると時間と労力を無駄にしやすい。体重が140キロ近くあったころ、僕は運動して痩せようと決心した。週6日、一日90分の運動を18カ月続けた。どんなに痛くても、どんなに疲れていても、毎日45分の有酸素運動と45分のウエイト・トレーニングをこなした。**結局、たくましくはなったが痩せなかったので、やる気を失った**（そして落ち込んだ）。

実際、僕がコーチしたハイパフォーマー（CEOもいればヘッジファンドマネジャーもいる）にも運動しすぎの人や、会社を経営しながらトライアスロンの訓練をしているようなタイプの人が多い。結果は予測がつく。性衝動、性ホルモン、睡眠の質が低下し、ケガや炎症で慢性の痛みを抱えてしまい、皮肉にも全身の動きが鈍くなる。頑張り通す人も少しはいるが、ずっと続ける人は例外だ。

**筋肉や関節を運動のためだけではなく、本来の目的である動きのために使えば、もっと健康になる**し、気分も良くなる。痛みを恐れないで子どもを抱きあげられる。猫背にならず、背筋をしゃんと伸ばして立っていられる。最終的には効果的に運動できるようになる。この先、何年もケガをせずに。

正しい動きはあらゆる運動と競技スポーツの基礎だ。正しい機能的動作を必要としない運動などは存在しない。そこで本章では、動きの重要性と、最大級のゲームチェンジ効果をもたらすエクササイズについて、その道の一流の専門家から学ぶことにしたい。

## HACK 20 ▼運動する以前に「正しく動く」練習をする

ハイリスクなスポーツ——ランニングもそうだ——でどんなに汗を流しても、仕事や生活のパフォーマンスを向上させることはできない。負傷でもすれば、それ以後つきまとう重荷となってしまう。

身体を正しく動かせるように神経系を配線し直せば、運動のリスクを引き下げ、間違った動きで無駄にしているすべてのエネルギーを効率的に使えるようになる。身体を賢く動かすことを意識せず、やみくもに運動に励むことは、時間の無駄になるだけでなく、健康にも悪い。

## 「シンプルな正しい動き」を身体に叩き込む

映画『マトリックス』で、ネオが世界を1と0とで見ているシーンを覚えているだろうか? まさにそんな感じで、あなたの立ち方、歩き方、動き方を一目見ただけで、あなたについてびっくりするほど多くのことを言い当てる専門家がいる。ケリー・スターレットはその一人だ。クロスフィット（高強度フィットネス）の世界の有名人で、世界屈指のアスリートやエグゼクティブの「動き」を改善してきた。コーチであり理学療法士であり、やや変わっているが最高のフィットネス本『しなやかなヒョウになる』（未邦訳）の著者でもある。

### ランニングは身体にいいのか?

ケリーは、ランニングと動きについての考え方を改めるべきだと訴えている。ランニング愛好家は、走ることは健康的でスマートな運動で、すぐれて人間的な体験だとさえ思っている。本当にそうだろうか? **人間は本当に走るように創られているのだろうか?**

ケリーはずっとスポーツを続けていたが、高校のフットボールでひざを痛めて、何年も苦しむことになった。のちに、その痛みは間違ったランニングフォームから生じていたことを知った。じつは足が弱くて、適切な走り方をするのに必要な関節可動域がなかったため、ひざに負担がかかっていたのだった。

これは珍しいことではない。ケリーによれば、**週3回以上走る人の80%は、年間を通して見れば、必ずどこかをケガしている**という。びっくりする数字だが、それはランニングが特に危険なスポーツだからというわけではない。ほとんどの人が安全に走るのに必要な運動制御ができておらず、関節可動域が小さいからだ。

ヨガでも、ピラティスでも、クロスフィットでも、ランニングでも、どんな種類の運動でも同じだが、それらのことを正確に行うのに必要な動きを身体にさせなくてはならない。そのためには基本に立ち返って、**シンプルな動きをするための正しいフォームを身体に覚えさせる**必要がある。座ることの多い現代の生活スタイルのせいで、できなくなってしまった、シンプルな動きだ。言い換えれば、運動の練習を始める前に動きの練習をする必要がある。

## 自分の「可動域」の範囲で身体を動かす

では、その動きの練習はどこから始めればよいのか？　1995年、2人の理学療法士グレイ・クックとリー・バートンが共同で、ケガを防ぐのに役立つ統計データを集めだした。人間の動きのパターンに関するその研究は、いまでは機能的動作システムへと体系化され、適切に身体を動かすための能力を評価するツールとして使われている。

何をするにも基準を知らなければ、何から手をつければよいのかわからない。自覚できる問題もあるだろうが、関節の可動域など、測定してもらわなければ気づかないこともある。機能的動作システムは、人の可動性(モビリティ)を測定し、能力を高めるテクニックを提供するための標準化されたプログラムだ。正しい運動のための身体メカニズムを身につければ、ランニングでも何でも、ケガをするリスクなしに行うことができる。

ケリーによると、ありがたいことに、**身体はいったん正しい動き方を覚えれば、間違った動きや姿勢を自動的に矯正してくれる。**「適切な基準線」とでも呼べるものができて、動こうとすると身体がその線に自動的に寄り添ってくれるのだ。

ケリーたち療法士は、患者が適切な動きのパターンを身につけられるように練習させる。ケリーはそれを、決められた管にワイヤーを通すようなことだと説明する。生まれつき筋肉がこわばっていて、身体が硬い人はいない。長年の悪習慣でそうなってしまっただけだ。それは治すことができる。

## 運動の効果は「座り過ぎ」で帳消しになる

ケリーによれば、患者たちの問題の最大の原因は座り過ぎだ。座っている時間が長い生活をしている人だけでなく、意外なことにアスリートにもそれがあてはまる。これは運動について僕たちが持っている認識の根本的な不適切さを物語っている。

僕たちは運動をしたら、計画表に「済」のチェックを入れ、残りの時間は椅子に座って過ごしている。**1日に45分間だけ身体を動かして、あとはだらだら座っている**のに、自分は申し分なく健康的な生活をしていると錯覚しているのだ。

ケリーがコンディショニングを担当しているプロ・フットボール選手たちに、日常生活での動きのパターンを記録するよう頼んだところ、彼らは1日14〜16時間座っているとわかった。プロのアスリートがだ！　案の定、選手の多くは慢性のひざ痛や腰痛を抱えていた。彼らの問題は、激しい競技によるケガではなく、身体を動かさないことから生じていることが判明した。

## 「正しい動き」で運動能力が上がり、痩せて、背が伸びる

動きの世界のもう一人のリーダーは、B・J・ベイカーだ。ボストン・レッドソックスの初代ストレングスおよびコンディショニング担当トレーナーで、ほぼあらゆるスポーツのプロ選手のトレーニング、調整、栄養相談、リハビリに関わっている。B・Jもケリーの見立てと同意見で、**1日に6〜8時間座ったら、1〜2時間のワークアウトが帳消しになる**と言う。

B・Jは機能的動作評価を患者に行い、どの動きが可か不可かを定量化している。子どもを調べることもあるが、たとえば8歳という元気ざかりの年齢で、スクワットのような単純な動

作ができない子どもが少なくない。たいした力も要らない基本的な動きができないことに、子どもたち自身がショックを受けるようだ。

だが、そうした動きに必要なのは、強さではなく、関節の安定性と可動性である。それが一日のほとんどを座って過ごす小さな子どもには欠けているのだ。くり返しになるが、座っている時間を減らして正しい動きを練習すれば、この能力は回復させることができる。

## 内臓疾患にも好影響は及ぶ

患者の多くは、適切な動きを身につけるだけですばらしく回復する。一例として、B・Jはビルという患者の話をした。ビルは、高コレステロールでスタチンを投与され、血圧降下剤を飲んでいた。18キロも適正体重をオーバーし、姿勢がひどく悪かった。それどころか背骨が丸まっているせいで身長が5センチも縮んでいた。

B・Jはビルの動きを正し、姿勢に働きかけ、食事を少し変えさせた。それだけで**8カ月後、薬を両方ともやめることができ、18キロ痩せ、4センチ近く身長がもどった**。必要だったのは姿勢と体幹の強さの改善と、筋組織の再建だった。それによってビルは20年間の悪習慣を帳消しにできたのだ!

## 痛みは我慢するものではなく消すべきもの

僕は、身体を動かせばどこかに痛みを感じるのは当然だと思っていた。痛みをこらえて競技レベルのサッカーを13年間続け、つらくないときがないほどだった。だが、経験豊富な先生の指導を受けながら週に数回のヨガを5年間続け、動き方のちょっとしたコツを覚えたら、痛みはほとんど消え去り、絶えることのなかったケガもしなくなった。

ヨガは柔軟性を向上させ、特定の筋肉を活性化させるのには適しているが、効果的な歩き方、座り方、動き方を学ぶための最高の方法というわけではない。ヨガで改善を果たしたあとで、僕はさらに機能的動作の専門家の指導を受け、座り方、動き方、歩き方を微調整してもらい、さらに高度な自由な動きを実感することができた。

身体を正しく動かすことを習ったら、あなたも同じ結果を得ることができる。走る、泳ぐ、物を持ち上げる、足を上げてつま先を後頭部につける、踊る……**なんであれ正しいフォームですることは、あなたのゲームチェンジの能力を改善する**。

さて、正しい「動き」を身につけたなら、その次は「運動」だ。短時間で最高のメリットをもたらしてくれる形態の運動を選ぼう。それは次のHACK21で。

**やるべきこと**

- 機能的動作のコーチについてもらい、正しくない動きのパターンを取り除こう。「ファンクショナル・ムーブメント・スクリーン」（FMS）（https://www.function-inc.jp）はその入り口として好適だ。

- 調整可能なスタンディングデスクを手に入れよう。そうすれば、毎日座ったり立ったりしていられる。
- エゴスキュー・メソッド（https://egoscuejapan.com）の体操を試して、姿勢を改善し、痛みを最小限にし、パフォーマンスを高めよう。

## HACK 21 ▼「筋肉」を鍛えれば、賢くなって若返って幸せになる

マラソンのような激しいスポーツをすれば人間として成長できる、という考えには惹かれるものがある。特にはじめて走ったとき、意志力が強化されるなど、実際にそういう面もあるだろう。

だが、大局的見地に立てば、過剰な有酸素運動は身体に負荷をかけ、結果が出るまでに時間がかかりすぎる。その点、ハイパフォーマーは効率的に運動している。適切な時に、適切な方法（プロトコル）で運動すれば、ホルモンの分泌を最適化することができる。

## 「筋力」を強化して炎症と酸化ストレスを減少させる

チャールズ・ポリキンは、僕が「バイオハッカー」という用語を定着させるはるか以前から、この分野の草分け的存在として活躍している。世界的に名高いストレングス&コンディショニングの指導者でありコーチであり、17種ものスポーツで世界最高レベルのアスリートを助け、数百ものメダルと勝利と自己ベストを達成させてきた実力者だ。

チャールズは数十年間にわたって、**筋肉に送られるシグナルが身体をどのように変えるか**を調べてきた。自分が出した結論について、だれが何を言おうと意に介さない信念の人だ。ほかの人が気づく何年も前に先を見ることのできるビジョナリーでもある。だからこそ多くのプロたちがチャールズのもとにやってくる。僕が彼をブレットプルーフ・ラジオに担（かつ）ぎ出したのもそれが理由だ。

### 長時間の「有酸素運動」は脳を老化させる

チャールズが到達した結論は、長距離の有酸素運動より筋力トレーニングのほうが脳の健康と総体的なパフォーマンスに良い、ということだ。**長距離の有酸素運動は脳の加齢を速める**とも結論づけた。この見解は一部の人びと（持久性運動の選手たち）を激怒させたが、その正しさを裏づける最新の医学研究がいくつか発表されている。

あなたが持久性運動の愛好家なら、いまここまで読んでムカッとしているかもしれないが、どうか本を閉じないでほしい。僕はあなたに大好きな運動をやめてしまえと言っているのではなく、筋力への働きかけも忘れないようにと望んでいるだけだ（男性にも女性にも）。

２０１３年、科学者たちがパーキンソン病の患者にはどんな種類の運動が有益かを調べた。[*1] ３つの形態の運動について臨床試験を行った。それは低強度トレッドミル運動（ウォーキング）、高強度トレッドミル運動（ランニング）、ストレッチとウエイト・トレーニングを組み合わせた運動だ。

この研究については、チャールズと話す前から僕も知っていたが、この研究で使われたプロトコルに彼が関与していたことは知らなかった。臨床試験が開始される前に、有酸素運動は患者の症状を悪化させる可能性がある、とチャールズは研究者たちに警告していたが、はたしてそのとおりの結果になった。チャールズに言わせれば、当然のことが起こっただけであった。彼が言ったとおり、**ストレッチとウエイト・トレーニングの組み合わせを行った患者に最高の効果が現れた。**低強度のウォーキングでも数名の患者には効果が見られた。

この結果は、パーキンソン病ではない人にもあてはまるのか？　チャールズは、あてはまると考えている。有酸素運動は、特に高血圧の人、肥満体または座っている時間が長い人、内臓脂肪の多い人にとっては当然のメリットがある。チャールズはそれを認めたうえで、それでも長期にわたる有酸素トレーニングには、多くの人が気づいていない重要なデメリットがあると指摘する。

## 酸化ストレスで「加齢現象」が加速してしまう

まず第1に、有酸素トレーニングは、コルチゾール（ストレスホルモン）値を上昇させる。それで炎症が起こり、加齢が加速する。コルチゾール値が高まると、体内の酸化物質の量が増加する。**この酸化物質が、脳、心臓、消化管、その他の器官の炎症を増大させる。**

筋力トレーニングでもコルチゾール値は上昇するが、その上昇分は、ほかの有益なホルモンの放出で相殺される。だが有酸素運動では、その放出が起こらないのだ。

2010年のある研究では、300人以上の持久性運動の選手（長距離走者、トライアスロン選手、自転車競技者）のコルチゾール値を調べ、非アスリート対照群と比較した。その結果として、有酸素運動競技者のコルチゾール値は対照群よりもかなり高く、この値の高さとトレーニング量の多さに明確な相関関係が認められた。研究者は次のように結論づけた。「以上のデータは、持久性アスリートがくり返し行う集中トレーニングや競技のストレスが、長時間にわたる高濃度のコルチゾール曝露と関連があることを示している[*2]」

2011年の研究では、健康で活動的な男子大学生に対する自転車こぎの影響を調べた結果、コルチゾール値と炎症マーカーがかなり増大することがわかった[*3]。これは重大な発見だった。

**心疾患、癌、糖尿病、アルツハイマー病など、命にかかわる病気の多くの根底には慢性の炎症が存在する**からだ。[*4] 結びつきがもっと明確なデメリットは、頭脳の明晰さとエネルギーの低下である。

さらに、有酸素トレーニング中は呼吸数が増して酸素が豊富な体内環境となり、それに反応するかたちで体内に有害なフリーラジカルが生成される。このフリーラジカルが酸化ストレスを生み出し、身体のダメージを修復してくれる抗酸化物質を激減させてしまう。酸化ストレスは加齢現象の主要因であり、過度の有酸素運動が酸化ストレスを引き起こすというのはすでに定説である。[*5]

## 「筋トレ」を加えれば問題は解決する

チャールズも僕も、有酸素運動を行うときは抗酸化物質とプロバイオティクス〔善玉菌〕のいずれか、または両方のサプリメントを摂取することを推奨している。ただしチャールズは、それよりも**運動のルーティンに単に筋力トレーニングを加えるほうがもっと効果的**だと言う。

筋力トレーニングは蛋白（たんぱく）同化ホルモンを放出させ、それが酸化ストレスに抵抗し、筋肉、骨、結合組織を生成し、有酸素運動のダメージを取り除く。周知のとおり、筋力トレーニングが骨減少症予防にとても有効なのに対し、有酸素系スポーツは骨のミネラル密度を低下させ、骨減少症の原因になりかねない。[*6]

## 筋肉量と筋力が加齢を防ぐ

チャールズは、1980年代にタフツ大学で行われた、加齢を引き起こす要因を調べた一連の研究について教えてくれた。その研究で明らかになったのは、加齢の最重要のパラメータは筋肉量、次に重要なのは筋力ということだった。この2つの値は、コレステロール値、血圧、安静時心拍数、最大心拍数などよりも健康的な加齢のために重要であることがわかった。

現実問題として、**筋肉量の減少は30歳から始まって、10年ごとに3〜5%が失われていく**。[*7]この退行性の筋肉減少は「サルコペニア」と呼ばれ、ほぼ避けて通れないが、逆転させることはできる。動作トレーニングとウエイト・トレーニングを組み合わせて筋肉と神経系を刺激することで、加齢プロセスの進行を遅らせながら、失われた筋肉を再建し、筋力を強化し、炎症と酸化ストレスを減少させ、骨を強くすることができる。なんとも割のいい話ではないか！

## 週1回、「全速力」で走る

健康とフィットネスの専門家で、『身体の青写真』（未邦訳）というベストセラー本の著者のマーク・シソンは、10年以上前に「常習的有酸素運動」という造語をした。持久性アスリートの多くが行っている、**最大心拍数の約75〜80%での長時間運動を長期にわたって続けるような**

**トレーニング**のことだ。

マーク自身、そんなトレーニングを続けてきた。長距離走者で、トライアスリートで、アイアンマンレースにも出場していたマークは、大量の炭水化物を摂取して持久性スポーツに邁進していた。だが、この炎症性食品とオーバートレーニングの組み合わせのせいで変形性関節炎と過敏性腸症候群を患い、アスリートとしてのキャリアが断たれた。

## 有酸素運動は「早歩き」程度が効果的

コーチになったマークは、担当する選手たちが以前の自分と同じ問題を抱えていることに気づいた。彼らもまた長期間厳しいトレーニングをしながら、求める結果を得られずに苦しんでいた。

マークはトレーニング過多にならず持久力を改善する方法を模索し、有効な方法を見つけた。低強度の運動で身体をたくさん動かし、ときどきウエイト・トレーニングを加え、週1回全速力で走る、というのがその方法だ。マークによれば、**持久力の訓練で肝心なのは、低強度のトレーニングと、たまに全力の本当にハードなトレーニングを組み合わせることだ。**

それが僕たちの先祖の動き方だった。大昔の人間は一度に1時間以上も走るようなことはなかったが、つねに低強度の活動を行って脂肪を燃やしていた。全力で動くのは、生命の危機に瀕したときか、食料を求めて獲物を追いかけるときくらいだった。

このようなパターンを現代に再現することは難しい。マークが勧めるのは、30分〜1時間の低強度もしくは中強度の有酸素運動——早足のウォーキング、ハイキング、自転車こぎ——を行うことだ。毎日する必要はないが、少なくとも週に2〜3回することが大切だ。

この種の運動の目標は、脂肪を燃焼させる心拍数を保つことである。身体を鍛えている人ならば最大心拍数の70〜80%になるかもしれないが、たいていの人ならば60〜70%で十分だ。それが脂肪を減らし、毛細血管を増やし、血圧を下げ、心臓病などの変性疾患の発症リスクを抑えるのに有効な、理想的なレベルの活動だ。効果はかなり低強度の運動でも現れはじめ、**毎日わずか20分ほどの早歩きでも効果がある**。

マークはこのルーティンに週1〜2日、無酸素インターバル・ワークアウト（無酸素運動と休憩をくり返すトレーニング）を加えることも勧めている。荷重のかかる無酸素運動が筋肉の増強に最適なトレーニングであり、「除脂肪筋肉量」を増やすことが炎症を低減して全身を健康にするうえで重要だと指摘する。この種のトレーニングは有酸素容量を高め、自然な成長ホルモンの生成も増大させ、インスリン感受性も向上させる。

## 「より動く人」がより幸せを感じ、ストレスも少ない

経歴はまったく違うのに、チャールズとマークがよく似た運動プロトコルをほぼ同じ理由で

勧めていることは興味深い。いや、彼らだけではない。ビル・シアーズ博士の考えも同じだ。神経発達と育児について30冊以上の著作があり、世界的に著名な80代の博士が運動の専門家だと知ったら、驚く人がいるかもしれない。

シアーズ博士は講演のために訪れたシンガポールで美しい温室植物園を見学した。そこでは最高レベルの管理が行われていたにもかかわらず、驚くべきペースで展示植物が枯れていく問題で困っていた。管理責任者がついに見つけた原因は、植物は動けないのに温室内ではつねに送風機が稼働しているということだった。植物を動かせるようにスペースを工夫したところ、植物は問題なく育ちはじめた。

博士はこのエピソードを通して、人間の健康についての基本的な考え方を説明する。**人間の成長には、食物、水、日光だけでなく、身体の動きを刺激してくれる環境も必要**だということだ。

それがどんな方法であれ、意識して身体を動かせば、神経の生成（新しいニューロンの誕生）・保護・再生、細胞の維持、シナプスの可塑性、新たな記憶の形成と保持といった効果が連鎖的に生じる。

さらに、動くことで人間は幸せにもなれる。その最大の理由として考えられているのは、身体を動かした刺激でエンドルフィンが放出されるからだ。ギャラップ社の「健康および生活満足度指標」によると、**少なくとも週に2回運動する人は、そうでない人よりも幸せだと感じる**

**割合が高く、ストレスを感じる割合が低い。**

親子ほど歳が違い、経歴もまったく違う2人だが、ケリー・スターレットとシアーズ博士の考えは全面的に一致している。ケリーが述べたように、認知という作用はおのずから神経系を形成していく。認知機能を強化したければ、動きを増やさなくてはならない。その点に疑問の余地はない。問題なのは、身体を動かす頻度と強度だけである。

**やるべきこと**

- 植物の葉に起こったことから学ぼう。じっとし過ぎ、座り過ぎ、動かなさ過ぎは、あなたを萎(しお)れさせ、死に至らしめる。だが、自然に自由に動けば元気でいられる。
- 週に1回ウエイト・トレーニングをしよう。
- 週に2回ストレッチをしよう。
- 週に1回全速力で走ろう。
- 週に3〜6回、20〜60分、ウォーキングかゆっくりの有酸素運動をしよう。

# HACK 22 ▼「ヨガ」で明晰なメンタルと柔軟な身体を手に入れる

ストレッチもヨガも、必ずしも目に見える変化を身体にもたらすわけではないが、動き方やパフォーマンスを変えられる。回復力（レジリエンス）はハイパフォーマンスの鍵を握る要素だが、ストレッチやヨガで心身の調和をはかることは、回復力を高める有力な方法だ。

## いつでも使える「最強の集中力」をつかむ

肉体のエリートといえば、だれもがアメリカ海軍の特殊部隊ネイビーシールズを連想する。

僕はシールズを退役したマーク・ディヴァインをブレットプルーフ・ラジオに招いて、**どうやって世界最高レベルの任務に耐える心身の状態に到達したか**を話してもらった。

現在、マークは戦闘員集団を指揮するのではなく、彼を戦場で際立たせた強靱な意志、集中力、タフさ、平常心の保ち方をビジネスパーソンに伝授している。

## 心を静め、感情のコントロールを取りもどす

マークによれば、人生を変える大きな助けになったのがアシュタンガ・ヨガの練習だった。マークがこのヨガを気に入ったのは、ひとつには武術の訓練を思い出させたからである。一連の動作の流れをひとつずつ覚え、だんだん高度な連続動作に進んでいく体系は、段位が上がるごとに新しい帯を締められる武術に似ている。達成志向と攻撃性は、この流派の性格を端的に表現している（もちろん、もっと穏やかな形態のヨガもある）。

大いに励んだマークだったが、同じ動きを何度もくり返したせいで、軍隊式の筋肉トレーニングやクロスフィットで同じ動きをくり返したのと同じような、酷使による損傷が起こった。反復運動は不適切な動作パターンを固定して身体を傷つけることがある。彼は思考の明瞭さや身体の柔軟性など、ヨガの利点は気に入っていたが、負傷のせいで熱意を失ってしまった。

その当時、マークは予備役将校だったが、２００４年にイラクへ派遣されることになった。そんなとき、軍事企業ブラックウォーターとの契約でイラクに赴いていた友人のスティーヴン・〝スコット〟・ヘルヴェンストンら4人が、ファルージャを車両で移動中に、反乱軍の待ち伏せ攻撃で非業の死を遂げた。マークは脳裏に浮かぶ殺害のイメージに悩まされ、自分も間もなくそんな危険地帯に足を踏み入れるのだと強く意識しはじめた。任地に発つ数日前には、テロリスト集団がペンシルベニア出身の電波塔修理員ニック・バーグを斬首する動画を投稿するという出来事もあった。

マークはバグダッドに向かう軍用輸送機の機中で、人生でそれまで体験したことがないほど神経質になっていた。いつ何が起こってもおかしくないという強烈な意識とともに、心身が厳戒態勢に入っていた。じっとしていられず、機内の後部でヨガを始めた。**心が静まり、感情のコントロールを取りもどした。**輸送機が機首をイラクの砂漠へ向けたころには、かなり気分が良くなった。バグダッドに着陸したとき、完全な無我の境地にはほど遠かったが――なんといってもそこは戦闘地帯なのだ――平静で、「いま・ここ」に集中し、次に起こることへの準備ができていた。

次の瞬間、それがとても役立ったことを思い知る事態が起こった。輸送機から降りて15分と経たないうちに、「来るぞ！」という叫び声が聞こえ、それに続いてヒューッと風を切る音とともに迫撃砲が飛来し、400メートルほど離れた場所に着弾したのだった。上等だ、待っていろよ、とマークは独りごちた。

## 「癒やしのポーズ」と「攻撃的なポーズ」を組み合わせる

2人のシールズ隊員が車で迎えにきて、マークを兵営に送ってくれた。兵舎はサダム・フセインの元宮殿のひとつの敷地にあったが、身体を鍛える運動のための場所は見つけにくかった。

マークによれば、**シールズの隊員たちは夜遅くまで戦闘任務に就いたときでも、即席で訓練する方法を何かしら見つけ出す。**いちばん近いトレーニングジムはキャンプ・ビクトリーにあったのだが、そこへ行くには装甲車両で戦場を突っ切る必要があり、そのようなリスクも時間も論外だ。そこでマークは兵営の周囲を5キロほど走り、自重トレーニングに勤しんだ。

そのうちに、ヨガをしたくてうずうずしてきたが、バグダッドでもイラクのどこでも、ヨガ教室が開かれているという話は聞いたことがなかった。そこで、これまで学んできたホット・ヨガ、パワー・ヨガ、アシュタンガ・ヨガをもとに自己流でやることに決めた。

兵営の湖の隣りに小さなスペースを見つけ、そこに練習場所を設けた。絵になる場所ではなかったが——周りの建物は銃撃戦による傷だらけだった——砂漠の熱を遮ってくれる木々があり、人目が気にならない程度には兵舎から離れていた。マークは毎朝、食事を抜いて、その練習場所に避難した。さまざまなヨガのポーズや機能的インターバル・ワークアウト、護身術、呼吸法、視覚化のエクササイズを行った。**練習を終えると、頭が冴えて心が穏やかになった**。

すでに「身体の動き」と「呼吸」については心得ていたので、その2つを賢く組み合わせることができた。疲労を回復させたいときには、戦闘のストレスを流し去って疲れを癒やしてくれるポーズ、呼吸法、視覚化を選んだ。激しい運動がしたいときは、攻撃的なポーズを選んでウォーミングアップし、自重トレーニングのルーティンをしてから、座位のポーズと集中力のトレーニングを行った。

**このプラクティスは、嵐のような戦場でマークを支える柱となった**。イラク戦争の真っただ中で平静でいられ、いま・ここに集中でき、エネルギーにあふれ、感情を抑制でき、いつでも任務に就く準備ができていた。僕たちもみなそのような効果を得られるのだ。

## 「ヨガ×ウエイト」で成長ホルモンを激増させる

マークは独自に開発したルーティンを、だれでも自分仕様にカスタマイズできるものに改良して、他のシールズ隊員の訓練に使いだした。そこでわかったのは、ヨガはほかのエクササイズを補完する完璧な効果があるが、不要にしてしまうものではないということだ。**ヨガを適切なウエイト・トレーニングと組み合わせることでバランスの取れたワークアウトが実現**し、ホルモン分泌が調整され、筋力と柔軟性が増大し、細胞の増殖と再生にとって重要な成長ホルモンの分泌が顕著に増加する。

マークのプラクティスは呼吸法とメンタル・トレーニング（集中力、視覚化、瞑想）と機能的動作を統合したものだ。動きのトレーニングとしては、伝統的なヨガのポーズ、クロスフィット、ケトルベル（同名のウエイトを用いる筋力トレーニング）など、あらゆる方法を組み合わせることができる。

このプラクティスを続ける中で、自分の内的世界が陶冶（とうや）され、思考と感情が整えられ、戦士のスピリットとつながっていくことを感じたマークは、このプラクティスに日本の武士道精神を想起させる「ココロ・ヨガ」という名前をつけた。

## 「背骨」の健康が身体全体に影響する

このような自己の内面に向けた働きかけによって、マークはワークアウトの疲労から速やかに回復でき、燃え尽きや負傷を経験することなく、フィットネスを向上させることができた。マークはこのプラクティスのいちばんの身体的メリットを背骨の健康だと考えている。脊椎間のスペースが適切に保たれ、血液とエネルギーが流れ込むのだ。**背骨が健康なら、神経系が健康になり、健やかさが全身に放射されていく**。

ココロ・ヨガの2つ目の利点は、デトックス効果だ。ポーズを変えるときの動きは、内臓をデトックスし、メンタル・トレーニングは思考と感情をデトックスして、意識を研ぎ澄ませて集中力を高めてくれる。

身体的なメリットの3つ目は、関節と筋肉の柔軟性だ。これは、ココロ・ヨガを完成させるには、つま先で後頭部に触れられないとダメだとか、プレッツェルみたいに身体をねじれないとダメだという意味ではない。その反対だ。マークは**この種の見せびらかすような動きを「愚か者のトリック」と呼び、結局のところ何の意味もないと断じている**。

ここで白状すると、数年間ヨガの練習をした僕は、つま先を後頭部につける「愚か者のトリック」ができるようになってうれしかった。16歳のときでもできなかったことが45歳で、身長195センチで、筋肉質になった身体でできるようになったのだから、喜んでも許してほしい

（これを長時間フライトの搭乗前に空港でやると、周囲の人にじろじろ見られることがあるが）。

閑話休題――人生を一新するためには、ヨガを習わなくてはならないのか？ そんなことはない。しかし**ヨガは、メンタルの静けさと明晰さと同時にフィジカルの強さと柔軟さを得られる効果的な方法だ**。オンラインのトレーニングコースでも上達することはできるが、微妙な身体の位置や動きは、すぐれた先生から直接教えてもらうのが最も効果的だろう。

**やるべきこと**

- いくつかのタイプのヨガを試して、自分にはどれが有効で、どの先生との相性がよいか確かめよう（ぴちぴちのスパッツを着用するかどうかはご自由に）。アシュタンガ・ヨガ、ヴィンヤサ・ヨガ、フロー・ヨガ、アイアンガー・ヨガなどが、試すとよいと思われる一般的なヨガだ。

# 第8章

# 食事
# 身体が変わる「おばあちゃんの最強の教え」

## 圧倒的多数のハイパフォーマーが重要視する「食事」

ここまで読み進んできた人は、ゲームチェンジャーが最も重視していることはなんだろう、と思いはじめているかもしれない。これ以上めんどうな脳トレーニングやパワー強化テクニックは勘弁してほしい、と思っているかもしれない。

だとしたら、喜んでほしい。ハイパフォーマーの75％以上が、パフォーマンス向上のために大事なものとして、あなたも大好きなものを挙げている——それは食べ物だ。

そう、ゲームチェンジャーの４人のうち３人が、**成果を上げるために最も重要なことは何を食べるか（食べないか）**だと言った。瞑想よりも運動よりも、ほかのありとあらゆる何よりも重要だというのである。

もちろん、医学や栄養学の分野の専門家にたくさんインタビューしたのだから、当然の結果かもしれない。僕が食べ物にこだわる人の話を聞きたかった理由は、ライフハックの追求中に、何を食べるかがすべてに影響すると感じたからにほかならない。話を聞いた人の中には、食べ物についての一般的な認識を大きく変える役割を果たした専門家もいる。

しかし、それだけでは「食べ物がいちばん大事」という集計結果にはならなかったはずだ。この結果は、食や健康とは無関係のゲストの多くも、**自分の活力や集中力や思考力は身体と脳に良い食生活を心がけたおかげだ**、と話してくれたからこそのものだ。

もちろん、何が人間にとって良質な燃料かについては、多くの議論がある。その点に関する僕の考えとその根拠は『自分を変える最強の食事』に書いたので、関心があれば目を通してほしい。

この本のこの章では、何を食べるべきかではなく、「トップパフォーマーになるにはなぜ食事がそんなに重要なのか」という点に絞って話を進める。コーヒーにバターを入れて飲もうという話はここではくり返さないことを約束する！

## HACK 23 ▼ ニセモノの「空腹感」を見極める

人間は何かが不足していると感じたときにものを食べる。何の不足か？　食べ物の不足、エネルギーの不足、睡眠の不足を感じたときに食べる。だが、それだけではなく、愛、つながり、あるいは安心感の不足といった理由で食べることも多い。

食べたいと思ったとき、食べ物に飢えているのか、もっと深い次元で何かに飢えているのかを見極めよう。どちらであったとしても、不健康な空腹感や空虚感を感じずにいられる人間になる努力をしよう。

### 問題は心理的な「飢え」にある

シンシア・パスケラ＝ガルシアは有名な栄養士で、スピリチュアル指導者で、モデルで、メディア番組の司会者で、ベストセラーの著者だ。おっと、その前はコンピュータのエンジニアだった。生活変革栄養研究所を設立して所長も務め、栄養学と心理学とスピリチュアリティを統合した栄養認証プログラムを実施している。「あなたは本当は何にハングリーなのか」というウェブのシリーズ番組のホストとして、食べ物のことだけでなく、望ましい身体、健康、人生をつかむための方法を伝えている。

## ハリウッド式生活で心身がボロボロになる

数年前に、エンタテインメント業界でモデルやテレビ司会者として働いていたシンシアは、典型的なハリウッドのライフスタイルを生きていた。**長時間働き、睡眠を削り、パーティーに出まくって、適量以上に酒を飲んだ。**そのつけが回ってきて10キロ以上も太り、にきびができ、枝毛や抜け毛になり、びっくりするような場所にセルライトができた。

病んでいたのは身体だけではない。人生のかなりの時間をうつ状態と格闘して過ごしたと、シンシアは包み隠さずに語ってくれた。

そんなライフスタイルが、もうひとつの病状を引き起こした。慢性疲労症候群と診断されたのだ。どんなに寝ても関係なく、目覚めてからベッドに入るまで、いつも疲れていた。さらに短期記憶障害にも悩まされるようになった。シンシアは助けが必要なことを自覚して、医師や栄養士、トレーナーを訪ねた。あらゆる種類のスピリチュアルな儀式やヒーリングを試して、薬を飲み、サプリメントを飲んだ。しかし何も変わらなかった。

ある朝、ロサンゼルスの小さなスタジオ・アパートメントで目覚めたとき、**片方の乳房に、**

**しこりをひとつ見つけた**。もう一方にも、しこりがあった。床にへたり込んだ。感情が麻痺し、自分はこのまま死ぬのかと思った。なぜこんなことになったのかと自問した。

大きな障害に直面するのはこれが最初ではなかった。子どものころ、家族の暮らしは厳しく、食べ物や生活必需品を買うお金にも事欠いた。家庭内暴力に遭ったし、少女時代に性的虐待も受けた。それは無意識レベルの感情に傷を残し、成人後も彼女を苦しめた。

乳房にしこりを見つけた朝、もう闘うのはうんざりだと思った。これまで闘いつづけてきたけれど、これ以上は無理だ。ひどいことばかりだった過去にも、ひどいことが起きつづけている現在にも憤りを覚えた。包み隠さずインタビューに答えてくれる彼女の勇気に僕は感服した。

## 食べ物から人間関係まですべてを変える

だが、心が静まったとき、内なる声が自分に、感謝できることを探しなさい、と語りかけてくるのが聞こえたという。「これはあなたを打ちのめすためではなく、あなたのために起きたことだ」という語りかけだった。シンシアは、**自分が「犠牲者」のアイデンティティをまとっていた**ことに気づいた。そして、自分と同じような過酷な境遇で、同じように絶望し、敗北し、自分には価値がないと感じている人が大勢いることにも気づいたとき、そんな人びとを助けることが自分の使命なのだと思い至った。

とはいえ、まずは自分を救い出さなくてはならない。症状について調べ、あらゆる角度から

郵 便 は が き

料金受取人払郵便

渋谷局承認

6974

差出有効期間
2024年12月
31日まで
※切手を貼らずに
お出しください

150-8790

130

〈受取人〉
東京都渋谷区
神宮前 6-12-17
株式会社 ダイヤモンド社
「愛読者クラブ」行

本書をご購入くださり、誠にありがとうございます。
今後の企画の参考とさせていただきますので、表裏面の項目について選択・ご記入いただければ幸いです。

ご感想等はウェブでも受付中です（抽選で書籍プレゼントあり）▶

| | | | |
|---|---|---|---|
| 年齢 | （　　　）歳 | 性別 | 男性 ／ 女性 ／ その他 |
| お住まいの地域 | （　　　）都道府県　（　　　）市区町村 | | |
| 職業 | 会社員　経営者　公務員　教員・研究者　学生　主婦<br>自営業　無職　その他（　　　） | | |
| 業種 | 製造　インフラ関連　金融・保険　不動産・ゼネコン　商社・卸売<br>小売・外食・サービス　運輸　情報通信　マスコミ　教育<br>医療・福祉　公務　その他（　　　） | | |

DIAMOND 愛読者クラブ　メルマガ無料登録はこちら▶

書籍をもっと楽しむための情報をいち早くお届けします。ぜひご登録ください！

- 「読みたい本」と出合える厳選記事のご紹介
- 「学びを体験するイベント」のご案内・割引情報
- 会員限定「特典・プレゼント」のお知らせ

## ①本書をお買い上げいただいた理由は？
（新聞や雑誌で知って・タイトルにひかれて・著者や内容に興味がある　など）

## ②本書についての感想、ご意見などをお聞かせください
（よかったところ、悪かったところ・タイトル・著者・カバーデザイン・価格　など）

## ③本書のなかで一番よかったところ、心に残ったひと言など

## ④最近読んで、よかった本・雑誌・記事・HPなどを教えてください

## ⑤「こんな本があったら絶対に買う」というものがありましたら（解決したい悩みや、解消したい問題など）

## ⑥あなたのご意見・ご感想を、広告などの書籍のPRに使用してもよろしいですか？

1　可　　　2　不可

※ご協力ありがとうございました。

栄養について探求した。ホリスティック・ヘルスと心理学を学べる学校と研修プログラムに参加した。瞑想とハーブについても学び、食物過敏や体重減少を妨げる抵抗力を意識しはじめ、身体を正しくデトックスし浄化する方法を発見した。

スピリチュアルな実践を試したときは、それが他のすべての努力を統合してくれることを体験した。学んだことを生活に取り入れた。結果が出はじめるまでに時間がかかったが、**やりつづけたら症状は完治し、身体も心も癒やされたと感じることができた。**シンシアは自分が学び、体験したことをシェアしたいと思った。

科学、心理学、スピリチュアルな実践を組み合わせて、同じ苦しみを抱える人たちとも協力し合った。そして、人びとが変容を遂げるのを見た。体重が減り、肌がきれいになり、活力を得ただけではなく、不健全な人間関係を解消し、情熱を注げない仕事をやめ、自分が何者であるかを知り、自分は偉大なことを成し遂げるために存在していることを知った。食べ物に関する知識は、シンシアが彼らに伝えたことの、ほんの一部にすぎない。

## 栄養改善は生活変革とセットで行う

体重と格闘している人びとにとって問題は決して食べ物ではないことにシンシアは気づいた。問題はもっと大きな飢えにあった。それは、食事を変えることと、心理的・スピリチュアル的実践を組み合わせなければ満たせない飢えだ。彼女はそのメソッドを「生活変革栄養（トランスフォーメーショナル・ニュートリション）」

と呼んだ。**食事だけでなく生活全体を変革する方法**だからである。そうして「生活変革栄養研究所」を設立し、コーチたちに、個々のクライアントのニーズに合わせた食事計画の立て方を教えている。

僕が一人ひとりに合わせた栄養へのアプローチが好きなのは、問題が食べ物にある場合と、食べ物ではない場合を区別してくれるからだ（そうでなければ、いつの間にかクッキーを食べている理由がわからない）。それに、同じものを食べても効果はそれぞれ違うということをずっと前から知っていたからだ。『自分を変える最強の食事』の全カテゴリーに「やや注意が必要な食品（人によってはハイリスクな食品）」を含めたのも、それが理由である。

シンシアは、人によって食品の影響はさまざまだということを前提に、心理学的・スピリチュアル的ニーズも考慮に入れて、個別の食事プロトコルをつくっている。これにはクライアントを変貌させる魔法のような力がある、と彼女は言う。

## 満腹でも「感情」のせいで食べてしまう

シンシアの物語は極端に思えるかもしれないが、実際にほとんどの人は、つねにではないにしても、感情のせいで食べている。うれしいから食べ、怒っては食べ、退屈しては食べ、悲しんでは食べ、その他もろもろの感情に引きずられて食べている。感情に依存した摂食行動は文化に深く根づいているので、自分がそうしていても気づきにくい。だがシンシアによれば、感情的理由で食べていると気づくのは簡単だ。要するに、**空腹以外の理由で食べているときは、すべて感情にひきずられて食べている**のである。

何かうれしいことがあったときに、好きな食事でお祝いをしてはならないと言っているのではない。感情に依存した摂食が問題になるのは、それが度を超した場合だけだ。シンシアはこの習慣を突き止めるために、以下のわかりやすい徴候を挙げている。

・空腹ではないのに、おかわりをする。
・興奮するような良い知らせがあったら、まずはお祝いの食事をすることを考える。
・退屈を感じたとき、食べることが完璧な解決法に思える。
・何かを食べていると安心感を覚える。
・友人や愛する人につらい思いをさせられたり、腹を立てたときは、おいしいものを食べて自分を慰めるのがお決まりのパターンになっている。
・ストレスを感じたり、仕事に押しつぶされそうになると、食べ物に慰めを見いだす。
・ダイエットに失敗してがっかりしたとき、好物をやけ食いして気分を盛り上げようとする。
・食べ終わったら、どんな味だったか思い出せない。

次の症状もシンシアのリストにあるが、僕の経験では、これらは感情的な理由だけでなく生物学的な理由によっても引き起こされる症状だ。すなわち、身体に合わないもの、食品ないし環境中の毒素、化学添加物（たとえばMSGなど）を摂取したときにも起こる。**以下のグループの症状だけなら、あなたの問題はおそらく生物学的なことであって感情的なことではない**。両方のグループにまたがって症状が見られるなら、両方の原因を調べよう。

・急激に空腹感に襲われ、我慢できなくなるほど食べたくなる。
・食べたあとでも空腹を感じる。
・特定の食べ物だけ、無性に食べたくなる。

右のリストに照らして、自分はただ食べすぎではなく、悪いものを食べていると思ったなら、次のHACK24に従おう。

**やるべきこと**

- 不快な気分のときに何を飲み、何を食べているかに注意を向けよう。
- アプリを使って、食べているものを記録しよう。ただし、カロリー追跡を売りにしているものは使わないこと（アプリでのカロリー追跡はほとんどフィクションだ）。「Rise Up + Recover」（英語）は、すでに感情的摂食に走る傾向を自覚している人にお勧めのアプリだ。「Ate Food Journal」(英語)は、食事のログをとることができるアプリだ。これで自分が食べていると思っているものと実際に食べたものを、あとから比較できる。
●自分が何を欲しているのかわからなければ、セラピストに診てもらうことを検討しよう。

# HACK 24 ▼「おばあちゃんの教え」のとおりに食べる

大昔から受け継がれてきた知恵は、僕たちの先祖に、何を、いつ、どうやって食べるかを教えた。だが、現代の巨大食品産業は、その食の知恵を安価なファストフードに置き換えてしまった。

自らのルーツに立ち返り、あなたの国の数世代前の人びとが食べていたものに注目しよう。あなたの遺伝的な背景は、あなたにとって何が最良の食べ物かを決定する要因になるかもしれない。また、国を越えてほとんど世界共通のものとなって100年以上が経つ、良い食習慣もある。それらから学ぼう。

## 食の「工業化」で食生活がめちゃくちゃになっている

バリー・シアーズ博士は、栄養がホルモン反応、遺伝、炎症に及ぼす影響に関する栄養学の一大権威だ。「ゾーン・ダイエット」という言葉はたぶん聞いたことがあるだろう。1995年に大人気を博し、抗炎症医学という分野にはじめて社会の注目を集めた一連の書籍シリーズのタイトルだ。

シアーズ博士の業績はすばらしい。癌治療のための静脈内薬物送達システムと心疾患治療のためのホルモン調整の分野で40本の科学論文を書き、アメリカで14件の特許を持っている。非営利の炎症研究協会を設立して会長を務め、糖尿病、心疾患、神経疾患の治療のための新しい食事療法の開発を続けている。

シアーズ博士いわく、**あなたのおばあちゃんは21世紀のバイオテクノロジーの最前線に立っていた**。おばあちゃんは何が有効で何が有効でないか、1000年の観察に基づいて蓄積されてきた先祖伝来の知恵を持っていた。ところが第二次世界大戦後、僕たちはその知恵を軽視しはじめた。

食品は巨大産業になった。失われたものは、地産地消であり、その日に必要な量だけ近所の食料品店や農家から買うという購買行動だ。戦後、企業は食品生産を機械化・工業化し、自分たちが提供する「食品」は身体に良いだけでなく、おいしくて安価だと消費者に吹き込んだ。それから数十年、負の影響など考えずに、社会は食品生産の工業化へと邁進してきた。その結果、最悪レベルの肥満と疾病を生じ、身体の遺伝子の構造まで傷つけてしまった。

**遺伝子の変化は世代から世代へと受け継がれる。**あなたがいま食べているものは数年後、子どもたちに影響を与える。だから、おばあちゃんのように、あるいはひいおばあちゃんのように食べることだ。危険にさらされているのは、あなたの健康だけではない。次の世代の人びとにとっては、あなたが頼りなのだ。

## 遺伝子の期待が満たされないと「病気」になる

僕は栄養学の最もすぐれた知性から学びたいと思って、ケイト・シャナハン博士にたどり着いた。疲れを知らない研究者で、栄養学界で大きな影響力を発揮している。バスケットボールのLAレイカーズとも密接に仕事をしてきた（伝説のスーパースター、コービー・ブライアントは生前、彼女を全面的に信頼していたそうだ）。コーネル大学で生化学と遺伝学を学び、開業医の資格も持っている。研究を続ける過程で、シアーズ博士と同じ見解を持つようになり、『深甚なる栄養』（未邦訳）を執筆するに至った。一読の価値がある本だ。

シャナハン博士は、**人間は遺伝子の期待が長期にわたって満たされないときに病気になる**と説明する。遺伝子レベルまで掘り下げて健康を考えようとすれば、それなりの年齢の人なら、きのうとか先週に食べたものだけでなく、過去数年あるいは数十年にわたって食べてきた物や、続けてきたライフスタイルを振り返らなくてはならない。両親や祖父母の代にまで目を向ける必要もある。

シャナハン博士は、完璧な肉体で最高のパフォーマンスを実現しているスター選手のために働いてもきたが、そんなアスリートでも一日に何十本もキャンディバーを食べるそうだ。そんなことを続けていると、すぐにではなくても、いつか必ずつけが回ってくるという。

優秀なアスリートは、先祖代々栄養状態がよく、不健康な食習慣から健康を守る砦のような遺伝子を持っている。逆に、先祖の栄養状態が悪く、飢えに悩んでいたとすれば、それが遺伝子を損ない、そのために、あなたが健康上の問題を起こしやすくなるかもしれない。つまり、**あなたの問題は、もしかしたら親のせいかもしれない**のだ。

シャナハン博士によれば、ピザとスナックばかりを食べていたら、悪い結果が出る。正確に言えば、あなたの子や孫にその結果が出る。僕は最初に書いた『ベター・ベビー・ブック』（未邦訳）という本でもこの問題を探求したし、自分の食生活を通して子どもたち（と孫たち）に良いものを伝えたいと願っている。あなたもそう思うだろう。

## 食べ物はカロリーではなく「情報」である

栄養学の話を、マーク・ハイマン博士抜きに終わらせることはできない。ニューヨークタイムズ・ベストセラーに11回も登場した著者で、有名なクリーブランド・クリニックの機能性医学部長だ。博士はつねづね、食べ物はただカロリーを身体に運び込むだけではない、食べ物は情報だ、と言っている。実際、**食べ物には身体のすべての細胞や遺伝子に伝えられるメッセージが含まれていて、リアルタイムで遺伝子の発現に影響している。**これが食べ物の質に注意することがきわめて重要な理由だ。

要するに、そろそろおばあちゃんの知恵に立ち返るべき時が到来したのである。原始人のように食べる必要はないが、たしかに本物の食品を食べなければならない。

## おばあちゃんの「4つの教え」

シアーズ博士、シャナハン博士、またハイマン博士の話を総合すると、おばあちゃんが語り、実践していた4つのことが浮かび上がる。そして、それは現代の最先端の知見と合致する。

### ❶おばあちゃんは、食べるときは量を控え、何度も食べてはいけないと言った。

おばあちゃんがそう言ったのは、食べ物がとても高価だったからだ。シアーズ博士いわく、身体に良い食事かどうかを判定する良い方法は、**食べ終えて何時間後に空腹になるかに注意すること**だ。食後5時間が経ってもお腹が空かないなら、代謝が適切に働いていて、その食事は身体の生化学と遺伝学にとってホルモン的に正しいものだったといえる。

もちろん、おばあちゃんは5時間おき以上に頻繁には食べることができなかった。仕事で忙しかったし、今日のようにインスタント食品など手に入らなかったからだ。そのうえ、健康で満足のいく食事をしていたから、1~2時間で血糖値が急降下することもなかった。

**何も食べずに長時間過ごすことは、大昔から人類が続けてきた健康的な習慣だ。**頻繁に食べないからこそ、身体は蓄えた脂肪をエネルギーとして燃焼させ、ケトン（脂肪を燃料にするために肝臓が脂肪酸から生成する水溶性の分子）を生成した。奇妙な化学物質とも人工的に歪められた空腹感とも無縁だったので、何かを食べるときには心ゆくまで味わうことができた。

僕は〝完全無欠（ブレットプルーフ）〟になってようやく、「いつも何か食べたいという思いに囚われていない状態」とはこういうことかと実感した。人生ではじめて6時間、何も食べずに頑張れたうえに、「食べなきゃ死ぬ!!」ではなく、「そろそろ食事にしようかな」と、ゆとりを持って食事を楽しむことができた。シアーズ博士によれば、**それは僕の代謝が改善し、自分の遺伝子と身体にとって正しい食べ方をしている証（あかし）だ。**僕は不健全な空腹感に悩まされなくなった自分に何ができるかを学ぶことができた。

## ❷おばあちゃんは、ちゃんとタンパク質をとりなさいと言った。

特に、アミノ酸ロイシンが豊富なタンパク質を食べなさいと言った（もちろん、そんな用語は知らなかったはずだが）。20種類のアミノ酸の中でロイシンだけが、哺乳類ラパマイシン標的タンパク質（mTOR）と呼ばれる遺伝子転写因子を活性化できる。それが筋肉のタンパク質合成を増大させ、筋肉をつけさせ、加齢による筋肉減少を防いでくれる。

ロイシンの供給源となる食べ物には、**乳製品、牛肉、鳥肉、豚肉、魚介類、ナッツ**などがある。前章で述べたとおり、加齢による筋肉量減少を防ぐことは重要だから、おばあちゃんはこの点で正しい。

ただし、おばあちゃんが高タンパク質食を摂ることはなかった。タンパク質は高価だったし、植物由来であれ動物由来であれ、タンパク質の摂り過ぎは少な過ぎるのと同様に、身体に有害だからだ。

### ❸おばあちゃんは、野菜は残さず全部食べなさいと言った。

これは当然の教えだ。野菜にはポリフェノールが含まれている。それはハーブ、スパイス、コーヒー、チョコレート、茶にも見つかる化合物であり、細胞が全力で働くのに必要なものだ。いまや僕たちは、ポリフェノールは低濃度で摂取した場合でも、抗酸化遺伝子を活性化して、それが抗酸化酵素を作り出すことを知っている。

ポリフェノールが重要なのは、たいていの抗酸化物質は1回こっきりしか仕事ができず、老化や病気につながるフリーラジカルを1個やっつければ、その日の仕事はおしまいになってしまうからだ。しかし**抗酸化酵素は数千個のフリーラジカルを何度も破壊できる。**さながらフリーラジカル捕食機だ。

ポリフェノールは、高濃度では抗炎症性遺伝子を活性化し、炎症を引き起こす核因子カッパBというマスター遺伝子の活性化を食い止める。さらに高濃度になると、抗加齢遺伝子Ｓｉｒｔ１（サーチュイン1）を活性化して細胞を強化し若返らせる。ポリフェノールは発酵性繊維も含有していて、それが腸内の善玉菌のえさになる。シアーズ博士が「腸の主任彫刻士」と呼ぶほどのことはある。

シアーズ博士によると、抗炎症性遺伝子をオンにするためには、1日に約1グラムのポリフェノールが必要だ。ワインを飲めばポリフェノールの恩恵が得られると信じたがっている人が多いが、効果が出るほどの量を摂るには1日に赤ワインなら11杯、白ワインなら１００杯以上飲まなくてはならない。それでは当然、益となるよりも害になる！

濃縮ポリフェノールのサプリメントの摂取をシアーズ博士は勧めている。これが豊富な食べ物には、**ブルーベリー、ぶどう、その他の緑黄色野菜、ダークチョコレート、そして僕の個人的なお気に入りのコーヒー**がある。

明らかなことは、根っからの野菜好きでさえ、野菜を食べるだけでは健康に必要な量のポリフェノールは摂取できないということだ。僕は一日4グラムのポリフェノールを摂ると決めたので、食事にたっぷりのハーブとスパイスを加え（カレーパウダー、ジンジャー、クミン、シナモン、オレガノ、セージ、ローズマリー、タイム、パセリなどは多量のポリフェノール供給源だ）、午後にカフェイン抜きのコーヒーを飲みはじめた。ポリフェノメナルという非常に高濃度なポリフェノールのサプリメントさえ考案した。

最近、腸内細菌を分析するべくナヴィーン・ジェイン（131ページ参照）が設立した会社ヴィオームで検査を受けたところ、良い知らせと悪い知らせの両方が返ってきた。悪い知らせは、青年期に20年近く抗生物質を摂っていたせいで、腸内細菌のバランスと多様性が損なわれていること。良い知らせは、食事の高濃度ポリフェノールが功を奏していたことだ。**ポリフェノールが悪玉菌を抑え、炎症を鎮めて、僕はかつてなくスリムで健康になっている**。

この濃度のポリフェノールを食べ物だけから摂るのは、人間の能力では不可能だ。毎日大量の野菜を食べなければならず、胃が対処できない！　現代の利点を活かして、おばあちゃんの言いつけを守ろう。いまいましい野菜どもを食べよう。そして、もっと消化器官を応援するために、ポリフェノールのサプリの摂取を検討しよう。

## ❹おばあちゃんは、大さじ1杯のタラ肝油を飲みなさいと言った。

もちろん、彼女がそう言ったのは、純化したEPAやDHAの含まれた魚油や、そのさらに強力な親戚ともいうべきクリル（オキアミ）オイルが手に入らなかったからだ。

シアーズ博士が重点的に研究しているものは、人間の身体に必要だが体内では生成できない

2種類の不飽和脂肪酸のひとつ、オメガ3脂肪酸だ。

もうひとつの不飽和脂肪酸はオメガ6脂肪酸で、オメガ3よりはるかに容易に、食事を通して得ることができる。**オメガ6は炎症性のホルモンの原料で、オメガ3は抗炎症性のホルモンの原料**だが、どちらも正しい濃度なら健康に役立ち、必要とされている。

理想的なオメガ6とオメガ3の比率は3：2から3：1のあいだだ。すなわち、簡単に口に入るオメガ6を3グラム食べるごとに、食べる機会の少ないオメガ3が1～2グラム必要になる。シアーズ博士によれば、これが炎症を制御するための適切な比率なのだが、**標準的なアメリカの食事をしているほとんどの人は、なんと18：1に近い比率でオメガ6を大量に摂取している**。なぜジャンクフードを食べたときにパフォーマンスが低下するか考えたことがあるだろうか？　まずはあなたのオメガ6摂取量を調べてみるべきだ。

## 「油」を変えて脳を取りもどす

世の人びとの「炎症」の発生率は、おばあちゃんの時代以降、劇的に増大した。シアーズ博士によると、僕たちがいま闘っている病気のほとんど――肥満、糖尿病、心臓病、癌、アルツハイマー病――はすべて炎症性であることが知られている。それなのに、オメガ6脂肪酸を食事にどんどん加えて火に油を注いでいる。

## フリーラジカルを助長する死の液体「植物油」

植物油はオメガ6の主要源で、世界で最も安価な脂質のカロリー源だから、たいていの人は食べ過ぎている。極端に聞こえるだろうが、シャナハン博士は植物油を「死の液体」と呼ぶべきだと言っている。化学的にとても不安定で、放射線と同様の作用を及ぼしてDNAに直接ダメージを与えるフリーラジカルの形成を助長するからだ。**植物油を摂ることは放射性物質を摂取することに似ている**、とシャナハン博士は言った。どちらも健康を改善したい人にとっては良い選択ではない。

いまや、僕たちの食事にはかつてないほど大量の植物油が入っている。アメリカの植物油の摂取源で第2位のキャノーラ油は、1985年までは存在すらしていなかった。だが平均的なアメリカ人の身体は現在これまでになく、こうした脂質でできている。シャナハン博士によれば、人間の脂肪組織を生検（生体組織診断）にかけたら、今日のそれは50年前とは変わっている。劣化しやすくて炎症性のある液体油脂を多く含んでいるというのだ。

## 脳の「50%」は脂肪でできている

まだ植物油の怖さがピンと来ない人は、脳の50%は脂肪であるという事実について考えよう。身体が健康的な脂肪を得られないならば、脳をつくるために、なんであれ摂取した脂肪を使うだろう。シャナハン博士はそれを家を建てる工事にたとえている。「レンガ造りをご希望だというのは承知してるんですけど、材料が届かないんです。スタイロフォームなら届いたんですがねえ。もう工事を始めないといけないんで、こいつを使って様子を見てみましょう」

家と同じで、身体が全力を尽くしても、**脳が炎症性の脂肪でできているのでは、最高のパフォーマンスは望めそうにない**。

シャナハン博士は、患者たちは健康的な脂質で脳を再建するまで、自分が何者かも本当にはわかっていないのだと言う。脳が自分のもとに帰ってきたと感じられるまで、2〜6カ月はかかるそうだ。僕の経験でもそうだった。食事で摂っていた脂質を一掃して、バター、アボカド、ココナッツオイル、MCTオイル、ブレイン・オクタン・オイル〔著者が開発したオイル〕、牧草飼育牛(グラスフェッド)で作ったギー〔バターオイルの一種〕などから得られる正しい種類の脂質を増やしたとき、それまで感じたことのない大量のエネルギーと回復力が引き出された。

## 人間の身体には「飽和脂肪酸」が必要

ニーナ・テイコルツは植物油の蔓延に激しく抵抗してきた、もう一人のゲストだ。調査報道ジャーナリストで『ニューヨークタイムズ』『ニューヨーカー』『エコノミスト』といったメディアに登場し、ニューヨークタイムズ・ベストセラーの『脂肪のびっくり——なぜバター、肉、チーズは健康食品なのか』（未邦訳）の著者でもある（このタイトル、いいと思いませんか？）。
ニーナはアメリカ心臓協会（ＡＨＡ）の歴史を話してくれた。１９４０年ごろには活気のない、心臓学者たちの小さな集まりだった。当時はハインツ、ベストフーズ、スタンダードフーズといった食品メーカーが、規模と影響力を増大させていた。１９４８年、プロクター＆ギャンブルがある選考を行ってＡＨＡを受益者とすることを決めた。

一夜にして約２００万ドルが協会の金庫に入った。研究費用を得たＡＨＡは突如、アメリカ各地に支部を開設し、今日の影響力と権威を身につけはじめた。１９６１年には初の栄養ガイドラインを発表し、アメリカ人の食事は飽和脂肪酸から植物油を含む不飽和脂肪酸に切り替えるべきだと示唆（しさ）した。偶然にも、固体化した植物油であるショートニング「クリスコ」はプロクター＆ギャンブルの主力商品だった（偶然ではないかもしれない）。

## 悪い油と良い油

けれども、人間の身体と脳には飽和脂肪酸が必要だ。この種の脂肪は唯一、高密度リポ蛋白質（ＨＤＬまたは「善玉」）コレステロールを増大させるもので、ホルモンの原料であり、最も安定したタイプの脂質である。酸素に反応しかねない余計な二重結合をしないので、室温で固体なのだ。つまり、熱したときに有毒な酸化した副産物を生成しないということだ。

それにひきかえ、**植物油は多価不飽和脂肪酸であって、酸素に反応しうる二重結合が多い。**

高温にはるかに反応しやすい。特に長時間さらされるときがそうだ。

食品業界は「トランス脂肪酸」の開発によって問題を解決しようとした。植物油を固める際にできる副産物だが、これを安定させて飽和脂肪酸に似せたのだ。マクドナルドなどの企業はフライドポテトを動物性飽和脂肪酸（獣脂）で揚げていたが、コスト削減のためにその使用をやめて、固体化した植物油（トランス脂肪酸）を導入した。その脂肪酸の有害性が指摘されはじめた2007年には、レストランはそれを通常の植物油に切り替えていた。

植物油が危険なのは、**加熱した植物油は炎症を生じさせやすいだけでなく、不安定で火事を起こしかねない**からでもある。ニーナは大手製油会社の副社長に行ったインタビューのことを話してくれた。副社長は彼女に、主要なファストフード・チェーンがフライに使う油を植物油に変えて以来、深刻な問題になっていると話した。あらゆる滓や老廃物が壁にへばりついて、排水管が詰まっているというのだ。また、植物油が染み込んだ制服を洗濯するためにトラックの後部に入れると、自然発火してしまう。

**室温で固体で安定していて、酸化しない、すばらしい調理用油脂は何かご存じだろうか？　飽和脂肪酸だ**。そしておばあちゃんが調理するとき使っていたのは？　たぶんラードやバターだ。どちらもヘルシーでおいしく、キッチンに煙を充満させず、大昔から西洋文明で使われてきた。シアーズ博士は正しい。おばあちゃんは僕たちが思っていた以上に賢かったのだ。

**やるべきこと**

- 植物油（大豆油、コーン油、キャノーラ油など）を摂取しないこと――とりわけレストランでは。代わりに飽和脂肪酸（バター、ラード、ギー、ココナッツオイル、MCTオイル、ブレイン・オクタン・オイル）を使おう。オリーブオイルは加熱調理中にではなく料理が完成したあとに使うこと。
- 食べてから5時間以内に空腹になるなら、食事を調整しよう。
- オメガ3脂肪酸と魚油をもっとたくさん摂取しよう。ただし食べ過ぎないように。
- 十分だが過剰ではない量のタンパク質を、ヘルシーな動物または高ロイシンの野菜から摂取しよう。体重1キロ当たり1・1グラム、筋肉をつけることを期待するならば1・8グラムまで。
- ハーブ、スパイス、コーヒー、茶、チョコレート、緑黄色野菜をたくさん食べて、ポリフェノールをもっと摂取しよう。さらにもっと摂取するには高品質のサプリメントを検討しよう（僕は自分で開発したから「ポリフェノメナル」を使っている！）。

HACK 25

# ▼良いエサをあげて「腸内細菌」を元気に育てる

腸内細菌は想像以上に多くのことをコントロールしている。あなたを太らせ、疲れさせ、動きを鈍らせる力もあれば、もうひと頑張りのためのエネルギーを与える力もある。なんと、意気消沈させる力も持っている。

あなたの身体のハンドルを握っているのは腸内細菌なのだ。扱い方を間違うとパフォーマンスが低下する。うまく扱えば、あなたに奉仕してくれる。腸内細菌を言いつけどおりにさせる方法を学ぼう。

## 腸内細菌のバランスがあなたを生かしも殺しもする

デイビッド・パールマター博士はベストセラー本『「いつものパン」があなたを殺す』（三笠書房）の著者としてよく知られるが、**食事と脳の関係についての考え方を変えた、この分野の頂点に立つ医師**でもある。神経学者にしてアメリカ栄養学会のフェローでもあるという希有な存在だ。2つの分野で高度な知識を有するおかげで『神経学論集』『神経外科学』『応用栄養学ジャーナル』など多数の査読付き科学論文誌に論文を発表している。

マイアミ大学ミラー医学部准教授だが、同校にいないときはコロンビア大学、スクリプス研究所、ニューヨーク大学、ハーバード大学などの医療研究所が主催するシンポジウムで講演を行っている。これほど多くの分野で専門性を認められている医学のプロは稀で、そのうえ人物もすばらしい。

## カロリーを減らしても太ってしまう理由

パールマター博士の説明によれば、人間と腸内細菌叢(そう)――腸内で数百万年生きてきた細菌、ウイルス、真菌その他の顕微鏡でしか見えない生物の複雑なコミュニティ――の関係は美しく、自律的で、相利共生のものだ。これらの菌は昔から体内にいたのだろうが、ごく最近まで謎に包まれていた。人間の微生物叢について発表された専門科学誌の文献の90%までが過去5年以内のものだという。

なぜ突然、微生物叢が真剣に扱われはじめたのか? 第1に、その科学が真新しいからだ。国立衛生研究所の科学者らが微生物叢のマッピングをやっと完成させたのが5年ほど前だった。第2に、この共生関係が脅威にさらされ、それが多数の健康危機を引き起こしていることがわかってきたからだ。

パールマター博士は、**抗生物質の乱用が人間の腸内細菌叢の固体群を激減させ、著しいダメージを与えた**と考えている。このダメージは永久的なものかもしれず、微生物の減少を子どもたちの肥満の蔓延に関連づける研究も行われている。

抗生物質と肥満のつながりという観点は、新しいものではない。1950年代、畜産業界は抗生物質を与えた家畜が太ったときに、この事実を発見した。今日ではアメリカで製造される抗生物質の75%が、まさにその理由で牛に与えられている。抗生物質によって食肉生産業者は牛を太らせ、飼料代を節約している。

**抗生物質を投与された家畜は、同じカロリー量の飼料を与えられたほかの家畜よりも太る。**カロリー制限で痩せられるとか、「何から摂ろうとカロリーに違いはない」という考えが正しいのなら、抗生物質で牛が太る――人間も太る――ことの説明がつかない。

ちょっと脱線するが、**人工甘味料も腸内細菌叢の多様性を大きく毀損する。**その事実こそ、ダイエット飲料を飲む人はカロリー摂取量を減らしているのに肥満率が高いことを説明している。要するに、「カロリーの問題ではなく、微生物叢の問題」なのだ。

## 運動が腸内細菌の多様性を高める?

腸の健康は、心臓血管の健康にも関係がある。マウスを使ったいくつかの実験で、**運動したマウスはじっとしていたマウスより、はるかに腸内細菌の多様性が高かった。**[*1]

同様の関連性は人間にも認められる。2016年、科学者のチームが39人の健康な被験者（同様の年齢、同様のBMI（肥満度指数）、同様の食事摂取だが、心臓の健康レベルが異なる）の糞便に含まれる微生物叢を分析した。すると、心臓が健康な人ほど微生物叢の多様性が高かった。特に酪酸塩（らくさんえん）（牧草飼育牛の乳から作られたバターに含まれる短鎖脂肪酸）を生み出す3種の細菌が豊富なため、健康な脳に不可欠な酪酸塩の濃度が高かった[*2]（検査したところ、僕の腸内細菌は平均の1・5倍の酪酸塩を生成していた。牧草飼育牛のバターをたくさん食べているからに違いない）。

もうひとつの最近の驚くべき研究から、腸内細菌が心臓病患者の脂肪プラークのほとんど**すべて**を生成していることが判明した。[*3] 脂肪プラークは患者が食べた脂肪そのものから形成されるのではないのだ。

## 「抗生物質」が微生物叢を破壊する

これらの研究から、牛肉は、抗生物質や穀物飼料を使っていないことが明らかな牧草飼育牛のものだけを食べることが大事なのだとわかる。

穀物飼料について補足しておくと、特にグリホサート（除草剤ラウンドアップの活性成分）を加えられた穀物は問題が大きい。**グリホサートとは何かご存じだろうか？　抗生物質なのだ。**人間の微生物叢を変え、ビタミンDの利用能力に影響を与え、食物の消化の仕方を変えてしまうものだ。

今日までに、ほぼ860万トンのグリホサートが環境に放出されてしまった。そのことと、抗生物質を一定期間投与されると身体の微生物叢は破壊されて生涯回復しないというパールマター博士の指摘とを考え合わせれば、事の深刻さがわかるだろう。

抗生物質の乱用は、肥満を起こすことに加えて、抗生物質に耐性のある「スーパー細菌」の発生を促している。世界保健機関（WHO）はこれを次の10年の地球の3大リスクのひとつに認定した。

僕は前著のための調査で、人間は腸内細菌に誠心誠意尽くすべきだと考えるようになった。微生物の特定のバランスがあなたの代謝、皮膚、消化、体重も含めた生物学的状態の大部分を決定している。

過去5年間の研究で、**腸内細菌は思考の制御にも関わっていることが判明した**。腸と脳は脳腸軸と呼ばれる経路を介して絶えず連絡をとっているし、細菌の中には実際に神経伝達物質を生成する細菌もあって、脳活動に直接の影響を与えている。

## 「発酵食品」で腸内細菌を養う

腸内細菌のために僕たちには何ができるか？　おばあちゃんは意識していなかっただろうが、その助言（HACK24参照）はどれも腸内細菌叢にとって有益だ。

加工食品、工場式飼育で生産された肉、穀物飼育（グレインフェッド）の肉、あらゆる遺伝子組み換え食品（グリホサートが使われた可能性が高い）を避けよう。抗生物質はどうしても必要な場合だけに限り、健康な腸内細菌を養ってくれる食品の摂取を心がけよう。**ポリフェノールや腸内細菌のえさとなる「プレバイオティック繊維」と呼ばれる特殊な繊維を含む食品が望ましい。**

パールマター博士はプレバイオティック繊維が健康の鍵だと言う。エルサレム・アーティチョーク（キクイモ）、クズイモ、タンポポの若葉、タマネギ、ニンニク、ネギ、アスパラガス、エンダイブなどの食品に多く含有されている。冷や飯に含まれるレジスタントスターチ（小腸までで消化されずに大腸に届くでんぷんの総称）も細菌のえさになる。

**発酵食品も腸内細菌を養うのにとても大切だ。**これまたご先祖の知恵のとおり。発酵食品は、人間が土の上で育ったものを直接食べていた大昔から伝統的な食事の一部だった。それが微生物叢を肥やすとわかったのは、食品が発酵すると細菌が増すからである。キムチ、ヨーグルト、ザワークラウト、紅茶きのこは、いずれも健全な細菌を豊富に含む発酵食品の好例だ。これらの食品を選ぶのに、美食家や健康マニアになるまでもない。どれもハイパフォーマーたちが普通に食べているものばかりだ。

マーク・ハイマン博士によると、基本的にあなたの食べるひと口ずつが腸内細菌叢を変えていき、一日の終わりに腸と同じだけ全身も健康（あるいは不健康）になっている。**ものを食べるとき、あなたは文字どおり庭をつくっている――腸内細菌叢はあなたの内なる庭だ。**その庭を正しい食べ物で滋味豊かな環境にするなら、正しい草花が育つだろう。

腸の治療は、ハイマン博士が患者の生活と健康を変えるために行った最も重要なことである。栄養状態が整って腸が癒やされれば症状の90％までは消えるという。じつにすばらしい。

ハイマン博士の食事の管理基準はシンプルだ。**バーコードや成分表示の付いていない食物を食べること**。すなわち、アボカドやアーモンド、牧草飼育牛の肉、たっぷりの野菜など、本物の食品を食べることだ。

言い換えれば、ご先祖の知恵に従って食べること。おばあちゃんのように食べることだ。

**やるべきこと**

- 毎食、なんらかの食物繊維やレジスタントスターチ、そしてたくさんの野菜を食べよう。
- 加工されていない有機（オーガニック）食品を食べよう。オーガニックでも牧草飼育でもない肉は避けよう。
- 抗生物質は可能な限り避けよう。抗生物質配合飼料で飼育された動物の肉も避けよう。
- 体質に合った発酵食品を食べよう。

# HACK 26 ▼サプリで「年齢の流れ」を逆転させる

クリーンな環境の中で生き、進化してきた人間は、良質な食物によって健康を維持し、長生きもできるようになった。だが、そんな良き時代は終わった。

いまや健康のために、クリーンな空気や食物や水の不足を補うことが必要だ。栄養のある健康的な食品を食べても、それだけでは足りない。ゲームチェンジャーはすぐれたパフォーマンスを維持し、成果を上げるために、そして長生きするためにも、サプリメントを利用している。自分に合ったサプリを摂取しよう。

## 寿命のカギ「テロメア」を伸ばす

ゲームチェンジャーたちの多くがサプリメント摂取の重要性に言及した。各分野でめざましい成果を挙げている人びとは、高いパフォーマンスを実現するためにはサプリメントが必要不可欠な要素だと考えている。僕もそう考える一人だ。

ビル・アンドルーズを例にとろう。ビルは**何がなんでも老化を食い止めよう**と奮闘している。シエラ・サイエンシズのCEOで、世界屈指の抗加齢（アンチエイジング）のエキスパートだ。

ご多分にもれず、彼も個人的な興味からこの分野に入った。動機は、50年以上も前に、少年ビルに父が言ったことに端を発していた。「なんでだれも老化を食い止められないのか、理解できない。ビル、おまえは科学に興味があるんだから、大きくなったら医者になって老化の治療法を見つけるべきだ」。以来、そのことに取り憑かれている。

## 化学物質で「テロメラーゼ」のスイッチを入れる

ビルは何十万という化合物を調べたのちに、研究の中心をテロメアに定めた。テロメアとはDNAの末端にある構造で、染色体が複製されるときにDNAをダメージから守るものだ。歳を重ねるごとにテロメアは短くなって、DNAを守る能力が衰える。最終的には遺伝暗号の末端がすり切れて、病気や死のリスクを高めてしまう。

1993年、テロメアが時とともに短くなることが老化の原因かもしれないと知って以来、ビルは自分の使命を確信した。**テロメアが短くなるのを防ぐこと、いや、ふたたび長くするために努力すること**を誓ったのだ。ビルの会社、シエラ・サイエンシズはその使命に捧げられている。

テロメアを維持するために働いているのが、テロメラーゼ遺伝子だ。ビルの説明によると、身体のどの遺伝子も電灯のスイッチのようにつけたり消したりできる。そしてそのスイッチは概して遺伝子と染色体の近くにあるタンパク質である。ビルはテロメラーゼのスイッチをくまなく探したが、7年が経っても見つけられなかった。世界中の他のどこの研究室でもそうだ。

ビルはこのアプローチをいったん保留にして、プランBに着手した。さまざまな化学合成品（薬品）を細胞に加え、それがスイッチをつけたり消したりできるか、スクリーニングすることにしたのだ。それができる薬品は、見つけたいと思っているタンパク質と結合すると考えられる。要するに、その薬品は目当てのタンパク質を引き上げる釣り糸であり、同時にテロメアを長くして寿命を延ばす可能性がある治療薬としても働くということだ。

ビルとそのチームが採用したこの方法は非常にうまくいった。しかし、それを始めたとき、世界中の科学者から、それは不可能だ、テロメラーゼ遺伝子をオンにする分子を見つけることなどできないと言われた。**今日、ビルが発見したテロメラーゼ遺伝子をオンにする化学物質は900種を数える。**これがゲームチェンジというものだ！

## ライフスタイルとストレスも大きく影響する

第14章で詳しく取り上げるエリッサ・エペル博士は、ノーベル賞を受賞したエリザベス・ブラックバーン博士との共著『テロメア・エフェクト』（NHK出版）の著者だ。ブラックバーン博士はテロメアとテロメラーゼの役割を発見した。

エペル博士にはブレットプルーフ・ラジオで、テロメアとストレスについて論じてもらった。僕たちは、アンチエイジングの分野でサプリメントが果たせる役割はあるか、ということについても話し合った。博士の短い答えは「たぶんあります」だったが、ライフスタイルの要因とストレスも同様に重要だと感じていると付け加えた。

いずれにせよ、ビルもエペル博士も、テロメアを長くしたり短くなるのを遅らせたりすることが、**老化防止だけでなく幅広い健康問題（とりわけ細胞分裂に関係のある疾病）にも影響を与える**と考えている。そのような疾病には、癌、心臓病、アルツハイマー病、骨粗鬆症（こつそしょうしょう）、筋ジストロフィー、免疫障害、その他の多くが含まれる。

ＨＩＶ（ヒト免疫不全ウイルス）やその他の変性疾患のある人でさえ、テロメアを伸ばせる物質の摂取から恩恵を得られる可能性がある。エイズに由来するすべての疾病の主要因は、免疫細胞におけるテロメアの萎縮の加速化だ。これがエイズウイルスに感染した人のＴ細胞がなくなる原因である。

そうした役割を果たせる高度に専門的なサプリメントはいまのところ非常に高価だが、いつまでもそうではない。多くの人びとが、**良好な免疫系が加齢を逆転させる**という考えを支持するようになれば、サプリの価格は下がっていく。１９８５年には2万５０００ドルだった携帯電話の価格が、いまやほぼゼロにまで下がったのと同じことだ。その日が来るのが待ち遠しい。

## 「ビタミンK2」で歯・骨・心臓の健康を保つ

不死の追求は、生きているうちにしなくてはならない。短気こそ美徳というものだ。僕はいまの自分の肉体を改善し長持ちさせる方法を学ぶために、栄養不良問題を研究するエキスパートを探した。ケイト・レオーム＝ブリュー博士は過去10年間、自身が開発した医学的・生物学的トレーニングを使い、ビタミンK２の役割について調べ、あまり知られていないが強力なこのサプリメントについて国際的に発言してきた。

### 本来、虫歯は食事で治せる

レオーム＝ブリュー博士がはじめてビタミンK２に興味を持ったのは、２００７年に歯科医ウェストン・Ａ・プライスの本『食生活と身体の退化』（恒志会）を読んだときだった。１９３９年に刊行されたこの画期的な本は、ネイティブ・アメリカン、ピグミー、アボリジニーら先住民族コミュニティが、工業生産された食品を摂取しはじめてから健康を害したことを実証したものだ。数カ月後、彼女はビタミンK２について調べだして、その効果とプライスの本で読んだことに驚くべき結びつきがあると気づいた。

１９３０年代に、ウェストン・Ａ・プライスがスイスからアフリカまで世界を旅したとき、歯並びが良く、白くて、虫歯のない健康な歯を持つ人びとのコミュニティを見つけた。だが衝撃的なことに、彼らは歯磨きもデンタルフロスもせず、歯医者すらいなかった。**見事な口腔衛生を良質な食事で保っていた**のだ。

さまざまな食品から成る彼らの食事には、高濃度のビタミンやミネラル、特に脂溶性のビタミンが含まれていた。非常に高濃度のビタミンAとビタミンDのほかに、見たことのないもうひとつの脂溶性ビタミンが高濃度で含まれていた。それが何かはわからなかったが、DNAを活性化して食事に含まれる他のビタミンやミネラルを利用できるようにすることが観察できたので、プライスはそれを「活性体X」と呼んだ。

活性体Xを研究した結果、それがビタミンAとビタミンDと連動して虫歯を治すのに非常に役立つことがわかった。実際、プライスは歯に穴を開けて人工物で埋める補綴治療をやめて、栄養の側面から治療にアプローチしはじめた。

そしてプライスはのちに、治療開始前の虫歯だらけの口の中の写真と、虫歯がきれいに塞がった治療後の写真を発表した。栄養で歯を治せることを発見したのである。**歯は正しい栄養を摂取していれば治るようにできている**のだ。

ある種の食物には活性体Xが多量に含まれていることにプライスは気づいた。その中には、僕のお気に入りの栄養源である牧草飼育牛の乳から作られたバターも含まれている。

## カルシウムを正しい場所に確保する

活性体Xは長年謎のままで、医学・栄養学界の議論のテーマだった。活性体Xはほかでもないビタミンビタミン K2であると科学者が知ったのは、2008年のことだった。

同じころ、カルシウムのサプリが心筋梗塞(しんきんこうそく)と心臓発作のリスクを高めてしまうという問題についての研究が数多く発表された。カルシウムを補充することは本来、危険でも安全でもないとレオーム＝ブリュー博士は指摘する。**必要なのは、身体がカルシウムを安全に使える方法を見つけて、身体の正しい場所に送り届け、動脈から遠ざけることだ。**ビタミンK2は、まさにそのために役立つ栄養素だった。

カルシウムが必要な身体の部位は骨と歯であり、カルシウムはまさしくそこで不足しがちだ。不足すると、このミネラルはあるべき部位から浸出し、骨や歯に小さな穴が残る。それが骨粗鬆症と虫歯なのだ。裏を返せば、骨粗鬆症や虫歯になる人たちは、あるべきでない箇所にカルシウムを蓄積していることが多い。たとえば、動脈、腎臓、踵骨棘(しょうこつきょく)〔踵(かかと)の骨の異常突起〕、乳房組織などだ。このようにカルシウムの必要性に関しては矛盾した状況が存在し、カルシウムが間違った場所に入ると危険なことになる。

そこに、カルシウムをつねにあるべき場所に保ってくれるビタミンK2の出番があることがわかった。特定のビタミンを摂取することで骨の健康と歯の健康を高め、心臓の健康まで保てるというのはすばらしいことだ。僕がビタミンK2を摂取しているのは報酬がリスクを補って余りあるからだ。

## 栄養不足と精神障害のつながり

僕は何年も前からビタミンK2のすごいパワーを受け入れてきたが、身体をデトックスするサプリメントからもすばらしい恩恵を受けている。それについては、この分野の先駆者の一人、ウィリアム・J・ウォルシュ博士をインタビューした際に受けた影響が関係している。**栄養不足と精神障害の関連を発見した人だ。**過去30年にわたって博士は、行動障害、注意欠陥障害（ADD）、自閉症、臨床的うつ病、不安神経症、双極性障害、統合失調症、アルツハイマー病の患者の生化学的な治療を発展させてきた。

すべての始まりは35年以上も前のこと、博士がシカゴ地区の刑務所ボランティアとして暴力犯罪者たちの生化学を調べだしたときだ。**多くの暴力犯と前科者の血液中に非常に高濃度の微量金属が含まれていることがわかった。**

さらに研究を進めると、銅のような金属は神経伝達物質に直接影響することがわかった。ウォルシュ博士は栄養療法を用いて多くの犯罪者たちを治療した。それ以来、博士は前述のような幅広い疾病の治療に同様のプロトコルを使ってきた。

## 「エリート」はサプリにお金をかけている

これはサプリメント療法の特殊なケースかもしれないが、そのような場合にだけ有効というものではない。精神障害とは無縁の人も、正しいサプリ療法でパフォーマンスを高めることは可能だ。

僕は10年以上にわたってアンチエイジングの非営利団体をボランティアで運営しているが、そのおかげで、サプリメントの持つパフォーマンス向上効果に早くから触れることができた。**サプリは僕の脳を改善し、夫として、父として、起業家としての能力を高めてくれた**。ここ10年、サプリを利用して栄養摂取を完璧にしようとするエリートパフォーマーたちが激増している。プロのアスリートに限った話ではない。ほとんどすべての分野のエリートがサプリを使っている。

つい最近、僕は幸運にもダン・ペーニャに会った。資本金を500億ドルに増やした立志伝中の人物だ。ブレットプルーフ・カンファレンスの講演の依頼を受けてくれたときに、なんて活力と若さにあふれているのだろうと感心した。70歳を超える高齢だが、半分ほどの歳の人と比べても十分に若々しく、僕よりもエネルギッシュだ。

スコットランドにあるダンの城で開催されたディナーの席で、彼の若さの秘訣がわかった。

僕がサプリの錠剤を入れたケースを取り出したとき、居合わせた人のほとんどは錠剤の多さを笑ったが、ダンは僕を見ながら「私のほうが大きいよ」と言って自分のケースを出し、サプリの管理に使っているスプレッドシートを見せてくれた。

僕は驚いたが、そこは驚くところではないと反省した。サプリを摂取しないのは、能力を高めてくれるごちそうが目の前にあるのに、食べずにテーブルを立つのと同じことだ。**トップパフォーマーはリターンが大きいサプリにお金をかけている**。

体質的にサプリを受けつけなくて、尿と一緒に流れ出るのが心配だという人もいるだろうが、気にすることはない。僕のおしっこにも、吸収しきれなかったサプリの成分がたっぷり含まれているはずだ。

**やるべきこと**

- あなたの身体の土台を以下のサプリメントを摂取して健全に保とう。ビタミンD3、ビタミンK2、ビタミンA、マグネシウム、クリルオイル／オメガ3脂肪酸、銅、亜鉛、ヨウ素、チロシン、メチル葉酸を含むメチルビタミンB12。
- 植物由来のポリフェノールのサプリを摂取しよう。
- 機能性医学の専門医に栄養レベルを検査してもらうことを検討しよう。
- あなたが望む効果をもたらしてくれるサプリの組み合わせを見つけ出し、それがどんな効果をもたらすかを確かめてみよう。

# 第9章 テクノロジー とうに「未来」は到来していた！

## 自分の身体の「反応」を見る

パフォーマンスを向上させる秘策を求めて、僕は長年、自分の身体をモルモットのように使っているが、こんなことをしている自分はよほど変人なのだろうかと思ってきた。だが、**自分を実験台にしているのは僕だけではなかった**。成功するために何が重要かという問いに対するゲームチェンジャーたちの回答で、「自分で試す姿勢」はトップ20に食い込んだ。

ブレットプルーフ・ラジオはバイオハッカーを招いてしゃべらせるのだから、そういう回答傾向が出るのは当然だと思うかもしれない。それはそのとおりだ。とはいえ、ありとあらゆる分野で、トップクラスの人が高度なパフォーマンスを維持できているのは、成長するための新しい方法を見つけることに熱心だからでもある。

## 身体で起こっていることを「定量化」する

自分で試して発見するためには、自分の身体でいま何が起こっているかを定量化し、それをふまえて望ましい行動をすることが必要だ。

身体のコンディションは知的・精神的なパフォーマンスに影響する。それを裏づけるエビデンスが多数あるというのに受け入れず、いまだにバイオハッキングに懐疑的な人もいる。そんな人たちに言いたい。**夜遅くまで羽目をはずした翌朝に、難しい問題を解いてみてほしい**と。身体と頭脳のつながりが感じられるはずだ。

あなたのパフォーマンス――感情と認知の表出――は、あなたの身体の状態をダイレクトに反映する。だから生物学的状態の測定が重要なのだ。

しかし、数値化それ自体は、不揃いなボタンを集めるようなもので、趣味でそれをやるなら楽しいかもしれないが、生産的ではない。データは活用してこそ意味を持つ。バイオハッキングを知識に終わらせず、実際に役立てるためには、行動が必要だ。

そのためには次の3つのステップが必要だ。

第1に、身体に起こっていることを定量化する。

第2に、何をどう変えるべきかを見極める。

第3に、そのために必要なことを実行する。

## 身体感覚という「センサー」を使う

幸い、人体にはバイオフィードバックに使える手ごろなセンサーが搭載されている。「感覚（フィーリング）」と呼ばれるのがそれで、測定機器が使えないときでもリアルタイムのデータを提供してくれる。

僕が栄養について書いたことをあなたが試したとしよう。うまくいかないと感じたなら、それはあなたにとって有効な方法ではなかったということだ。臨床試験にかけるまでもない。

**一日の終わりに、「効果があった」と感じるか「うまくいかなかった」と感じるか**は、身体が望ましい方向に変わっているかどうかを判定する、最も信頼できる実証実験なのだ。

全世界から集めたすべてのデータよりも自分の感覚に価値があるのは、ほかのだれがどうであれ、あなたが「うまくいかない」と感じたならば効果はなく、「効果がある」と感じたならば望みどおりの結果をつかむうえで役に立つとわかるからだ。

もちろん、身体感覚だけでなく詳細な生物学的データも得られるなら、うまくいかなかった理由を掘り下げて効果を出す方法を見つけられるかもしれない。

## 「なんでも試す人」が先行者利益をつかんでいる

バイオハッカーとしての僕の歩みは、テクノロジーとコンピュータ科学に対する愛が出発点だった。僕は人工知能（ＡＩ）が「意思決定支援システム」と呼ばれていたころ、その分野で学士号を取った。当時、ＡＩには賛否両論あって、ＡＩで終身在職資格を得ようとする研究者はいなかったし、卒業する学生は、ＡＩが専門だと言ったら雇ってもらえないと忠告されていたような時代だった。

それ以後、ネットワーク上にクラウドが形成されて、世界は膨大なコンピュータ能力を保持するに至った。**いまや、ありとあらゆるごく些末な事項まで追跡し、系統立て、別のありとあらゆる細かな事項と比較対照することができる。**処理能力の無駄づかいを気にする必要もないほどだ。

そんな世界に、僕は情熱を燃やしていた。それが最も意義のある仕事のように思えた。その道で努力して、成功した。好きなことで大金を稼ぎ（そして失い）、夜にはコンピュータの夢を見た。

ところが、ある朝、目覚めると、テクノロジーを構築することに情熱が持てなくなっている自分がいた。テクノロジーを使って何か重要なことを解明したいと思うようになっていたのだ。それが僕がバイオハッキングに進路を変えた瞬間だった。

## 膨大なデータから「何が有効か」がわかる

僕がテクノロジーを構築する情熱を失った理由のひとつは、当時、コンピュータは無関係なデータの集合から意味のあるパターンを見つけ出すことがひどく苦手だったからだ。

しかしここ数年、新世代のプログラマーたちがクラウドの構築などよりもはるかに重要なことを成し遂げた。人間の脳と同じようにコンピュータを動かす方法を見つけたのだ。それは「ニューラルネットワーク」とか「機械学習」などと呼ばれている。要は、コンピュータに対し、何が重要なのかを見つけてこい、見つけたら報告しろ、と命令できるようになったということだ。厳密には少し違うが、まあ、そんなところだ。

機械学習のアルゴリズムを使って数十万人もの生物学的データから新たな相関関係を見つけ、**どんな方法がパフォーマンスの向上に有効かを解き明かそうという試み**は、まだ緒に就いたばかりだ。

たとえば、ポール・ザック博士（詳細はHACK31で）はこうした新技術を使って、何が人間のオキシトシン値を上昇させるのか、どれくらい上昇させるのかについて、血液検査もせずに、信頼できる結論を導き出した。

研究者は新しいテクノロジーとそこから得られるデータを使って、パフォーマンスの向上や病気治療になんらかの方法が「なぜ有効か」、そのとき体内でどんなメカニズムが働いているかを解明できるようになったのだ。

だが、そうした研究は何年もかかることが多い。結果が出るまでのあいだ、研究者ではない僕たちは、**なぜ有効かはわからなくても、「何が有効か」という発見の恩恵を享受することが**

**できる**。機械学習によって、ある具体的な介入——栄養でも、サプリでも、睡眠でも、瞑想でもなんでもかまわない——が90％の人に効果があるとわかれば、なぜ有効かはわからなくても実行すればよいのだ。

このような実践的な知識が社会に浸透するまでに、昔は何世代もかかったものだ。修道院で瞑想をする修道士は、身体に搭載された感覚という名のセンサーを使って、瞑想にとって何が有効だったか、何が無効だったかを次世代のために書き残した。

今日、ニューロフィードバックを扱う僕の会社の新規事業では、超ハイパフォーマーからの脳波のサンプルを毎秒2万4０００件も集め、ほぼ瞬時にパターンを見つけてくれるマシンに放り込んでいる。瞑想に励んだ修道士がこのテクノロジーを使っていたとしたら、どんなことが起こっていただろう。

健康の分野で、**多くのビジョナリーは、根拠を失った古い常識の呪縛を断ってデータに従い、めざましい結果を出してきた**。いまや、理由が定かではなくても有効性が実証されたらやってみる、「自分で試してみる」という進取の気性を持つ人たちが増え、多大な利益を享受している。

何が有効な方法か、何が正しい選択かを確認するために身体のセンサーを使おう、データを使おう。それは人類にとっての大きな変化だ。僕は本当にわくわくしている。

# HACK 27 ▼身体のすべてを「数値化」して改善する

あなたには自分で選んだパフォーマンスのレベルに到達する能力がある。どう変わりたいかを決めて、現状を測定して、動きだそう。その結果をチェックしよう。それを何度もくり返そう。

人間の健康状態から得られる膨大なデータが入手できるようになったいま、あなたは前の世代の人びとを超えることができる。専門家でなくても、だれもが平等に必要な情報にアクセスできる時代になったのだ。必要とあらば、テクノロジーが身体メカニズムの調整を助けてくれる。

## 「自分で調べる患者」は治りが早い

ウィリアム・デイビス博士は循環器専門医で、反穀物の狼煙(のろし)を上げて栄養や健康についての考え方を変えた人だ。グレインフリー〔穀物不使用〕の生活スタイルを唱道する改革者であり、有名な『小麦は食べるな！』（日本文芸社）や『医者いらず』（未邦訳）の著者でもある。

博士はグルテンの危険性についてごく初期に警鐘を鳴らした医師の一人だ。医学界で高い評価を得ている人がアメリカ人の標準的な食生活パターンに異議を唱えて、キャリアを棒に振るリスクを冒すのは珍しい。だが、デイビス博士はゲームチェンジャーなのだ。

## 医師任せにせず自分で健康を管理する

インタビューで博士は人びとの健康管理法が大きく変わってきていると語った。元気になる方法を医師に教わるのではなく自分で探しはじめたというのだ。医学的な研究結果やデータが入手しやすくなったことや、**健康状態をモニターできる手ごろなツールやアプリ（心拍数、運動、睡眠、基礎体温など多種多様なものがある）が出回っている**ことが背景にある。

この変化を博士は歓迎している。アメリカの医療制度が破綻寸前だと考えているからである。アメリカでは医療産業（ヘルスケア）がＧＤＰ（国内総生産）の17・5％を占めている。これに対して建築（住宅および商業施設）は7・5％にすぎない。製薬会社、保険会社、病院、医療機器メーカーなどから成る巨大産業は莫大な利益を生んでいる。

**医療産業は繁栄しているが、アメリカ人は病んでいる**。博士に言わせれば、医療産業が患者のケアよりも利益を重視しているからだ。この業界が不道徳だというのではない。目標を達成するための意思決定は上手になったが、目標が間違っているので、不道徳に見える行動をしてしまうのだ、と博士は指摘している。僕に言わせれば、見えるだけではなくて実際に不道徳だ。こんな現状はだれも望んでいないと思いたい。

良い知らせは、いまやキーボードを数回たたけば、医療や健康に関する情報、専門家のリスト、研究結果、データの宝庫にアクセスできるということだ。医学情報を入手して理解できるのは医者だけという考え方は、もはや真実ではない。デイビス博士は今後の数年で、ますます多くの人びとがテクノロジーを使って自分の健康を自分で管理するようになり、「医者いらず」になるだろうと期待している。

## 朝いちばんに「体温」を測る

デイビス博士の経験では、病気について自分で調べて自分で努力する患者は、情報や治療を医師任せにしている患者よりも良好な治療結果に至ることが多いという。自分のデータを追跡するとき、特定の食品やサプリが血圧や炎症に及ぼす影響など、本人にしかできない観察ができるからだ。それを続けていると、身体に搭載されたセンサーが鋭くなって、わずかな異常値も感知できるようになり、そのデータを治療に活かせるようになる。

**デイビス博士のお勧めのシンプルな自己診察は、朝いちばんに体温を測ることだ。**体温には甲状腺の機能が反映されていて、低すぎるのは甲状腺機能不全のわかりやすい徴候だ。

博士は以前、隣りの家に住んでいる人から、甲状腺機能不全の自覚症状を聞かされたことがある。その隣人は朝の体温が34・7℃で、甲状腺機能不全を示していた（僕が2005年にこのテクニックをはじめて試したとき、朝の体温は35・6℃で不健康なレベルだった）。

博士は隣人に、「たぶんヨウ素が不足している。ヨウ素を摂取しなさい」と告げた。ヨウ素は甲状腺ホルモンを生成するために必要なものだ。低ヨウ素濃度は甲状腺機能障害の主要な原因で、体温変動の症状をもたらす。2週間後、隣人の朝の体温は35・8℃まで上昇し、さらにその後、36・3℃という健康レベルに達したという。

僕の場合は、ヨウ素が効かなかった。そこで、ある制御システムエンジニアが考案した体温リセット法を試した。一日中、温かい湯を飲み、フリースを着込んでヒーターの前に座って、医師に処方してもらった量のT3甲状腺ホルモンを摂取した。**鍋で茹でられるロブスターのような気分で、汗まみれの1週間を過ごした。**効果があった。体温は適切なレベルまで上昇し、その後もそこにとどまった（警告＝これは絶対に試さないこと。とりわけ医学的知識や医師の助けなしに甲状腺ホルモンを大量に摂取してはならない。死んでもおかしくない）。

## 「ヘルス・トラッカー」で心と身体の状態を追跡する

最新のテクノロジーを使うか、昔ながらの体温計を使うかは、本質的な問題ではない。自分で自分の健康状態を知ることには絶大な効果があるというのが、ここでのポイントだ。それをふまえたうえで、バイオハックに使えるテクノロジーについて説明しよう。

健康追跡装置（ヘルス・トラッカー）については、僕は何年ものあいだに数々の経験を積んでいて、かなり詳しい。インターネットに接続された最初の貼付式の心臓モニター用データシステムを設計したのは僕だし、その後、リストバンド型トラッカー・メーカーの最高技術責任者（CTO）も務めた（その会社はのちにインテルに買収された）。

そんな僕なので、自分でもさまざまなヘルス・トラッカーを試したし、いまでも引き出しの中にたくさん持っているが、じつのところ1～2週間以上続けて使ったものはない。そこから得られるデータがあまり役に立たなかったことや、装置が不細工で、身につけるのが不快だったからだ。

ありがたいことに、そんな時代は終わった。僕はいま、「オーラ・リング」（Oura ring）をはめて眠っている。**睡眠状態、心拍数、心拍変動、体温、呼吸数、身体活動レベルなどを追跡してくれる**装置だ。見た目は普通の指輪だが、1回のチャージで1週間動き、完全防水だ。これをはめていてもサイボーグには見えない。体内で起こっていることを知り、自分の生物学的状態に基づいて活動を選ぶために必要なすべての情報を与えてくれる、すぐれものである。

## 「数値」に合わせて行動を変える

身体の状態に応じてインプットを調整するのが、バイオハッキングの成功への鍵だ。日常生活でルーティンを決め、さまざまな決定を「自動化」するのは有効だが（第1章で論じたように、どの服を着るかとか朝食に何を食べるかなどの決定を自動化することは〝決定疲れ〟を防いでくれる）、ルーティンにはリスクもある。ルーティン任せの自動操縦状態だと、身体のセンサーが発する重要なシグナルを見落としてしまうことがある、ということだ。

人間の身体は、動的で複雑な有機体であって、その状態は無数の変数によって時々刻々変化している。どこかに不具合が生じたら、身体はそのことをあなたに知らせてくれる。いま何が起こっているかを測定するテクノロジーを使って、身体の生物学的状態を追跡すれば、過去にうまくいったことではなく、**いま必要なインプット、いま何をすればよいかを、高い精度で見極める**ことができ、不具合を修復することができる。

たとえば、僕のリングが、昨夜は十分に深い眠りに入れなかったから元気を回復できていないと教えてくれたら、その日のワークアウトは中止にして疲労回復を優先するだろう。心拍変動（心拍数の最大値と最小値の幅）が小さいと告げてくれたら、ストレスがかかった闘争・逃走状態なので、瞑想かヨガで心を整えて、その日の仕事に備えるだろう。心拍変動が大きければ、十分な休息がとれていてハイパフォーマンスを発揮できる状態なので、自信を持って思いきった行動ができるだろう。

何より良いのは、**リングからデータを得るたびに、それと自分の感覚を照らし合わせられる**ことだ。テクノロジーが提供してくれるデータは、身体のセンサーから送られてくるシグナル

（感覚）のどれに耳を傾ける価値があるかを教えてくれる。

## 無意識に感じている「ストレス」の原因を解明する

ストレスは、本来良いものでも悪いものでもない。だが、身体が一度に処理できるストレスの量は限られているので、積もり積もると身体が変調を来す。

ストレスにはさまざまな種類があり——心理的、感情的、身体的、環境的など——程度は違えど、どれも身体に影響を与える。たとえば、心理的ストレスはあなたを消耗させる。だから、**失恋の痛手をこうむったときに、ジムでハードワークをしたり断食をしたりするのは賢明ではない**。身体がしてほしがっていることを察知して、そのとおりにするほうがよさそうだ。ベッドに入って、頭まで布団をかぶってしまおう。

ストレスには自覚のないものもあるので、新たなストレスが加わる選択をする前に、いまの身体がどれほど無意識のストレスを抱えているかを知ることは重要である。自分では最高の気分でも、データがきょうはワークアウトを控えたほうがよいと言ってきたなら、それに耳を傾けることが必要だ。

心拍変動が恒常的に小さいことをデータが示しているなら、無意識のストレスを抱え込んでいるわけだから、原因を探ることが重要だ。定期的にしていて（していなくて）、あなたを弱らせていることが何かあるのだろうか？　軽い感染症にかかっている？　ふだん食べている何かに感受性がある？　環境中の何かが影響している？　ルーティンの一部を変えて、身体にどんな変化があるかを調べてみよう。

## 「体温の変化」から健康状態をつかむ

もちろん、ヘルス・トラッカーからの情報を逆方向に活用することもできる。自分が選んだインプットに身体がどう反応するかを測定するという使い方だ。

たとえば、断食をやりすぎると、身体が闘争・逃走モードになってしまわないか？　心配する必要も悩む必要もない。断食中に心拍変動をチェックすれば、適切な断食の方法を見つけられる。

夜遅くにコーヒーを飲んだら眠りが妨げられるのではないか？　それも翌日の睡眠レポートをチェックすればわかる（深夜のコーヒーの影響ならアプリを使うまでもないが）。

生物学的なフィードバックに基づいて選択できる活動は無数にある。オーラ社のCEOで共同設立者のペテリ・ラーテラは、リングを使ってクロノタイプを判定できるし、サーカディアン・リズムも把握できると言う。夜間の体温変動に基づいて判定するのだ。[*1]

デイビス博士も指摘するように、**体温の変化は健康状態を示している**。体温が異常に低いならば、甲状腺の問題を疑い、何が原因か考えたほうがよい。全粒粉を食べすぎているのか？　環境にあるカビ毒にさらされているのか？

女性にとって、体温変動を意識することは妊娠サイクルの管理にも役立つ。女性は排卵すると0・3℃ほど体温が上昇する。基礎体温を記録しつづければ妊娠しやすい時期がわかるようになる。子どもが欲しい女性にとっても、そうでない女性にとっても、これは把握しておいて損はない。

## 「腸内細菌」のバランスを知る

体内で何が起こっているかを知らせる暗号の解読に機械学習を利用している、もうひとつの会社はヴィオームだ。腸内健康をチェックするキットを提供している。**心拍数や体温や毎日の歩数を調べるのではなく、検便でチェックする。**生物化学兵器を迅速に特定する20億ドルの価値のあるテクノロジーを使って、腸内のあらゆる細菌、真菌、ウイルスを、驚くほど詳細なレベルまで特定するのである。

### 人間の90%は「微生物」でできている

この検査キットのことのほか刺激的な部分は、機械学習を使って、クライアントの腸の中身と他の全員の腸の中身を比較して、腸内細菌叢がいかにあなたを助けているか、いかに傷つけているか、どうすれば崩れたバランスを修復できるかがわかることだ。

ヴィオームの設立者でCEOのナヴィーン・ジェインによれば、同社の究極の目的はテクノロジーを使って病気を回避可能にすることだ。ナヴィーンは、多くの医師や科学者と同様に、**健康は腸から始まり、アンバランスな細菌叢は病気の前兆だと考えている**。

ナヴィーンは、人体は生態系であり、その90％は微生物が占めていると考えている。腸の90％の細胞が微生物叢を構成し、身体の代謝産物の25％が腸内で生成される。だから**腸内で何が起こっているかを解明できれば、何を口に入れると身体はどう反応するかということを正確に予測できる**。たとえば、有益な短鎖脂肪酸を生成する細菌が不足しているならば、ケトン体生成ダイエットを休みなしに長くやり過ぎたのだとわかる。

ヴィオームは血中に棲む細菌、ファージ、ウイルスも正確に把握することができ、どの酵素と共同因子（酵素が機能するのに必要な化合物）が正常値より低いかも教えてくれる。こうしたアンバランスは適切なサプリメントで簡単に治せる。病気になる前にアンバランスに気づけるというのは、すごいことだ。やがて病気を予測するバイオマーカーが発見され、身体が不調を訴える前に治療できるようになる、とナヴィーンは考えている。

そんな未来を僕もぜひ見てみたい。人体は長らく謎に包まれていたが、いまや、さまざまなテクノロジーによって体内で何が起こっているかを見ることができる。信じられないほど刺激的だ。身体の生理学的な状態はパフォーマンスを一変させる。身体の状態を意図どおりに調整できる情報を欲しくない人などいるだろうか。

## チームでデータを「シェア」する

データ重視はブレットプルーフ社の企業文化の一部だ。チームメンバーは、自分のクロノタイプ、直感的意思決定に必要な情報量、**どんな方法で謝意を表明してもらうのが好きかを示す数値データまで仲間とシェアしている**。

異様に感じる人がいるかもしれないが、これらは各自の生物学的状態と深く密につながっていて、お互いの個性を知ることでコミュニケーションやチームワークの質を高める方法のヒントが得られる。人から感謝されるとき、ハグしてもらうのが好きな人もいれば、言葉で褒めてもらうのが好きだという人もいる。それを示すデータがあれば、僕はありがとうの気持ちを本人が好きな方法で伝えたいと思う。だれにとってもいいことだらけじゃないか。

**自分をハックすることはすべての人にとっての道徳的要請**だと僕は考えている。では、従業員をハックすることは道徳に適(かな)うことだろうか? 答えは「イエス」だと僕は考える。組織は従業員が成功するためにある。リーダーが従業員の自己認識と自覚を高められれば、従業員は自分にも他者にも思いやり深くなり、自分の仕事にいっそう情熱を傾けるようになって幸福になれる。

だから、自分をハックしよう。周りの人が自分をハックするのを助けよう! そうすれば人生は必ずや違ったものになる。

**やるべきこと**

- オーラ・リングのような道具を使って睡眠の質を調べよう。前の晩によく眠れなかった日にはトレーニングや断食はゆるめにして、十分な睡眠がとれてパワフルな日には張り切って取り組もう。
- 睡眠トラッカーを持っていなければ、身体のセンサーを使おう。朝、目覚めたらすぐに睡眠の質の評価を1〜10点方式で紙に書こう。評価のポイントは、どれくらいよく眠れたか、どれくらい身体がこわばっているか、どれくらい不安か、どれくらい簡単に目が覚めたかだ。
- 万歩計や、実態をこれっぽっちも反映しない「燃焼カロリー」測定アプリのようなおもちゃを使うのはやめよう。こういうものを使うと、有益なデータから意識が逸れてしまう。大事なデータは心拍数、心拍変動、体温、睡眠の質などだ。これらを知れば生活が変わるだろう。
- 予算が許すなら、機能性医学の専門医に詳細な健康指標を調べてもらうといい。ホルモン、甲状腺のすべて、炎症マーカー、栄養分析などのほか、医師が有益だと考えることを調べてもらおう。

# PART 3

# HAPPIER
## もっと幸せに

# 第10章 幸福

## お金で買えないなら、何で買える？

### お金を追いかけた僕が学んだ教訓

トップパフォーマーを取材して知った目からウロコの事実は、リッチな起業家も大学教授も、人生の優先事項の上位３つ以内に「お金」を挙げなかったということだ。お金は彼らを駆りたてるものでも、満足を与えるものでもなかった。

彼らの多くは相当な資産を持っているが、それは情熱を傾けて何かに打ち込んだ結果であり、**原始的な防衛本能を超越して到達したパフォーマンスの産物であって、富を追求した結果ではない**。本能の言いなりにならず、永続する幸福を見つけられれば、膨大なエネルギーが解き放たれて、成功することも裕福になることもできる。

それを学ぶのに、僕は何年もかかった。子どものころ寝室に貼っていたポスターには「ビジネスはお金という得点を競うゲームだ」と書かれていた。ビジネスはゲームではないと知ったいまでは、げんなりするような考えだ。ビジネスとはスキルであり芸術でもあって、その成果は社会をいかに変えたかで測られる。

あなたのビジネスはあなたとあなたの生活を支えている。経営者なら社員とその家族の生計も支えている。あなたの顧客は、あなたがビジネス上の約束を果たし、支払ったお金以上の品物やサービスを提供してくれるものと考えている。ビジネスはゲームだと考えていると、いつしかあなたは彼らを裏切ることになり、失敗する。

僕は何年もお金を追い求めたが、どんなに儲けても幸せになれなかった。なぜなら、お金に人を幸せにする力はないからだ。少し考えて気づいたのは、僕の基本的なニーズはすでに満たされ、そこそこの暮らしができている、ということだった。そこで僕は、ほかの人たちを助けることに集中した。それが僕を幸せにしてくれると考えたからだ。

**だれかがあなたの目を見て、おかげで助かりましたと心から感謝してくれるなら、それ以上の喜びはない**。そうなれば、金銭的報酬はあとからついてくる。僕などよりはるかに金持ちの人も、お金優先で行動してはいない。幸せになれることをしていればお金が入ってくるのであって、その逆ではないことを知っているからだ。人から奪ったり、したくないことをしたりしても、お金を得ることはできる。大金だって稼げる。でも、食べていけているのなら、そんなことをする価値は全然ない。

HACK 28 ▼ 幸福に必要な「ちょうどいい金額」を死守する

生きるための基本的なニーズが満たされたなら、より意義深いことのためにエネルギーを使おう。収入が経済的安定に必要な水準を超えると、そこから先は、さらに収入が増えても幸福感や喜びは増えなくなる。食べていくための努力が先決だとしても、足場が固まったら、意義ある仕事でホームランを狙いにいこう。

## 求めても逃げていく「条件つきの幸福」

どうすれば幸せになれるか、あるいは幸せになれないか、ゲンポ老師以上に知っている人はいない。曹洞宗と臨済宗の両方の禅僧であり禅師である。45年以上にわたって、ものごとの本質を見抜く知恵を人びとに伝授し、自らも悟りを開くべく修行を続けている（147ページ参照）。

ゲンポ老師は、**状況に左右されない、何があっても持続する幸福というものがある**と言う。その境地に至れば、幸福という土台の上に人生を築くことができる。

他方、外部要因に左右される、条件つきの幸福もある。「〜だったら、私は幸せだ」という考え方の幸福だ。「理想の相手と結ばれたら幸せだ」とか、「昇給すれば幸せだ」「昇進すれば幸せだ」という類いの幸福である。

## 貧しい国で出会った幸せな人びと

僕はこの手の幸福を何年も追いかけていた。26歳で600万ドルを稼いだとき、同じように突然の富をつかんだ友人に、「1000万ドル稼げたら、きっと幸せになれる」とさえ言った。穴があったら入りたい。2年後にすべてを失ったとき、ストレスは悪化したが、幸福感には変化がなかった。そんなときでも幸福だったということではなく、大金を稼いでいたときも全然幸福ではなかったということだ。

持っていないものを追求することによって得る「条件つきの幸福」は、真の幸福ではない。何を得ても、まだ持っていないものに意識が向かうからだ。そのような幸福は、目の前にぶら下げられたニンジンのようなもので、絶対に手が届くことはない。**幸せになりたければ、いまあるもの、いま置かれている状況に満足しなくてはならない**。ゲンポ老師はお金はもう十分あると気づいたとき、求めるのをやめたという。裕福ではなかったが、もう十分だと思ったのだ。

追求をやめて現状を受容したら、以前より幸せになり、多くのことを達成することができた。精神的自由や身体的自由を含め、わずかなものがあれば人は幸せになれるとゲンポ老師は言う。

生存すら危ういパニックモードでは幸せになれないが、不安のストレスから解放される程度のお金さえあればよいのだ。

それは不可能な話ではない。僕はビジネススクールを修了後、カンボジアに滞在したことがある。国民の1日の平均収入は約1ドル、戦争の傷跡も残っていた。地雷のせいで手足を失った人も珍しくなかった。食事にも事欠きがちな暮らしであっても、人びとの表情は幸せそうで、僕は謙虚な気持ちにさせられた。事実、彼らの多くは僕よりも幸せそうだった。

**彼らの幸福感はどこに由来しているのか？** 共同体の意識、家族、あるいは思想信条から来ていたのかもしれないが、断じてお金からではなかった。それまでの僕の体験からは、戦争で疲弊した国の人びとがこれほど幸福感と回復力を持てるとは信じがたかった。

## 「幸福の値段」はいくらか？

欧米諸国において、幸福を感じられる年間所得の最低額はいくらかを調べる研究がいくつか行われている。2010年にプリンストン大学が行った研究では、7万5000ドルという結果が出た。**年収がこの額を超えれば幸せを感じやすく、人生に満足できる**ということだ[*1]（金額は住んでいる場所や物価変動によっても前後するだろうが、金銭的安心感について考える際の参考値として使うことはできる）。

所得がこれを下回る人びとが生活を嘆いているわけではないが、それを超える収入のある人と比べると、基本的ニーズの不足を心配することからくるストレスと疲労感を覚えていることが多い（どんな理由であれ、ストレスはゲームチェンジャーになるのに必要なエネルギーを奪う）。

しかし、この研究のいちばん興味深い点は、7万5000ドルを超えて基本的ニーズが満たされてしまうと、**さらにいくら上乗せしても幸福感のレベルは頭打ちになる**ことだ。基準となる金額がもっと高く出た研究もあるが、どの研究でも、一定額を超えれば、それ以上いくら収入が増えても幸福感はたいして変わらないという点では一致している。

## 「お金なんかなくても幸福になれる」という思い違い

僕のポッドキャストに登場してくれたのは、金銭的に大成功した人ばかりではないが、全員それぞれの分野で傑出した人で、その圧倒的多数はお金ではなく仕事から満足を得ていた。

金銭的基準ということで言えば、ミリオネア（資産総額100万ドル超）になることについて語ってくれたゲストもいた。多くの人びとが夢見ながらも到達できない所得水準だ。現在、アメリカにはおよそ1100万人のミリオネアがいる（ビットコインによる収入は除く）。きちんと管理すれば基本的ニーズを生涯満たせる金額だ。

話をしたミリオネアたちの多くは、この基準に達することで得られる自由の価値に言及し、一発狙いの起業家的野心でその自由を失うリスクを冒すべきではないと戒めた。僕がその考えをはじめて聞いたのは、超裕福層の資産管理を助けているジョン・ボウエンからだ。ジョンは、**幸運にもそこそこの蓄えを得たならば、それをリスクにさらすべきではない**と考えている。

この本を読む人は、追い求めるもののためならすべてを賭けてしまうタイプかもしれない。僕もそうだし、僕の知っている起業家のほとんどもそうだ。僕は若いころ、そのせいで転がり込んできた大金を失ってしまった。だが、僕の知る最も裕福で最も成功した人びとは、その本能に抗(あらが)ってでも生活維持に必要な収入源や蓄えを守るべきだと言っている。もっと早く教えてもらいたかった！

## 物質的成功から「喜び」にシフトチェンジする

僕はハッピー・ファミリーの創業者でCEOのシャジ・ヴィスラムと話した。それはオーガニック・ベビーフードの会社で、報道によると同社はのちに2500万ドルで買収されている。ビジネスから身を引いても、贅沢な生活ができるお金だ。だがシャジは、そのお金で得たものはいつまでも幸せに暮らせる特権ではないと言う。**得たものは、下手なことをして失わない限り、もうお金の心配をしなくてもよいという心の状態**だった。

シャジは移民の娘で、人生の最初の7年をアラバマ州のモーテルの一室で過ごした。そんな彼女にとって、お金の心配をしなくてよいのは重要なことだった。移民とその子孫はハングリーさを忘れることはない、と彼女は言う。それはDNAに刻み込まれているものだ。

十分なお金を得たシャジは、それを失うことを恐れ、何としても守り抜こうと懸命になった。しかし、そのように恐れる一方で、自分にはチャンスを生み出す魔法の力があると自負する野心家でもあるシャジには、その蓄えを何倍にもするチャンスに賭けたいという欲求もあった。すべてを失ってしまう事態を避けるために、彼女は意識をさらなる物質的な成功にではなく、喜びに向けることにした。

## 最も賢いお金の管理方法

成功の味を一度知ってしまうと、もっと欲しいと思わずにいるのは難しい。実際に、もっと得られることも多いが、欲望には果てがない。そんなゲームは徐々に終わらせるべきだとシャジはアドバイスしている。**称賛やお金を得るためのゲームから、喜びを噛みしめるためのゲームに変えていく**ということだ。

シャジは、大きな成功を収めたあとは、非金融資産にレバレッジを効かせるのがよいと助言している。それは彼女の場合、株などの金融資産に投資するのではなく、価値があると思う困難な事業のために時間やエネルギー、創造性を投資することだ（そんな彼女が僕の会社を後押ししてくれているのは光栄なことだ）。

金融資産については、規律ある管理と専門家の助言に従って手堅く守ることをシャジは推奨している。投資はよく考えぬいて、自分で決めたルールから逸脱しないように行おう。あなたとあなたのお金の持つ意味を理解してくれる、信頼できるフィナンシャルアドバイザーを見つけて、**どこまでならリスク含みの投資や新規事業に回してよいかを判断するのを手伝ってもらおう**。投資に回せるお金はないという判断になるかもしれないが、それはそれでかまわない。いずれにせよ、おそらくあなたは、たとえ少額でも自分の資産配分を決めるのに最適な人間ではない。自分のお金は自分にとって、あまりにも身近すぎるからだ。

## スリルが欲しければ別の場所で探そう

さらに彼女は、取引中毒にならないようにと戒めている。取引のスリルや起業の魅力、高い目標を掲げることで感じる興奮は、判断力を曇らせる。同じことが、株のデイトレーディングや暗号通貨のＩＣＯ（新規仮想通貨公開）にも言える。最低限の蓄えを確保するまでは、**スリルや冒険は金融以外の世界で探したほうがよい（たとえばエクストリームスポーツとか）**。

しかし、思い出してほしい。成功とは、人生に喜びを感じられることだ。お金は喜びをもたらす助けにはなるが、お金だけがその手段なのではなく、主要な手段でさえもない。お金は、たとえて言えば、上等なサウンドシステムを備えた乗り心地のよい高級車のようなものだ。それを走らせるのは楽しいが、動いてさえくれれば普通の車でも同じ目的地に到達できる。

## ゴールより「プロセス」に意識を向ける

車といえば、お金のパワー（というかパワーのなさ）に関する僕のお気に入りのエピソードも車がらみだ。わが親友にしてマーケティングの伝説的権威であるジェイ・エイブラハムから聞いた話だ。

ジェイは全世界の1万人以上の顧客の利益を増やし、**あらゆるタイプのビジネスの疑問、難題、機会を知り尽くし、解決してきた**。困ったことがあると、僕はジェイに電話する。彼はクライアントの持つ隠れた強み、見逃している機会、過小評価している可能性を発見する尋常でない能力の持ち主なのだ。

## 「大金」は人に不全感をもたらす

ジェイは18歳で働きはじめた。3つの仕事をかけもちしたが暮らしは安定せず、自分をつまらない人間だと感じていた。人から一目置かれるためには立派な外見が必要だと思っていた。26歳で3500万ドル相当の財を成した。

ジェイはいまでは、よほど地に足の着いた成熟した大人でなければ、そこまでの大金をつかむのは良いことではないと考えている。なにしろ、彼はそれで3度の中年の危機を招いたのだ。

そのつど自らに問うた。「これが望んでいたすべてなのか？」と。お金は彼を幸せにしなかった。言い換えれば、**彼はいつまでも求めつづけた**。

お金を稼ぎだした当初、ジェイはまず、長年あこがれていたベンツの最高級モデルをリースした。低賃金で働いていた仲間の家の前に停め、170センチの身長を精いっぱい大きく見せようとしながら玄関先に立って、成功の証を見せびらかした。ドアを開けて出てきた友人は、ジェイを見て、立派なベンツを見て、もう一度ジェイを見て言った。「おかしいな、ちっとも大物に見えないぞ！」

## 「日常」「人とのつながり」「貢献」を重視する

ジェイはそこで学ぶべきだったのだが、貧乏暮らしの反動で、世間に自分を認知させるための表面的なものを渇望した。そのため、ストレスを感じるたびに、とんでもなくセンスのない豪勢な車を買った。笑うしかないが、買って1〜2週間はうれしくても、その時期をすぎると走らせさえしなかった。そんなものでは**何の手応えも自信も、目的も情熱も、慰めも安らぎも得られなかった**。いつも早々に車を売り払い、かなりの損をした。

結局のところ、人が振り返る車や派手なおもちゃを所有することから得る喜びは、それをぶっ飛ばすときに味わう一瞬の高揚感にすぎないのだと気づいた。

ジェイは幸せになるために、あらゆることを試した。セラピストを雇ったのもその一環だ。

通常のセッションは55分だが、いつもいいところで時間切れになる気がしたので、あるとき、余計にお金を払って1回数時間のセッションを丸1週間ぶっ続けにやってもらった。かなりの出費になったが、そのおかげで人生観と仕事観がひっくり返るほどに深い洞察が得られた。

セラピストはジェイに、多くの起業家は最終的な結果ばかり追いかけていると言った。すなわち、急成長企業、大きな家、多くのおもちゃ、ゴージャスな妻（あるいは夫）などだ。だが本当にそれが最終目標なら、残念ながら期待外れに終わり、どんな満足も得られないだろう。空は晴れず、天使は歌わず、純粋な幸せも喜びも訪れない。それどころか、トラブル、困難、ストレスが増すばかりだ。

仕事と人生から得られる本当の醍醐味は**日々の歩みの中に、人との出会いやつながりの中に、他者に対する貢献の中にある価値**なのだ。要するに、荒波を蹴立てて船を進ませても、その航海が無意味で楽しくなければ、いつかは船底に穴が空いて沈むだけということだ。

リッチになりたいと思うのはかまわない。しかし、それで幸せになれるわけではないことは忘れないでおこう。

**やるべきこと**

- 基本的ニーズが満たされたら、それ以上物質を追求するのをやめよう。お金で幸せになることはできないからだ。あなたの場合、基本的ニーズを満たすのに年収はいくらあればよいだろう？

- 明日、その2倍の額が手に入って、生活の心配がなくなったら何をしたい？その答えの中に、何があなたを幸せにしてくれるかのヒントが隠されている。お金が入ってくるのを待たず、いまからそれをしよう！
- 幸いなことに、必要最低限の蓄えができたならば、それを死守しよう。専門家の助言を聞き、慎重に管理しよう。お金以外のものに投資し、お金の配当ではなく、満足と喜びという配当を受け取ろう。
- ゴールにではなくプロセスに集中しよう。道中を楽しめなかったら、目的地に着いても幸せにはなれない。

## HACK 29 ▼ お金より幸福をめざすほうが「金持ち」になれる

幸せな人は、いま取り組んでいることに熱中していて、生産的で、うまくやってのける。あなたを幸せにしてくれることに集中しよう。幸せになれば、すべてにおいて高いレベルの能力を発揮できる。幸せであれば、状況を変えることも、周囲の環境や人間関係を変えることも、はるかに容易になる。世界を変えることさえ不可能ではなくなる。

## 幸福な人は生産性が「31%」高い

幸せな人は幸せでない人よりも成功している。言いすぎだと思うかもしれないが、そんなことはない。数字で言うと、**幸せな人はそうでない人よりも生産性が平均で31%高く、売上が37%大きく、創造性が3倍高い。**研究者は、この違いはポジティブ思考のパワーから生まれると考えている。幸せな人は「やればできる」とポジティブに考える。そして、その考え方が成功の可能性を高めるのだ。[*2]

幸福は、個人に成功をもたらすだけではない。幸福な人は会社にも経済的利益をもたらす。ギャラップ・ヘルスウェイズの調査では、生活の満足度が低い従業員は、幸せな従業員よりも1カ月当たり平均1・25日多く仕事を休んでいる。年換算すれば会社経営にとっては15日もの損失となる。[*3]

### 「手段としての目標」と「最終目標」を分けて考える

おそらく、ヴィシェン・ラキアニ以上に幸福と生産性の関係を深く理解している人はいない。彼の会社マインドバレーは、「働きがいのある会社」ランキングで世界最高レベルの職場だと認定されている。

ヴィシェンは、幸福はビジョン実現のスピードを速めてくれる燃料だと言う。たいていの人がその燃料を使えないのは、ビジョンが達成されたら幸福になれると考えているからだ。ビジョンと幸福を切り離せていないからストレスを抱え、不幸だと感じるのだ。つまり、**目的地に着くまで幸福になれないと考えていることが間違い**なのだ。ゲンポ老師の言葉を借りれば、求めても得られない幸福を追い求めている、ということだ。だが、旅の途中で幸せを見つけられると気づけば、すべてが変わる。

ヴィシェンは自著『至極の知の体系』（未邦訳）で「ブリシプリン」（Blisscipline）——至福に至る精神修養（ディシプリン・オブ・ブリス）——という概念について語っている。幸福をハックする日常の方法論を考案して、幸福を、ビジョン実現を速めるロケット燃料に変えたのだ。その方法の中には、目標設定の仕方を変えることも含まれる。

ヴィシェンは、目標には**「手段としての目標」**と**「最終目標」**の2種類があると言う。

たとえば、学位を取得したい、職を得たい、結婚したい、１００万ドル欲しいというのは「手段としての目標」だ。これで幸せになれないのは、どれも別の何かを得るための手段だからである。たとえば、学位を取得したいのは、良い仕事に就いてお金を稼ぐためだ。１００万ドル欲しいのは、だれもが一目置くミリオネアになるためだ。結婚したいのは、孤独や不安を払拭してパートナーとのつながりや支えを得たいからだ。

これに対して、「最終目標」は、手段としての目標によって獲得したい「別の何か」だ。それは感情に重きを置いたものであることが多い。たとえば、世界を旅したい、愛する人の隣で目覚めたい、子育ての喜びを経験したいといったものが該当する。

ヴィシェンが会社をつくったときには、「チームとしてどう機能するか学ぶために会社を設立し、自分のリーダーシップ能力を高め、他にはないユニークな会社をつくるわくわく感を味わいたい」という最終目標を立てていた。そこにフォーカスしつづけたことが、ヴィシェンと彼のチームに真の幸福をもたらしたのである。

## 「最終目標」にフォーカスすれば成果が上がる

最終目標は3つに分類できる、とヴィシェンは言う。**①経験したいこと、②人間として成長したいこと、③世界に貢献したいこと、あるいは自分の足跡を残したいこと**――の3つだ。目標を設定するときは、この最終目標の3分類を念頭に置いて、時間をかけて検討することが重要である。

そうすれば100万ドル稼ぐといった目標は考えられなくなる。最終目標に集中していれば、成功に必要な創造的アウトプットが生まれ、どのみち入ってくるお金だ。

最終目標という視点で計画を立てるなら、ミリオネアの多くが陥っている罠を避けられる。

お金は銀行にうなるほどあるのに、人生に嫌気がさしているという落とし穴だ。そんな罠にはまっている人は、**手段としての目標に傾注して、最終目標を犠牲にするという過ちを犯している**。

ヴィシェンは自分の目標リストを再点検し、所有している会社のひとつを手放すことにした。その会社では惨めな思いばかりをしていたからだ。株を売却して、損失を受け入れた。するとたちまち気が楽になった。

次に、自前のフェスティバルを始めることを決めた。それが「オーサムネス・フェス」（すごいフェス）となり、いまでは「Aフェス」と呼ばれている。そのアイデアが浮かんだとき、こんなことがビジネスとして成立するわけがないと頭ではわかっていたが、始めずにいられなかった。フェスティバルが最終目標と直結していたからだ。

今日、Aフェスは彼の偉大なレガシーのひとつだ。毎年何千もの人びとが美しい会場に集い、スター講師陣から学んでいる。こんなことは元々の人生計画には入っていなかったが、最終目標を列挙したとき、ヴィシェンは成功と幸福に至る道筋を見つけたのだった。

**やるべきこと**

● 手段としての目標と最終目標を区別しよう。次のように自問して最終目標を定めよう。
- 何を経験したい？
- どんなふうに成長したい？

・世界にどんな貢献をしたい？

## HACK 30 ▼ モノを極限まで「捨てる」ことで豊かになる

ある程度の所有物は必要だし価値もある。だが社会の風潮は、モノを所有すれば幸せになれるという考えを、あなたの意識に刷り込もうとしている。真実は、それとは正反対だ。本当の価値をもたらさないモノを捨てて、本当に大切なものを味わう余地をつくれば、あなたは幸せになれるし、本当の満足を得ることができる。

### 30日間、毎日「1つずつ」モノを捨てる

ジョシュア・フィールズ・ミルバーンは、人気のあるポッドキャスト、ウェブサイト、本、ドキュメンタリーを通じて、2000万以上の人びとの生活を簡素化させたミニマリストだ。

しかし、ほんの数年前まではまったく違う生活をしていた。ジョシュアは、自分は狭い意味で

は成功していたと言う。だが体調はいつもすぐれず、太り過ぎで、人間関係はめちゃくちゃだった。そして、金銭的には申し分のない仕事をしていたのに、意欲も情熱も持てなかった。

## 「成功の記念品」は幸せを生まない

ジョシュアは、自分が成長していると感じられなかったし、世界に貢献しているとも思えなかった（ヴィシェンのいう最終目標のうちの2つだ）。彼は自分なりに成功と達成に精力を傾けた。欧米文化において、**それは「成功の記念品（トロフィー）」が増えていくことを意味した**。ジョシュアは使う人より数の多いトイレと、見る人より多いテレビがある邸宅で暮らすようになった。高級車を何台も所有し、クロゼットには高価な衣装があふれ、地下室には彼を幸せにしてくれるはずのモノがぎゅう詰めになっていた。

それなのに、成功気分を味わうどころか、不満で、不安で、打ちひしがれていた。稼ぎはよかったものの、それ以上に使ったせいで知らないうちに10万ドル単位の負債をため込んでしまって、身動きがとれなくなっていた。そこにきて、母が亡くなり、それから1カ月もしないうちに自らの結婚生活が終わった。

この2つの出来事でジョシュアはわが身を振り返って、人生を総点検した。そこで出会ったのが「ミニマリズム」の考えだった。

ジョシュアは「**モノを減らしたら、僕の人生はどれほど良くなるだろうか？**」と自問した。

彼が出した答えは、自分をケアする時間ができて健康を回復できる、良い人間関係を築ける、夢中になれるプロジェクトに取り組む余裕ができる、というものだった。

これまで自分は、モノを積み上げて防壁にして、傷つくことやリスクを取ることから自分を守っていたのだと悟った。

## 「毎日捨てる」チャレンジの絶大な効果

ジョシュアは所有物をじっくりと見つめ、なるべく捨てようと決めた。以後はそれと反比例するかのように、所有物が与えてくれる価値が大きくなっていった。いままでは、**ふと思い立つと何かを手放して、それが自分の人生に本当に価値を与えていたか試す**ことがあるという。

たとえば1カ月間、携帯電話なしで暮らしたり、ネット断ちをしたりする。その後、そうした小さな贅沢をふたたび生活に復帰させると、以前より思慮深く意識的な使い方ができるようになる。身の回りのモノが、貴重な時間やエネルギーを奪っていることを自覚したうえで、それが生活をどう向上させてくれているのかがわかるようなった。

要するに、ミニマリスト・アプローチによって、人生で最も大切なもののためのスペースをつくったのだ。もちろん、それはモノを入れるスペースではない。

だれにでもできる大切なスペースをつくる方法として、ジョシュアは**毎日1個ずつ30日間、モノを捨てつづける**、というシンプルな方法を推奨している。きっと30個ではすまなくなるはずだ。いったんやりはじめたら、弾みがつくに決まっているのだから。

断捨離をもう少し確実にやりたいならば、競争の要素を加えるのもよいだろう。具体的には、友人か家族とモノを減らす競争をする。負けた側は勝った側に何かをプレゼントする（お金でも食事でもよいが、モノはやめておこう）。

両者とも開始初日には要らないモノを1個捨てる。**2日目には2個、3日目には3個と、捨てるモノの数を増やしていく**。最初は簡単だが、半月も経つと難しくなる。長く続けられたほうが勝ちだ。２人とも30日間続けられたならば、それぞれ５００個近くのモノを減らせたことになる。両者文句なしの勝利と言えるだろう。

キープするか捨てるかを決めるとき、それが本当に必要かどうかをよく吟味しよう。なくてはならないものか？　経験の質を高めてくれるものか？　あるいは、ただ気を紛らわせたり、心の隙間を埋めるだけの、おしゃぶりのようなものか？

ヴィシェンと同様に、ジョシュアも「モノ」を最終目標とすることに警鐘を鳴らしている。モノを買うお金のために働いているのなら、長い目で見て心が満たされることはない。モノをいっぱいため込んだあげく、それらは自分を幸せにしてくれないことに気づくことになる。

## 「幸福の追求」は人生の正しい目標か?

だが、待ってほしい、そもそも「幸福」は正しい最終目標なのだろうか？

正しい目標ではない、とジョシュアは考えている。いまの社会では、幸福を追求しようとすると間違ったものを追いかけることになるからだ。永続する幸福や満足と「束の間の快楽」を取り違えてしまうのだ。

いまのジョシュアは、**長期的な価値にふさわしい行動（仕事、貢献、つきあう相手など）を選択し、意義のある人生を送ることこそが重要**だと考えている。それができれば、最終目標のように思えた幸福も、じつは副産物にすぎないことがわかるだろう。

## 「家」も捨てると、どうなるか？

ジョシュアと話したあと、僕はジェームズ・アルトゥチャーを訪ねた。叩き上げのミリオネアで、連続起業家、ベストセラーの著者だ。そんなジェームズが、一段階上のミニマリズムを体験した。3年ほど前、世俗の所有物をほとんど手放し、家と呼ぶべき場所を持たずにノマドの暮らしをすることにしたのだ。

### モノの管理の時間が「ゼロ」になる

僕と話す1年前、ジェームズは旅の空の下にあり、主（あるじ）のいない2軒のアパートの契約期限が切れかけていた。1軒は彼が働いている都市にあり、もう1軒は子どもたちが住んでいる町にあった。
ジェームズは友人に頼んで、自分が留守にしているあいだに、2軒を完全に空っぽにしてもらうことにした。家の中のモノは売っても、友人自身が引き取っても、どこかに寄付しても、捨ててもかまわないことにした。自分ではどちらのアパートにも、もう足を向けたくもなかったし、**モノや財産をどうするかに頭を悩ませたくなかった**のだ。

それまでも別にマキシマリスト〔最大限にモノを所有して生活する人〕というわけでもなかったのに、何千というモノが積み上がっていた。友人から送られてきた、処分するモノが詰まった100個のごみ袋の山の写真を見て、ジェームズはショックを受けた。

そして、また家を借りてモノをため込むプロセスをくり返すまいと決意して、ノマドワーカーになったのだ。別のライフスタイルを体験し、自分の生き方を変えるために、**エアビーアンドビーを通じて部屋を見つけ、気がすむまでそこにとどまっては別の場所に移動するという暮らしを始めた**。

かくしてジェームズは、アパートの賃貸契約から解放されただけでなく、家や所有物の維持管理に伴う細々(こまごま)とした意思決定をしなくてもすむようになった。やりたくもない義務のためにではなく、本当にしたいことのために一日を使いたいと願っていたジェームズだが、所有物をばっさりと捨てたら、それができるようになった。

## 「2つのバッグ」で生活する

たいていの人は、はじめて家を買ったときに、モノを所有することに伴う隠された「管理の重荷」に気づく。家を修繕し、飾り、掃除するのにどれほどのエネルギーが要るかは、実際にやりだすまではなかなか想像できない。**そのエネルギーを家ではなく自分の改善に使えばよいのではないだろうか？**

ジェームズは2つのバッグを持っている。ひとつには、3パターンの服の組み合わせが入っている。もうひとつの中身は、コンピュータとタブレットとスマホだ。ほかのモノも使うが、自分で所有はしない。ジェームズはそれを「シェアリング・エコノミー」ならぬ「アクセス・エコノミー」と呼んでいる。

ジムの会員権を持っているので運動に必要な器具は使えるし、図書館カードを持っているので読みたい本は読める。生計を立て、生産的になるのに必要なすべてにアクセスできることを優先する。数万ドル費やしてマイカーを所有するのではなく、10ドル出してウーバーを使う。200万ドル払ってニューヨークにアパートを持たなくても、一泊300ドルで立派な部屋に宿泊できる。

これはミニマリズムではなく「チョイスイズム」(choiceism)だとジェームズは言う。彼は自分の人生から可能な限り多くの難しい選択(チョイス)を排除した。そのおかげで自分の好きなことにエネルギーを集中できるようになった。つねにうまくいくわけではないが、モノを求めることをやめて、最終目標に集中すれば、あなたを縛りつけている足かせが外れ、**本当に大切なことを実現できる勝算が高まる**。

僕のインタビューの約1年後、ジェームズは放浪者もどきの生活をやめたが、いまも少ない所有物で生きる技に磨きをかけている。

**やるべきこと**

- 今日から30日間、毎日少なくとも1個、所有しているモノを減らしていこう。
- 捨てるモノを選ぶとき、こう自問しよう。「これは自分の人生に価値を加えてくれているだろうか?」
- 絶えず意思決定を迫ってくるモノや責任を排除し、「チョイスイズム」を探求しよう。

# 第11章 人間関係
## 「だれとつながるか」で人生の多くが決まる

### 自分を高めてくれる「村」をつくる

こんな体験はないだろうか？　友人としゃべりながらブレインストーミングすると、一人で考えるより創造的なアイデアが出る。気の合った仲間と一緒なら、困ったことに遭遇しても何かしら解決策が出てくる。あるいは、いつものカードゲームやヨガのクラス、バーのハッピーアワーも、気の合った友だちと一緒だと、もっと楽しく感じられる。

この例にピンと来た人は、コミュニティがもたらしてくれる力を知っている人だ。ゲームチェンジャーたちもそれを知っている。彼らが成功のために重要なこととして挙げたことの中で、**良きコミュニティの存在は2番目にランクされている**。

僕がインタビューしたイノベーターたちの驚くほど多くが、パフォーマンスを高め、成功を後押しし、幸福を育んでくれる「コミュニティ」の力を高く評価した。彼らは、良き人生のためには良き人間関係が必要だということを知っている。世界を変える人びとは、人と人のつながりを重視しているのだ。

もちろん、すべてのつながりに等しく価値があるわけではない。悪しきつながりは多大なストレス、パフォーマンスの低下、気を滅入らせる原因となって、その人を現状に縛りつける。反対に、自分にふさわしい友人、人間関係、コミュニティと出会えれば、幸せを感じ、成長が促され、安心でき、洞察がもたらされ、サポートが得られて、新しいゲームに乗り出すように背中を押してもらえる。

うんと若いときに、だれかがこのことをアドバイスしてくれていたらよかったのに、と思う。僕はつながりのパワーを認めず、猛烈な独立心で成功しようとして多くの時間を無駄にした。**現実には、自分の力だけでゲームを変えられる者などいない**。村がありさえすれば良いわけではない。まっとうな村が必要なのだ。意図を持って、自分の村を建設しよう。

## HACK 31 ▼ 人との交流で脳に「オキシトシン」を放出させる

他者とつながることは、脳に化学的な影響を与える――良い方向にも、悪い方向にもだ。

創造的な刺激を与えてくれるコミュニティを見つけ、そこにつながることができれば、人生のあらゆる側面で良きものを得ることができる。コミュニティは幸福をもたらし、幸福は成功につながる。

## 良い人間関係は脳を強くする

最新の研究で、つながりとコミュニティが与えてくれる利益は、エピソードや体験談の寄せ集めという次元を超えて神経学的な裏づけがあることが判明している。他者との正しい種類のつながりは、脳を強くしてくれるのだ。

子どものころから内向的で人づきあいが苦手だった僕は、社会的なつながりが認知機能にもたらす利益について、もっと学びたいと思った。そこで、ポール・ザック博士に連絡した。科学者、多数の論文や書籍の著者、講演者で、**オキシトシンと人間関係の研究によって〝ドクター・ラブ〟というニックネームがつけられている。**現在は神経科学をマーケティングと顧客体験の改善に応用する仕事に取り組んでいて、自身を「神経経済学者」と呼んでいる。世界でごく少数の人しか名乗っていない肩書きだ。

僕が博士にはじめて会ったのは、ジョン・レヴィが主催する「インフルエンサー・ディナー」に招かれたときだった。ジョンのディナーがメディアの注目を集めたのは、ゲスト全員に食事の用意ができるまで名前も職業も明かさないことを強く求める、ユニークな進行方法のためだ。ザック博士は握手代わりに僕をハグした。全員に同じようにあいさつしていたが、僕はそれほど変だとは感じなかった。

## オキシトシンが出ると、もっと交わりたくなる

数十年前のことだ。信頼が国際経済上の意思決定にどのような影響を及ぼすかを経済学と生物学の学際的領域で研究していたザック博士は、伝説的な人類学者ヘレン・フィッシャーから「オキシトシンって聞いたことある?」とたずねられた。その質問が、その後のザック博士のキャリアを変えた。そして、個人の行動や意思決定だけでなく、国際的な政策決定プロセスにまで影響を与える生物学的メカニズムを見つけたのである。

信頼できそうな人と交わるとき、脳は、**その人間関係は安全だから、そのつもりで交流を進めてよい**というシグナルを発するホルモンを分泌させる。そのホルモンこそ、オキシトシンだ。これが放出されると、その相手と交わりつづけようとする動機が働く。オキシトシンのおかげで気持ちがよくなるからだ。

人間の脳には恐怖に支配されたシステムが埋め込まれていて、見知らぬ人が現れたら十分に気をつけて、隠れるなり逃げるなりしろと警告するが、オキシトシンはその命令に反するように働く。

オキシトシンを理解することが重要なのは、それによって多くの良いことが他者との交流から生まれるからだ。だれかとはじめて会ったときには互いに見知らぬ同士だが、それが友になり、仕事仲間になり、生涯の伴侶にすらなる。見知らぬ相手とのつながりを深めようと思うかどうかは、おおむねその相手を前にしたときの身体の化学反応で決まる。

## 一度刺激されると「20分」効果が続く

オキシトシンは、人との確かなつながりの重要な要素である共感(エンパシー)も強める。共感とは他者の痛みを想像する能力だ。だれかに対して共感を抱くと、その人を大切に扱おうとする動機が生じる。相手の立場に身を置くことができるからだ。

ある新しい研究によれば、**人間が持つ共感の能力は、その10%だけが生まれつきのもので、90%は後天的に身につけられるスキル**だという。[*1] オキシトシンがミラーニューロン・システムに深く関係していることを示す研究も複数行われているが、[*2] それは完全に筋が通っている。ミラーニューロンは、他者の行動を見ているとき、自分がその行動をするときと同じように活性化する神経細胞だからである。

ザック博士は、何百回にも及ぶ実験観察で、参加者の細胞組織や血液のオキシトシン濃度を測定し、注射や鼻スプレーで濃度を操作することによって、オキシトシンの効果を測定した。その結果、**オキシトシンが増大すれば、人は寛大になり、相手を信頼し、疑わなくなる**ことが判明した。また、他者が発する社会的な合図をより良く読み取れるようになる。

いったんオキシトシンの分泌が刺激されると、約20分にわたって活性化された状態が続く。その間、自分と相手との隔たりが小さくなる。エゴが背後に引っ込んで、両者のあいだで差異よりも共通性が前面に表れてくる。

人との交わりは、どんなものでもオキシトシン濃度を高めるが、その程度はその交わりのタイプによって異なる。**直接顔を合わせて行うコミュニケーションは、オキシトシンの放出を最も刺激する**。その次はテレビ会議、そして電話、メールと続き、いちばん少ないのはSNSへの投稿を介した交わりである。若い世代のあいだで共感能力の低下が見られるのは、友人や同級生とのつながりをテクノロジーに依存しているからだ。[*3]

僕はテクノロジーおたくかもしれないが、顔を合わせて行うコミュニケーションを重視している。あなたにも、ぜひそうしてもらいたい。

## ストレスを減らし幸福感を増やす方法

オキシトシンのもうひとつの大きな効能は、ストレス反応を減らし、幸福感を劇的に高めることだ。他者との交流は、そのオキシトシンを手っとり早く放出させるシンプルな方法である。ザック博士は、ストレスを感じ、孤立していると感じて落ち込んだときは、自分が気にかけている相手に向かって、たとえば、「泣きたくなるよ、だれか元気を分けてくれないかなあ」などとつぶやくことを勧めている。これは**自分の幸せと健全な人間関係を大切にするための効果的な方法**だ。

僕はこの助言を、実際にさまざまな場所で活用している。たとえば、ブレットプルーフ・ラジオのフォロワーには、オンラインでの交流でオキシトシン増加のメリットを享受してもらっている。リアルなカフェも建てて、じかに会えるコミュニティの場を提供し、オキシトシン濃度をいっそう高められるようにした。サンタモニカにブレットプルーフ研究所を設立した動機もそこにあった。人びとが互いにつながって、心身ともにアップグレードするための場所だ。

さらに、友人や起業家仲間だけでなく、スタッフともできるだけ顔を合わせる時間をとるようにしている。僕は都会の喧噪から離れた島の中にある有機農園に住んでいて、そこから多くのメリットを享受しているが、ひとつ不利な点は、チームのメンバーや全米各地にあるお気に入りのコミュニティとリアルにつながるためには飛行機に乗らなければならないことだ。**その時間がとれないとき、僕のパフォーマンスは低下し、幸福度も低くなる**。つながりは、あればそれに越したことはない贅沢ではなく、なくてはならない必須のものなのだ。

**やるべきこと**

- 握手よりハグをしよう。身体的な接触の刺激でオキシトシンが放出される。
- オキシトシン濃度を上げるために、マッサージを予約しよう。

- 可能なときには電話よりテレビ会議を使おう。
- 可能なときには直接会う時間を取ろう。

HACK 32 ▼

## 「一緒にいる相手」が、あなたの幸福度とパフォーマンスを決める

いざというときに救いの手を差し伸べてくれる人とのつながりを、何事もない平時からつくっておこう。その人たちとつながることで、あなたの最良の面が引き出される。その人たちの励ましと支えによって、大きく考えることができ、人間として成長できる。

だれと時間をともにするかが、あなたのパフォーマンスと幸福度を決める。モチベーションを高める講演者のジム・ローンが言うように、「最も長く一緒に過ごす5人」の平均が、あなたという人間だ。注意深くその人たちを選ぼう。

### 「幸福を増幅させる」ためのコミュニティ

第1章でも紹介したが、ベストセラーの著者で健康推進の専門家であるJ・J・ヴァージンの息子グラントは、ひき逃げ事故に遭って生死の境をさまよう重傷を負ったが、幸いにも奇跡的に回復した（56ページ参照）。

ところで、その事故が起こるずっと前から、J・Jはたびたび会議やイベントを主催して、ウエルネス専門家たちの強力なコミュニティを構築していた。彼らの多くが、自分たちが目標を達成でき、サクセスストーリーを描けたのはJ・Jのおかげだと認めている。

そこにあの事故が起こった。J・Jの最初のメジャーな著作『ヴァージン・ダイエット』（未邦訳）がまさに刊行されようとしていたときでもあった。彼女はその本にすべてを懸けていた。出版社から受け取った前払い金だけでなく、自分の貯金も下ろして、マーケティングや宣伝につぎ込んだ。２人の息子を育てる稼ぎ手として、なんとしてもこの本を成功させなくてはならなかった。

## 「気にかけてくれる人」を持つことの大きな価値

もちろん、J・Jは本の出版を手伝ってもらうために人脈を築いていたわけではない。だがグラントが入院したとき、**仲間が大挙して現れ、出版イベントからグラントの世話まで、あらゆることでJ・Jに助けの手を差し伸べた。**

たとえば、シダーズ・サイナイ医療センターの脳損傷ユニットで働くリハビリ専門医アン・

マイヤー博士。事故が起こる前、J・Jは博士のことをほとんど知らなかった。だが、ある金曜の夜、博士はエッセンシャルオイルを用意して現れ、グラントの感覚を回復させるのを助けてくれた。

J・Jのコミュニティのメンバーが、それぞれ自分のネットワークに事故のことを伝えはじめると、J・Jのもとに名前も知らない人びとから親切な言葉が届きだした。会ったこともない一家が、グラントの枕元で祈りを捧げるために、車を3時間走らせて見舞いに来てくれた。やがて世界中にグラントのための祈りの輪が広がっていった。J・Jは、愛と癒やしのエネルギーが、世界中から病床の息子に向けられていることを感じた。

コミュニティの力がグラントの回復をどれほど助けたかはだれにもわからない。だが、J・Jは、全員が何らかの役割を果たし、奇跡的回復を後押ししてくれたと確信している。**人生で最も困難なときに、自分を気にかけてくれている人がいるとJ・Jは感じることができた。**それ自体、コミュニティの重要な役割であり、大きな価値のあることだ。それはJ・Jが、事故が起こる前から助けあうコミュニティを築くために尽力していたからこそ実現したことである。

実際、グラントの事故が起こる前に、J・Jは僕に、有無を言わせないほどの勢いで、一緒にネットワークづくりのイベントをスタートさせようと持ちかけてきた。刺激を与えてくれるコミュニティを構築する価値を知っていたからだ。そのもくろみは成功して、多くのゲームチェンジャーたちがつながった。他者を助けたいという願いが伝わってきて、僕も大いに刺激された。

## 幸福は「友人の友人の友人」まで広がる

幸せは、文字どおり伝染することが判明している。約5000人を対象として行われた比較的長期間にわたる研究で、幸せな人びとはクラスターを形成することや、幸福は人間関係のネットワークにおいて3次の隔たり（たとえば友人の友人の友人）まで広がることがわかった。[*4]

これはただの偶然でもなければ、幸せな人は互いに惹かれ合うという自然な結果でもない。科学者たちは、**幸せな人に囲まれている人は、本人も将来幸せになる可能性が高い**という結論を出した。そして、この本を読んでいるあなたは、幸せな人は成功する可能性が高いことも知っている。

このことは、人間関係と幸せのあいだにポジティブ・フィードバックループ（一方が増えれば他方も増え、一方が減れば他方も減るという、同方向に影響が働く関係）が存在することを意味している。幸せな人はもっと多くのもっと良質な関係を結んで、自身の幸せを他者へと広げ、他者をいっそう幸せにする。

「一貫してとても幸せな上位10％の人たち」「平均的な人たち」「不幸な人たち」を比べると、高い幸福度のグループは、あまり幸せでないグループより社交的であり、恋愛やその他の人間関係においても他者と強くつながっていた。[*5] 帰属できるコミュニティが存在することには、人を安心させ、原始的な脳が恐怖に対して示す反応を鎮める効果がある。

## 充足感のない成功は「究極の失敗」

僕はJ・Jのアドバイスに従って、ゲームチェンジャーたちとの交流を深めた。その過程で、多くの人から人生を変えるような貴重なことを教わった。その一人がアンソニー・ロビンズだ。トニー（アンソニー）は、人に教わって学べることと、自分で体験して学ぶ必要があることの区別を教えてくれた。目標を達成するための方法論や、ビジョンの確立とその実現のための方法論は、人から教わることができる。そういうものについては、自分でゼロから始めなくても、先人の肩の上に立って知識を吸収すればよい。

しかし、トニーが「充足の根源（アート・オブ・フルフィルメント）」と呼ぶもの、つまり、何が自分を満足させるかは自分で見つけるしかなく、ほかのだれかから教わることはできない。これはきわめて重要なことだ。トニーも言うように、**充足感のない成功は究極の失敗にほかならない**のだから。

トニーのもとには億万長者の起業家や政治家から、あるいは、たったいまアカデミー賞を受賞したばかりの映画関係者から、憂うつを訴える電話がひっきりなしにかかってくる。この人たちは自分の本当の感情を打ち明ける人がいないと感じている。すべての目標を達成したのに、それでも充足感がない。自分の人生に意義を感じられないのだ。

この問題を解決する解毒剤は、自分の外に目を向けることだ、とトニーは言う。そのためには、大きく考えるだけではなく、自分のエゴを超えた次元でものを考える必要がある。

本書に登場する多くのゲームチェンジャーたちが、より良い世界の実現に人生を捧げてきたのには理由がある。自分の欲得でものごとを考えるのをやめて、人びとの必要について考えると、成功への道が自然に開けてくるのだ。

その際、ほとんどの人は、小さな成功を積み重ねて目標に到達することを考えるが、**トニーは、10倍のサイズで大きく考えるようアドバイスする。**そうすることで、もう少し稼ごうというケチな勘定が消え去り、心から気にかけていること、身の丈を超える大きなチャレンジへと意識が向かう。それこそが真の充足と幸福をもたらすものなのである。

## 「大きく考える」ためのコミュニティ

大きく考えるように手助けをしてくれたもう一人は、ピーター・ディアマンディスだ。Xプライズ・ファウンデーションの設立者で会長、『フォーチュン』誌が選ぶ「世界の偉大なリーダー50人」の一人だ。いまは小惑星の地面を掘るためのロボットを造っている。数年前、ピーターは僕に、考え方のスケールが小さいと指摘してくれた。そのことにとても感謝している。その助言とピーターとの友情は、僕の人生に深い影響を与えてくれている。

## 「だれにとってのヒーローになりたいのか」を考える

ピーターが勧めている、大きく考えるための方法は、「自分はどんな人びとの集団の中でヒーローになりたいか」を考えることだ。

だれをインスパイアしたいのか、その人たちが必要としているものは何か？　この問いに答えることが人生の目的を決める助けになる。

目的について深い納得感が得られたら、次には自分自身にこう問いかけよう。「**その目的に向けて、自分がめざすべきムーンショット〔極めて困難な大胆なゴール〕は何か**」と。

ピーターは、心から興奮できる大胆なアイデアを持つことと、そんなことは不可能だという思い込みを捨てることを教えている。

その教えのおかげで、僕は自分のムーンショットを見つけることができた。工業化された食品製造を破壊（ディスラプト）することである。そこに狙いを定めた理由は、食べ物は食べる人の心と身体を健やかにするためにあるのに、食品メーカーが健康を損なうようなチープで中毒性のあるものを製造しているからだ。

完全無欠コーヒーはその第一歩だったが、ピーターは僕にもっと大きく考えさせようとした。ピーターから学ぶ前は、非公開の小規模なネット販売の会社のままでいるほうが、仲介業者なしで直売できるから得策だと考えていたが、もっと大きく考えることによって、**僕のゴールは何百万人もの健康増進であって、小さな会社のままではそれが実現できない**ということに気づいた。

そして方針を変えたおかげで、ここ数年で1億杯以上もの完全無欠コーヒーが飲まれるという成功を収めることができた。小さく考える間違いを指摘してくれる人たちとのコミュニティがなかったら、こんなことは起こらなかっただろう。

## 「意見を異にする人びと」とのコミュニティ

誤解しないでほしいが、自分と同じように考えて同じように行動する、気の合う人とだけ時間を過ごすべきだと言っているのではない。僕はJ・P・シアーズとの愉快で深い会話を心ゆくまで楽しんだ。J・Pはライフコーチでコメディアンでもある。よく知られているのが、絶対菜食主義やニューエイジ信仰、グルテンフリー食品を風刺するパロディだ。そう、完全無欠ダイエットも彼のネタにされている。

### 思考や感情の「矛盾」をそのまま受け入れる

J・Pは似た考え（ライク・マインデッド）の人とつきあうのは好きではないと言う。それでは自分が成長できないからだ。それよりも、似た志（ライク・ハーテッド）の人、考え方は全然違うけれども自分を受け入れてくれる人とつきあうことを好む。そう話したとき、彼は妻のヒョウ柄のタイツをはいていた！

自分と同じ考えの人たちといるのは心地よい。同意してもらえるので安心だし、異論を唱えられることもない。だが、**同意できない何かに直面するときにこそ成長の機会が訪れる**。そんなとき、抵抗したり、関係を断ったりするのではなく、反対の立場から、あるいは異なる視点から理解することをJ・Pは勧めている。

それは自分の考えを変えるためではないし、相手を説得して考えを変えさせるためでもない。中間地点に降り立つためだ。それが「理解」であり「寛容」というものだ、とJ・Pは言う。

その際にも共感は大きな役割を果たす。見解を異にする相手とは、ネットでやりとりするよりも直接会って話すほうが建設的な対話ができる可能性が高い。顔を合わせて対話するほうがオキシトシン濃度が高まり、それによって共感が生まれ、結びつきを強めることにつながる。

このアドバイスは他者と接する際だけでなく、自分自身の内面にある不協和に対処する際にも活用できるものだ。多くの人びとは自分の中で相反するものが葛藤することが許せない。葛藤を抑え込もうとする。だが、**ときには自分の中に異なる思考や感情があってもかまわない**と思えれば、心の安らぎとつながりが感じられる。

混沌とした堆肥(たいひ)から栄養が生まれるように、対立を受け入れることが内にも外にも平和をもたらす、とJ・Pは言う。内なる葛藤を抑え込もうとあがくことをやめて、自分の中にあるさまざまな思考や感情を裁かずにそのまま受容するならば、大きなエネルギーを節約できるだろう。

## 「安全第一主義」から脱却する

なじみがあるものを求め、反論を拒絶しようとする傾向は、安全を求める原始的本能の産物だ。だが安全第一のやり方でゲームを変えることに成功した人はいない。

J・Pが言うように、僕たちが興奮と創造的刺激（インスピレーション）を覚えるのは、謎に包まれているときだ。つまり、暗い森の奥深くへと進むときであり、断崖絶壁を下っていくときだ。どこに降り立てるのか、いつ降り立てるのか、そもそもどこかに降り立てるのかさえ、わからないようなときだ。

偉大な人生には、ただ生き長らえることではなく、真に生きるために死をも恐れない意志が必要だとJ・Pは考えている。その意志があれば、自動操縦で同じパターンを繰り返す棺桶（かんおけ）の中の安逸を振り切ることができる。**棺桶を打ち破って謎と未知の世界へ飛び出そう。**あなたに異議を唱え、意外な方法や不快な方法であなたを成長させてくれる人たちとのつながりを求めよう。

まじめな話、J・Pのように人間的な深みがあって創造的刺激を与えてくれる（しかも面白い）人にいつも囲まれていたら、人生はどれほど磨かれることだろう。

ともに時間を過ごす相手を選ぶことは大切だ。あなたが属するコミュニティの人びとは、最高のあなたを引き出してくれる人びとなのか、自分たちのレベルにあなたを引きずり降ろそうとする人びとなのかに注意しよう。ものごとを良い方向に変えることをためらわず、**新しいつながりをつかむことを恐れないようにしよう。**あなたの周りにいる人は、あなたに限界を意識させる人だろうか、限界を超えるよう刺激してくれる人だろうか。

**やるべきこと**

- 世界に影響を与えるという願いにふさわしい目標を設定しよう。その際、いまあなたが思っているより10倍大きいスケールで考えること。
- 自分はだれにとってのヒーローになりたいのかを自問しよう。彼らが何を必要としているかを考えよう。その答えは、あなたが追求すべきムーンショットを決める助けになる。
- あなたの思考を揺さぶり、もっと大きく考え、いまと違う考え方をするよう迫ってくれる人たちを訪ね、その人たちと接する時間を増やそう。

## HACK 33 ▼全力で「パートナー」との関係改善を行う

パートナーとの親密な関係には、あなたを別次元の成功へと導くパワーがある。それとは逆に、関係が悪ければ、やっかいな失敗へと追いやられる。悪い関係は、修復に努めるか、終了させることにして、大切なことのために使えるエネルギーを解放しよう。

パートナーとの良好な関係を築くために努力して、一人でいるよりも力が得られる状態を維持しよう。関係の形態については、伝統的な結婚観に縛られる必要はないが、コミュニティとのつながりは保とう。支えてくれるコミュニティがあれば、パートナーとの関係も強固で長続きするものになる。

## パートナーがいる人はいない人より幸せか？

パートナーと長期にわたって責任ある関係を保っている人は、年齢・性別を問わず、そうでない人より幸福である。ここで既婚者やステディなパートナーがいる人から、いつもそうとは限らないぞという声が聞こえてきそうだが、多くの研究が一致してそう結論づけている。[*6]

もちろん独身で幸せな人は大勢いるが、平均すれば、**パートナーがいる人のほうがいない人よりも幸せ**だということが科学的に実証されている。進化論の視点から見れば、パートナーとの親密な関係は、3つのF（10ページ参照）のうちの2つを支えている。安定したパートナーがいれば安心感とつながりの感覚が得られ、恐怖心が和らげられる、というのがひとつ。もうひとつのFについて言うと、種を存続させたいという本能に支配されている身体にとっては、パートナーとの関係が維持されていればストレス低減の効果がある（子どもをつくる予定がないとしても）。

恐れが減り、セックスが増える。これで幸せになれない人など、いるのだろうか？ **残念ながら大勢いる。**関係が壊れたら反対のことが起こって、幸福度もパフォーマンスも急降下するからだ。

## パートナーを「分かち合う」というアプローチ

結婚だけが幸せをもたらす種類の関係だと言いたいのではない。僕が仕事で出会う若者たちの多くが、ポリアモリー（カップルがそれぞれ複数のパートナーと親密な関係を維持すること）やその他の〝非伝統的な〟関係を支持している。極端な例かもしれないが、**彼らはそれで幸せを感じ、良好なパフォーマンスを発揮している**ようだ。

ニューヨークタイムズのベストセラー『性の進化論』（作品社）の共著者クリストファー・ライアンと話したとき、彼は、社会が性を伴う人間関係をどう見ているかは、文化によって規定されていると語った。

霊長類学や人体解剖学、現代の性心理調査、人類学などの文献を渉猟（しょうりょう）したクリス（クリストファー）は、僕たちの大昔の先祖が保持していたセクシュアリティは、明らかに僕たちよりも平等主義的で、流動的で、相互依存的だったと言う。いまの僕たちのように財産（そして配偶者）

を私的に抱え込むのではなく、資源を分かち合うことでコミュニティのリスクを軽減していた。**僕たちは類人猿の子孫ではなく類人猿だ**、とクリスは言う。だが僕たちは人工的な環境の中で生きていて、その環境は自然な性欲と対立し、必ずしも僕たちを幸せにはしてくれない。

## 長続きさせるには「コミュニティ」を使う

パートナーとの親密な関係がパフォーマンスに深く関係していることは、僕も実感として知っていたので、その分野の世界的権威であるエステル・ペレルの話を聞くことにした。精神療法医でニューヨークタイムズ・ベストセラーの著者で、現代の人間関係についてすぐれた洞察力に基づいて発言している人物だ。

### 「周囲の支え」がない関係はうまくいかない

エステルも、クリスと同様に、性をめぐる人間関係は一般に思われているよりも複雑で多層的だと考えている。婚姻関係を構成する条件も時代とともに変化する。たとえば、一夫一婦制の定義は、生涯ただ一人の相手と連れ添うことから、一定期間ただ一人と連れ添う、というものに変わった。現在、生涯を通して見れば、多くの人びとが関係解消、死別、離婚によって複数のパートナーと関係を結んでいる。

今日、パートナーとの関係のルールは根底から変わりつつある。僕たちは個人として、法的・宗教的機関がすべてを決めて差配していた1世紀前には存在しなかった、性にまつわる多くの障害や機会の間をかいくぐるようにして、パートナーとの関係を築いている。この変化の行き着く先はだれにもわからない。ほんの1世紀前には、異人種間、異文化間、異宗教間、同性間のカップルなどほとんど聞くこともなかった。だが現在、それはごく普通のことになっている。

興味深いのは、**どんなタイプの関係でも——非伝統的なものでさえ——コミュニティの支援があればうまくいく**というエステルの指摘だ。

どういう意味なのか説明しよう。婚姻にかかわる文化的な基準が変わりはじめると、そんな考えはとうてい認められないとか、絶対うまくいかないという声が上がる。

だがエステルは、アメリカで最初の「雑婚」はカトリックとプロテスタント間の結婚だったことを指摘する。そんな結婚は絶対うまくいかないと世間は言った。次に、ユダヤ人と非ユダヤ人との結婚があった。やはり世間は絶対うまくいかないと言った。そして黒人と白人間の結婚があった。そう遠くない昔には犯罪とされていたことだ。世間は絶対うまくいかないと言った。

これらの結婚が当初困難だったのは事実だが、それはカップルが孤立していたからだ。コミュニティからの支援を得られず、物心両面ともにリソースが乏しかったので、幸せになるのが難しかったのだ。

だが規範が変わり、かつては承認されなかったカップルが周囲の支援を得て、うまくやっていけるようになってきた。そこからわかることは、親密な関係を築いても、その関係がコミュニティに支えられるのでない限り、得られてしかるべき安心が得られず、微妙な生物学的恐怖にさらされつづけるということだ。

## 「オープンマリッジ」で自由な関係を築く

こうした経緯を考えれば、一度に2人以上のパートナーと関係を結ぶことが、やがては標準になるのかもしれない。クリスは昔はそうだったと考えている。エステルによれば、今日でも多くの人びとが、伝統的な結婚が約束してくれる価値（信頼できる同伴者、経済的安定、家庭生活、社会的承認など）と、ロマンチックな関係からもたらされる価値（親友、情熱的な恋人、秘密を共有できる同志など）の両方をあわせ持つ長期的な関係を欲しがっているという。

また、エステルが「自己実現婚」と呼ぶものを求める傾向もある。これは真正性（オーセンティシティ）と自分を偽らないことに価値を置くもので、そのため**驚くほど多くの人びとが「オープンマリッジ」（配偶者以外との性的関係を認めあう結婚形態）を選択している**という。相手への約束、献身、安定的で安全な関係を望みながらも、個人的な自由や自己表現、本当の自分を犠牲にはしたくないと考えているからだ。

エステルは熱の入ったインタビューの中で、不倫を避けるためにポリアモリーがあるのではないが、結果的にそれは婚姻関係を長続きさせる効果があるかもしれない、と説明した。なぜなら、パートナーの双方がその関係の中で「自己実現」の感覚を経験でき、強く結ばれたカップルになるからだ。それこそ、強い結びつきがあり、関係が長続きし、パートナーとの関係の中で自分に妥協しないという、ポリアモリーのゴールだ。誠実さと透明性が保たれれば、不倫につきものの隠しごとも、嘘も、だましも不要になる。

もちろん、これはだれにでも勧められることではない。エステルは、**どのような関係が自分にとって有効かを知り、それに正直になることが重要**だと強調する。ここでもまた孤立を乗り越えることが求められる。コミュニティの支えなしには、どんな人間関係も維持するのは困難だからだ。

エステルによれば、ポリアモリーを実践している人びとの大多数は、周囲からの非難を恐れて、それを秘密にしているために、コミュニティからの支援を得られずにいる。

## 良い関係の「ロールモデル」を設定する

どんな形態であっても、パートナーとの関係を成功させるためにはコミュニティが重要だとエステルは強調する。そのための方法として、**見習いたいと思える理想のカップルを見つける**ことを勧めている。

エステルが自分の患者に、こんな関係を築けたら素敵だと思えるカップルの名前を挙げるよう求めると、大半はだれも思い浮かべることができないという。刺激を受けているビジネスパーソンやクリエイター、音楽家や芸術家の名前なら際限なく出てくるのに、ロールモデルとしてのカップルの名前は挙がらないのだ。

何が言いたいかといえば、目標達成やパフォーマンス向上に対するのと同じ熱心さで、パートナーとの関係改善に取り組んでほしい、ということだ。模範的なカップルを見つけ、その人たちに助けてもらえるように働きかけよう。パートナーとの関係も、コミュニティに深く根ざすほど実り豊かになり、パフォーマンスが向上する。

大きなことを成し遂げたければ、パートナーとの関係をおろそかにしてはならない。**スポーツジムや職場で頑張るのと同じくらい、関係を豊かにすることに努めよう**。どんな形態の関係であれ、コミュニティとの結びつきをしっかりと維持しよう。パートナーとの関係のためにエネルギーを使うのは、身勝手な贅沢ではない。それは幸せになるために必要なことであり、成功に不可欠なことなのである。

### やるべきこと

- パートナーとの現在の関係を見つめて、自分はどれくらい幸せかと自問しよう。それで暗い気持ちになるなら、パートナーとの関係によってあなたのパフォーマンスは妨げられている。関係修復に努めるか、無駄に消費されているエネルギーを軌道修正しよう。
- 良い刺激を与えてくれる模範にしたいカップルを3組挙げよう。まったく思い浮かばない？　見つかるまで、周囲をよく観察してみよう。

● あなたはいま、パートナーとの関係を良好に保つための（もしくは理想のパートナーを見つけるための）サポートを得られるコミュニティに属しているだろうか？　もし属していないのなら、すばらしい関係を築くために（もしくはパートナーを発見するために）、自分に合ったコミュニティを探そう。

# 第12章 瞑想 非常識思考の街の「新しい常識」

## かつて瞑想はドラッグのように扱われていた

大成功している数百人の話を聞く中で、「瞑想」の体験を語ってくれた人が多いことに驚いた。しばしば瞑想の専門家をゲストに招いたのは事実だが、瞑想の重要性に言及した人のほとんどは無関係な分野の成功者で、瞑想から連想されることの多い超自然現象に興味があるタイプでもなかった。

30歳以下の読者なら、有名人が瞑想していたからといって何が問題なのか、と不思議に思うかもしれない。しかし**20年前には、瞑想は現在のスマートドラッグのような扱いを受けていた**のだ。瞑想をしているハイパフォーマーは多かったが、それをカミングアウトする人は少なかった。

数年前、僕はリンクトインの自己紹介欄に、スマートドラッグと瞑想をやっていると書いた。

それに気づいた人は、絶対に僕をクレイジーだと思ったはずだ。かまうものか、ここはシリコンバレーだ。エンジニアはクレイジーだし、カリフォルニアは変人と非常識思考の街じゃないか。それに僕は、風変わりと思われても差し支えない程度には、きちんと仕事をこなしていた。

たまに会議終了後などに、だれかが近づいてきては、小声でささやいたものだ。「きみ、瞑想してるんだって？　じつは僕もだ」。みんな批判を恐れて瞑想のことは隠していたのだ。だが、時間を早送りして現在のシリコンバレーのエグゼクティブを眺めれば、**いまや瞑想をしていないことのほうが非難されそうだ。**

瞑想の価値を堂々と語れるようになったことは正しい方向への大きな一歩だが、実際に効果的・効率的な瞑想が行われているかというと、全然そんなことはない。瞑想が助言の20位にとどまっているということは、裏を返せば、まだ向上の余地が大きいということでもある。

どんな種類の瞑想を選んでも、継続的に取り組めば、脳を支配している反射的な考えや衝動に気づいて、コントロールできるようになる。いま、この瞬間を生き、「原始的なOSに振り回される人生」から「自ら選択する人生」に変わり、成功への道を踏み出すことができる。瞑想は気づきをもたらし、気づきは選択を可能にする。

# HACK 34 ▼ 心を鍛えて、頭の中に「正しい声」を響かせる

頭の中に飛び交う批判的な声は、あなたを押しとどめ、痛みを覚えさせ、意識を脇道へと逸らせ、持てる能力を制限してしまう。

瞑想は、頭の中の声が嘘をついてあなたの集中を妨げているのか、あなたを助けようとしているのかを理解するのに役立つ。瞑想をして、頭の中に「自分で選んだ声」を響かせよう。瞑想によって、幸福度とパフォーマンスは大きく向上する。

## 瞑想で「新しい神経回路」をつくる

HACK16で、ビル・ハリスの物語を紹介した。経済が破綻した2008年に、ストレスフルな離婚を経験した人物だ。彼はそれまでやっていた瞑想をやめてしまった。そして気がつけば、スピード違反の切符を6枚も切られ、運転免許を没収されていた。

瞑想の中断と運転免許停止に何かつながりがあるのだろうか？ **瞑想はストレスに対する身**

**体の化学反応を抑制する。**ビルによると、瞑想にそのような効果がある理由は、休息とくつろぎをもたらす副交感神経系を活性化し、闘争・逃走反応を起こす交感神経系の働きを抑えるからである。

瞑想は意思決定に関わる脳の前頭前皮質を強くすることも証明されている。だから定期的に瞑想していれば、運転中に急に前に割り込まれたときでもストレス反応が抑制され、危険を感じてうろたえるのではなく（ビルの場合は張り合ってアクセルを踏み込んだ）、適切な決定ができるようになる。

## 感情に抵抗するのをやめる

では、瞑想はまず何から始めたらよいのだろう？　瞑想を始めるときには、**何かを期待することをやめ、無心になってものごとが起こるに任せる**ことが大事だとビルは言う。

多くの人びとは、嫌なことがあれば抵抗したり避けたりしながら日々を暮らしている。そんな抑圧された感情が瞑想中に浮かぶと不快に感じるが、感情そのものが不快なのではなく、その感情に抵抗しようとすることが不快なのだ。何が浮かんでこようと、その感情を受け入れるスペースを自らに与えれば、不快感は消え、その感情に適切に対処できるようになる。

## 「自分が考えていること」に好奇心を向ける

これから瞑想を始めようとするとき、一瞬、心を落ち着け、好奇心を持って自分が何を考えているのかを観察してみよう。

ほとんどの人は、感情の引き金(トリガー)と反応のあいだにはスペースがあることに気づいていない。なんらかの刺激で引き金がひかれると、それによって決まった感覚が生じると思いがちだが、人間の頭の中には、外から入ってくるデータを恐れのフィルターを通して解釈し、感情に翻訳するシステムがある。要するに、ミトコンドリアはあなたの意識を潜在的な危険へと向けさせ、それにあなたの意識を縛りつけたいのだ。

そうなると刺激－恐怖－反応の悪循環に陥ることになる。恐怖は人間から注意力を奪い、本能的な防衛行動に向かわせる。運転中に急な割り込みをされてストレス反応が起きると、あなたは腹を立て、汚い言葉をぶつけてしまう。

**この循環を遮断できれば、たとえ脳が危険だと告げても、危険ではないと思うことができる。**怒りや恐怖で反応するか、無視してなんの反応もしないかを、選べるようになるのだ。

長期にわたって瞑想をくり返すと、新しい神経回路が形成されて幸福感、静けさ、安らぎ、集中力、創造性といったものが優勢になり、発作的反応、怒り、抵抗などが弱まる。

ビルは、昔の自分は本当に怒りっぽくて、ぶっきらぼうで、つきあいづらく、不幸で、落ち込んでいたと認めている。瞑想がビルを芯から変えて、まったく異なる人生へと導いてくれたのだ。

# 頭の中の「ストーリー」を書き換える

懐疑心があっても瞑想は効果をもたらす。嘘だと思うなら、エミー賞を受賞したジャーナリストのダン・ハリスにたずねるとよい。懐疑派を自認する彼だが、瞑想から得たメリットの大きさに驚いたことを認めている。

ダンは瞑想について自分が知ったことを分かち合うことを使命としている。**瞑想は心と身体のウエルネスを促進し、健康的な社会をつくるための改革を牽引する原動力になる**、とダンは考えている。いじめ、教育、子育て、結婚、政治、そのほか生活のあらゆる側面の改善に取り組む改革において、瞑想が意味のある役割を果たせると考えているのだ。

## 「恐怖」にハンドルを握らせるな

ダンは以前、ABCの「ナイトライン」の通信記者をしていた。バンクーバー島の僕の家に飛行機でやってきて、スマートドラッグをどんなふうに使ってシリコンバレーで成功したのかをインタビューしてくれた。このインタビューがきっかけとなって、モダフィニルというスマートドラッグが全米の注目を集めた。

インタビュー後に、僕たちは裏庭で一緒に瞑想をした。ダンが瞑想に懐疑的なのはわかったが、はじめてではなさそうで最後までやり切った。僕の愛犬のマーリンもそれを感じたらしく、ダンの周りをうろうろして、彼の足の上に座った。マーリンはだれかが瞑想していると仲間に加わる。人間のエネルギーが瞑想中に変化するとき、犬はそれを感じ取れるのだ。

その後、真剣に瞑想に取り組むようになったダンは、やりたくないことをやってしまうのは、知らず知らずのうちに考えが恐れに支配されているからだとわかってきた。恐怖を運転席に座らせ、ハンドルを握らせていたことに気づいたのだ。ダンにとって瞑想とは、**心の動きを捉えられる覗き眼鏡であり、ダンは自らの内面を知ることによって無意識の支配から逃れることができた**。瞑想の効果はたくさんあるが、初心者や懐疑派にとっては、それが最初のシンプルな目標だ。

瞑想は複雑なものではないし、謎めいたものでもない。特定の何かを信じることも、何かの集団に加わることも、特別な服を着ることも必要ではない。奇妙な姿勢で座ることとも関係ない。本当にとてもシンプルだ。だが、学んで実践する必要がある。

## 「余計な心配」のサイクルから抜け出す

ダンは、自分の使命は瞑想についてははっきりと、大きな声で、多くの場所で語って、実行可能な選択肢だと認めさせることだと考えている。

瞑想やマインドフルネスを行えば、有意義で建設的な苦悩と、無意味な心配のくり返しとを区別できるようになる。大きなことを成し遂げようとすれば、心が乱れる体験もあれば苦しむこともある。そんなとき、僕たちは心配し、策をめぐらし、計画し、戦略を構築する。恐怖に立ちすくんでしまうかもしれない。しかし、いつも大惨事に遭遇したかのようにうろたえて、最悪のシナリオを細部まで検討せずにはいられなかった人が、たとえば17回目にふと立ち止まって、「**こんなことをする必要、ないんじゃないか？**」と自問できるかもしれない。それが生きた瞑想がもたらす、強力な結果のひとつである。

例を挙げよう。ダンが僕と話したとき、彼の息子は1歳半で、歯を磨きたがらない子どもだった。ダンの心の中でさっそくストーリーができあがっていく。息子は決して歯を磨かない、歯がぼろぼろになる、まともな仕事に就けない、人生がめちゃくちゃになる……。

ダンのマインドは何年もそんなストーリーを耳元でささやきつづけてきたが、瞑想したことによってダンはそのことに気づいた。そこで、イライラしたり瞬間的に反応したりせず、落ち着いて子どもに向きあって対処することを選択できるようになった。それこそが、引き金と反応のあいだのスペースだ。これは瞑想のすばらしいメリットのひとつだと僕は思う。

ダンはすべての人に、心は鍛えられると知ってほしいと願っている。**その気があれば、だれでも心を鍛えることができる**。自分の嫌いな部分を消し去ることはできないが、瞑想を続けていれば、だんだんと嫌な人間ではなくなっていき、短気の虫がおさまり、自分にも人にも残酷ではなくなる。それがゲームチェンジャーというものだ。

## HACK 35 ▼「身体感覚」をハイジャックする

やるべきこと

- 瞑想を教えてくれるクラスを見つけよう。ネット上のものでも、リアルな教室でもよい。参加しよう。
- 僕のお気に入りのツールは、ダン・ハリスの10% Happier瞑想のアプリだ。www.10percenthappier.com（英語）
- 最初の1カ月は、必ず毎日、少なくとも5分間は瞑想しよう。もっと長くできればそのほうがよいが、ともかく習慣づけること。自然と自分に合った瞑想のタイプや時間の長さがわかってくる。

呼吸はあなたの脳と心臓をコントロールしている。身体はその他の何に対するよりも速く、酸素の欠乏に反応するからだ。呼吸を賢く使って、ストレスの多い状況下でも穏やかでいられるように身体を整えよう。身体を整えて酸素を賢く使おう。

身体がストレスを感じなくなり、もっと効果的に酸素を吸収できるようになれば、自由に使えるエネルギーが生まれる。ただ無意識に呼吸していたのでは、世界に与えられる影響は小さいままだ。世界に影響を与えたければ呼吸を意識しよう。

## 「寒冷体験」で身体能力を取りもどす

極端な温度に耐えることで20個のギネス世界記録を保持しているヴィム・ホフは、靴と半ズボンだけでエベレストとキリマンジャロに登った強者（つわもの）だ。〝アイスマン〟のニックネームでよく知られている。彼が氷河の間をウエットスーツなしで泳いでいる映像をテレビで見た人もいるかもしれない。

ヴィムが開発した呼吸法は、酸素を一気に大量に細胞に送り込み、細胞が効率よく酸素を使えるように訓練する、というものだ。呼吸のテクニックは瞑想のテクニックでもある。それが有効なのは、**過酷な状況下で、感じて当然のストレスを感じないように身体に教え込む**からだ。

ヴィムとはじめて会ったのは、彼がブレットプルーフ・カンファレンスにひょっこり現れたときだった。僕はヴィムをステージに呼び寄せた。すると彼は、1分も経たないうちに、300人の観衆が見守る中で、僕に腕立て伏せをしながら彼の呼吸法をさせた。僕は少し酔った気分になったが、彼はおかまいなしに続けさせた。ふらつく足で立ちあがりながら僕は思った。

「いったい何者なんだ、こいつ?」。ヴィムは恐れ知らずの男だ。ポッドキャストのインタビューを聞けば、ヴィムが自分の挑戦に懸ける情熱が伝わってくる。

## 「深呼吸」で細胞のエネルギーを引き出す

人間は最も基本的なレベルで身体とつながる能力を失ってしまった、とヴィムは言う。それは酸素を使って身体の化学的状態に働きかける能力だ。この断絶の悪影響が、典型的な現代の西洋式の食事とライフスタイルで増強され、病気の下地をつくっている。

汚染された水を飲んだり加工された食品を食べたりしたら、身体は自身を解毒するために大量の資源とエネルギーを使い尽くし、それが細胞にストレスを加える。そのストレスと闘うひとつの方法が、呼吸を利用してバランスを取りもどすことだ。ヴィムの深呼吸のテクニックは、寒さから身を守るだけでなく、生体の化学反応をコントロールして、身体の内側から組織を浄化し、細胞のエネルギーを引き出してくれる。ヴィムはそのことを証明するデータも得ている。

ヴィムのメソッドは3つの要素から成る。**①深呼吸、②身体を徐々に寒冷な環境にさらす、③考え方**（マインドセット）だ。40年にわたるフィールドワークの中で開発されたその方法は、めざましい成果を挙げている。彼が行った最初の実験では、18人の被験者は、それまで寒さに耐える訓練など経験したことはなかったが、4日間の訓練を終えると、氷点下の冬に屋外に出て、半ズボンだけで5時間耐えることができた。

ヴィムのテクニックがこれほど有効なのは、脈管系（血管・リンパ管など）の機能を最適化して、身体の細胞と血液に酸素を効率的に送り届けられるようにするからだ。これで安静時心拍数が下がり、身体のストレスが軽減される。呼吸数は心拍数に直結しており、身体を徐々に寒冷にさらすことは交感神経（闘争・逃走反応）の活動を抑える。つまり、**寒い中で深呼吸すると、心拍が落ち着き、ストレスが消えるのだ**。

ヴィムは、この呼吸法を行うと身体がストレス・不安モードから安心モードに切り替わり、余剰のエネルギーが生まれ、それが身体を温め、癒やすのだと説明している。

## シャワーの最後「30秒」を冷水にする

ヴィムはゆっくり始めることを勧めている。シャワーを浴びるとき、**週に1度、最後の30秒を冷水に切り替えて締めくくる**のだ。その程度のことから始めて、頻度と継続時間を徐々に増やしていく。

その呼吸法は、座って、身体を楽にして、目を閉じて行う。自由に肺を膨らませられる姿勢を確保すること。そして朝いちばん、まだ胃がからっぽのときに行うことを、ヴィムは勧めている。ウォーミングアップとして、やや圧力を感じるまで鼻から深く息を吸う。そこで一瞬、息を止めて、次に口から完全に吐き切る。身体からできる限り空気を押し出す。なるべく長く息を吐きつづける。これを15回くり返す。

次に鼻から息を吸って、口から短く強く、風船を膨らますイメージで吐き出す。息を吐くときは腹を引っ込め、吸うときは膨らませる。これを一定のペースで30回ほど、身体のすみずみまで酸素が行きわたったと感じられるまで行う。

すると頭がくらくらしたり、身体がぞくぞくしたり、**まるで電気エネルギーに打たれたような感じがしたりするかもしれない**。その際に、身体のどこにエネルギーがあふれ、どこに不足しているかを意識し、その両極のどこでエネルギーがブロックされているかを感じ取る。その壁に向けて息を送り込むことを意識しながら、呼吸を続けること。

## 「バランシング呼吸」で右脳と左脳をつなぐ

寒いのは苦手だという人にも、効果のある呼吸法はたくさんある。僕はエミリー・フレッチャーに行き着いた。忙しくて活動的な人のための瞑想法を教えるジヴァ・メディテーションの設立者だ。彼女が瞑想の訓練を始めたのはヨガの聖地、インドのリシケシでだった。ブロードウェイのパフォーマーとして活動した10年間で、心身両面に及ぶヨガの深遠な効果を実感し、瞑想の先生になることに決めたのだと語ってくれた。

## 「左右の鼻の穴」で交互に呼吸する

エミリーに、生徒たちに最も効果があった呼吸法を教えてほしいと頼んだところ、「バランシング呼吸」と呼ぶ呼吸法を指導してくれた。**左脳と右脳のバランスを取るための呼吸法**だ。

エミリーが簡略化して教えてくれた説明によれば、「左脳」は過去と未来、批評的・分析的思考といった、現代生活に不健全なまでに浸透しているあらゆる活動を司っている。脳のこの働きが、僕たちが「いま・ここ」に集中することを難しくし、フローの状態に入りにくくしている一因である。

他方、かわいそうな「右脳」はと言えば、創造性や問題解決、いま・ここの認識、直感などをコントロールしているが、退化している。バランシング呼吸は、そうした右脳と左脳のアンバランスを正すための方法だ。

**瞑想のメリットのひとつは脳梁（のうりょう）が太くなること**だとエミリーは言う。脳梁というのは左右の大脳半球をつなぐ白い細片だ。これが大事なのは、脳梁が太くなるほど、左右の大脳半球のつながりが保たれ、その溝をしっかりと埋められるからだ。つまり、上司にどなられても、渋滞にはまっても、妻（夫）とケンカしても、創造的な解決策を見つけやすく、恐れや怒りの反応に支配されることなく、いま・ここに集中できるということだ。ちなみに、平均すると女性のほうが男性よりも生まれつき脳梁が太いのだそうだ。

バランシング呼吸は、右手の親指と薬指を使って行う。そっと右の鼻の穴を親指で閉じて、左の鼻の穴から息を出し切る。次に左の鼻の穴から精いっぱい息を吸い、吸い切ったら薬指で左の鼻の穴を閉じる。親指を離して、右の鼻の穴から息を出し切る。そして今度は、右の鼻の穴から精いっぱい息を吸う。このパターンを左右交互に続ける。最後には、始めたときと同じく、左の鼻の穴から出し切って終わるのがよい。

疲れを感じていて集中するためのエネルギーが欲しいときには、これを速く行う。**興奮していたり神経質になったりしていてリラックスする必要があるときには、ゆっくりと行う**。それは、心身をゆるめてゆっくりと瞑想に入っていくのに良い方法でもある。

深く瞑想するときには、いっさいの思惑が消え去って、あなたは弓から放たれる矢にも似て、ただ起こることに身を任せることになる。

## 批判より「直観のささやき」に敏感になる

エミリーの説明では、瞑想やヨガの先生の多くが、最初の入り口として呼吸法を教えるのは、呼吸と思考はある程度まで意識的にコントロールできる自律的な機能だからだ。僕たちはいつも無意識に呼吸しているが、意識的に遅くしたり、速くしたり、鼻の穴を切り替えたりできる。思考でも同じことが可能だ。僕たちの脳は、呼吸や心臓の鼓動と同じで、いつも無意識に何かを考えている。脳に考えるのをやめさせることはできない。そうすることが瞑想の目的でもない。だが、脳に意識的に働きかけて、思考をある程度コントロールすることはできる。

瞑想をすればするほど、左脳の批判的な声を抑えて内なる静かな声を聞き取れるようになる。**瞑想はジムで右脳をトレーニングするようなものだ**。そうしたからといって頭脳明晰になるわけではない。頭脳を明晰にすることが瞑想の目的なわけでもない。

とはいえ瞑想をすると、頭の中の批判的な声のボリュームが下がり、直観のささやきが聞こえやすくなる。あなたを導くかすかな声に耳を傾ければ傾けるほど、その声は大きく聞こえてくるようになる。

**やるべきこと**

- シャワーを浴びるとき、最後の30秒もしくはそれ以上を冷水に切り替えよう。少しずつ進めるのがよいだろう。水を顔と胸に当てると、最大の効果が得られる。
- バランシング呼吸を一日数分、できれば瞑想の前に行おう。

# HACK 36 ▼ 急げ！ もっと「効率的」に瞑想せよ

瞑想に要するコストは、そのために使う時間とエネルギーだけだ。報酬はパフォーマンスと幸福度の向上である。瞑想に投資する時間を減らして、得られる報酬を増やすことができれば、投資効率は上がる。

瞑想しよう。基礎が身についたら、もっとうまく瞑想しよう。

## いちばんの「近道」を使って瞑想しよう

僕は瞑想を20年間、続けている。チベットの僧侶と一緒に行ったこともあるし、電極を頭に貼りつけて行ったこともある。ありとあらゆる方法を試した。それでわかったのは、瞑想のために長時間を費やしながら、得られるべきメリットを得ていない人が大勢いるということだ。運動しているのに、頑張りに見合う効果を得ていない人が大勢いるのと同じだ。時間とエネルギーは最も貴重な資産だ。**なぜ必要以上の時間を費やす必要があるのか？**

ゲームチェンジャーは瞑想のテクニックも一流のものを身につけている。もちろん、長時間瞑想するほうが個人的・精神的な充足が得られるというのならば、やるなとは言わない。だが同じ時間で最大の効果を期待するなら、もっと速く瞑想できるツールを利用しよう。

### 毎週、「精神のシャワー」を浴びる

駆け出しのエンジニアだったころに、同僚から、一緒にインド人のグルから呼吸法を習わな

いかと誘われたことがある。でも僕は断った。大勢がひとつの部屋の中に座って、一緒に呼吸している図を想像すると、カルト的な気味の悪さを感じたからだ。

数年後、その呼吸法はパフォーマンスを高めるテクニックだという説明を聞いて、確かめたくなった。カリフォルニア州サラトガ、瀟洒(しょうしゃ)な邸宅で行われたアート・オブ・リビングのエグゼクティブ向け週末セミナーは、感動的と言えるほどの体験だった。

その後5年間、僕はこのプログラムで学んだ呼吸法を毎朝行った。毎週土曜日には夜明けとともに起き、車を45分走らせて、テクノロジー企業のエグゼクティブ数人と呼吸エクササイズをした。僕は信じられないような呼吸のパワーと効果と、それが人を変容させることを知った。**パフォーマンスが上がり、生産性が高まり、周囲の人びとに親切になった。**人間関係を含むあらゆることが改善された。

僕以外のエグゼクティブたちもその価値を認め、時間をかけて呼吸法の練習を一緒に続けた。そのエクササイズが有効だったのは、呼吸法の効果のせいだけではなく、一緒に行うことで得られるコミュニティの感覚のおかげでもあった。一人が僕にこう言った。「続けているのは、毎週精神のシャワーを浴びてるみたいだからなんだ」

ゲームチェンジャーは、あの手この手で自分に有利なカードが配られるように工夫をする。あなたにも同じことをするようお勧めする。

## 「先生」につくのがてっとりばやい

多くの人が瞑想を始めるが、効果がなくて数週間後にはやめてしまう。方法が間違っているか、エゴがじゃまをしているのだろう。もっと早く効果が出てしかるべきなのに、何年も涙ぐましい努力をして、わずかな効果しか得られない人もいる。

瞑想はシンプルに見えるので、先生やコーチを雇うことに抵抗を感じる人がいるが、じつは見かけよりもずっと複雑なのだ。**先生やテクノロジーの助けなしには、違いを生み出せる脳の状態に到達できているかどうかがわからない**。最近は瞑想の人気が高まったせいで、ネット検索をすれば雑多な情報が飛び込んできて、間違った方向へと誘導されかねない。

瞑想の質を高めるために、僕は何人もの話を聞いた。ここまでこの章では、ビル・ハリス、エミリー・フレッチャー、ダン・ハリス、ヴィム・ホフを紹介してきたが、全員、レベルの高いテクニックを使って瞑想を教えている。

さらに瞑想のレベルを引き上げて、短時間でより大きな効果が得られるように、僕は最新テクノロジーの専門家からも話を聞き、とうとうシアトルに独自のニューロフィードバック施設まで開設してしまった。

## 「心拍変動」をチェックしながら瞑想する

瞑想の効果を高める基本的テクニックのひとつが心拍変動（HRV）トレーニングだ。第9章で述べたとおり、HRVはストレス反応の評価に使われている（304ページ参照）。1分間の心拍数のことではなく、心拍と心拍の間隔を測って、その変化や、ばらつき具合を見るというものだ。

闘争・逃走状態のとき、心拍の間隔は一定に保たれ、HRVはフラットな直線を描く。だが**心が安らいだフロー状態のときは、心拍数にアップダウンがあっても、HRVは大きく高まる。**ある2つの心拍の間隔が、その次の2つの心拍の間隔と大きく異なるということだ。HRVは脳波から心臓血管の健康まで、さらには周囲の人たちにまで、あらゆることに影響を及ぼす。

長年HRVを研究しているハートマス研究所が開発した技術は、使用者にHRVが高いときの感覚を把握させ、意識的にその状態に入ることを助けるというものだ。呼吸中の心拍を測り、身体の状態を示すシグナルを使用者に送り、瞑想が良好に行われているかどうかを教えてくれる（良い状態を意味する高HRVでは緑、逆に低HRVでは赤のライトが点灯する）。僕は数年前にこれを使ってその有効性を実感したので、パフォーマンス向上のための指導を行っているクライアントにも使った。

僕がコーチをしているクライアントの一人は、10億ドル級のヘッジファンドマネジャーで、慢性的に闘争・逃走状態にあったが、当人にはその自覚がなかった。僕は食事、睡眠、瞑想などとあわせてHRVトレーニングを勧めた。当初は抵抗があったようだが、6週間続けたら、自分の意志でストレスレベルを変えられるようになり、改善を実感することができた。

そこで彼は、仕事中にHRVを測ってみることにした。自分のディーリング・コンソールに早めに着席して、HRVセンサーを装着した。市場(マーケット)が開いてベルが鳴ると、**シグナルは彼が赤の「ストレスゾーン」に入ったことを示し、終日そのままだった。**平静な状態でディールを行えるようになるまでには、さらに6週間を要した。

彼は仕事中にリラックスして集中できるようになったことで、正しい意思決定ができるようになり、トレーダーとしてさらに成功した。一日の仕事が終わったときにも十分なエネルギーを残せるようになった。一日じゅう気づかないうちに神経をすり減らしていたら、疲れるのも無理はない。

## 脳波計を利用して40年を5日に凝縮する

次に紹介するのは、僕にとって最も重要なテクニックで、脳波をトレースする電極を頭に貼りつけて瞑想する、というものだ。科学者は50年前から脳波を観察しつづけているが、その対象は、ほぼつねに機能障害を起こしている脳だ。だが、いまや上級の瞑想実践者の脳波について多くのことがわかっており、効果的な瞑想の仕方もわかっている。
僕は１９９７年に最初の脳波計を家に持ち帰った。それ以来、この機械の性能を――ついでに自分の脳も――アップグレードしつづけている。ありとあらゆる種類の瞑想を行ったが、**コンピュータから毎秒１０００回のフィードバックを受けながら行う瞑想の効果はずば抜けていた。**

それが、「40年の禅」と名づけた神経科学施設をシアトルに設立した理由だ。一見すると「恵まれし子らの学園」（映画『X－MEN』に登場するミュータントの学校）と勘違いしそうな場所に、成功を収めた人びとが集い、さらにパフォーマンスを高めるための訓練を行っている。脳を次のレベルへと引き上げるハードウェアとソフトウェアを使って、それなしでやれば同じ効果を得るのに何年もかかるような瞑想を、５日間の集中コースで行っている。

目標は、数十年間、瞑想を続けてきた人と同じ脳の状態を実現することだ。いわば瞑想のための究極の近道であり、多くの研究がニューロフィードバックはIQを上げられると証明している。[*1] 冗談ではなく、「40年の禅」がめざすムーンショットは、**瞑想によって地球上のIQを平均15ポイント引き上げる**ことだ。

過去数年にわたって、僕はハイパフォーマーたちの脳波を測定してきた。それを機械学習を使って分析し、共通する脳のパターンを解明し、教えることのできる方法を確立しようとしている。次のステップは、このテクノロジーを学校や職場、家庭で安全かつ有効な方法で利用できるようにすることだ。いま、この本を書きながら、僕はそのために動いている。
あなたがこの本を読んでいるとき、瞑想の効果を高める究極の近道が世界中でありふれたものになっていて、だれもが頭の中の声を書き換えはじめていればよいのだが。パフォーマンスを向上させ、自己認識を拡大させる、さらにスピーディーで効率的な方法が登場することを僕は願っている。

**やるべきこと**

- いますぐ瞑想のクラスに参加しよう。難しいことは何もない。
- 心拍変動（ＨＲＶ）を測定し、コントロールする訓練をしよう。僕はトレーニングにはハートマス（HeartMath）を、睡眠時のＨＲＶのモニタリングにはオーラ・リング（Oura ring）を使っている。

# 第13章 自然
## 大人も「泥遊び」をすべき科学的理由

### 「自然の中で過ごす」だけで身体がパワーアップする

よりによって外で泥まみれになるなどというシンプルなことが、インタビューした人たちが挙げる重要事項のトップ20に入るとは想像していなかった。

すべてを自分で試すという方針に従って、僕は10年前、屋外で過ごす時間を増やすために、シリコンバレーから（人とのつながりは維持しつつ）バンクーバー島の森の中へ引っ越した。子どもたちへの最高のプレゼントは、自然の中で育ててあげることだとわかった。自然豊かな環境は、僕の気分と認知パフォーマンスも大いに向上させてくれた。

それは僕だけが感じる効果ではない。自然の中で時間を過ごすことは、脳と腸に滋養を与え、細胞により多くのエネルギーを生成させ、**少なくとも医薬品程度には、うつ状態を緩和させる効果がある。**

どこに住んでいても、どんなリズムで暮らしていても、ついおろそかにしがちな重要事項を実行することはできる。それは、家から外に出るということだ。そうすれば家の中にいるときのパフォーマンスも高まる。

## HACK 37 ▼日常をジャングルにして、自分を「野生化」する

ほとんどの人は文明化された機械的な環境の中に住んでいる。経済的には効率が良くて、何かと便利なのは事実だが、この環境は僕たちをさらに高いレベルに押し上げてくれるエネルギーには欠けている。

外に出ていって、もっと多くの時間を自然の中で過ごそう。木々を眺めよう。草花の匂いを嗅ごう。本物の食べ物を味わおう。日の光を浴びて汗をかこう。寒さに震えよう。

あなたの神経を、これまで人間が進化してきた環境の中に置いてやれば、身体の生物学的状況が変わり、パフォーマンスが向上する効果が現れる。

## 人工物を「自然のもの」に取り換える

ダニエル・ヴァイタリスは、人間の中に存在する野生――自由で、気高く、飼いならされていない生――を追究することに没頭している。その情熱は、人間を対象とする動物学と発達研究の交差する部分に注がれている。言い換えれば、現代の生活の中で、先人の知恵とその時代に存在した自然の恵みを活かして、**僕たちの内面に眠っている野生の本性を目覚めさせようとしている**のである。

かれこれ20年間、初期の人類の暮らしぶりをモデルにした生活や活動の方法を開発して、現代人が自らの中にある野生に触れることを手伝っている。ちょっとついていけない面もあるが、現代に生きる僕たちに野生への回帰を勧め、パフォーマンスを最大化するよう鼓舞していることに僕は共感する。

### 「家畜化」された不健康な人間

ダニエルは、何かを人の手が加えられていない自然な状態にもどすことを「再野生化（リワイルディング）」と表現する。反対語は「家畜化（ドメスティケイティング）」で、その語源は「家」を意味するdomicileだ。

人間は何千年にもわたって野生の動物を家畜化し、植物を栽培化（ドメスティケイティング）してきた。僕たちが食べているロメインレタスは野生のラクトゥカ・セリオラの栽培版であり、ペットの犬はオオカミの家畜版だ。その過程で**人間は、動物や植物だけでなく、自分自身をも家畜化してきた**。

ダニエルは、現代の人間はホモ・サピエンスではなく、家畜化された「ホモ・サピエンス・ドメスティコ・フラギリス」〔フラギリスは「変異」の意〕だと主張する。言い過ぎの気もするが、言いたいことはわかる。

家畜化は人類をどう変えたか？　ダニエルに言わせれば、いまの人間は野生の祖先より洗練されたが弱くもなった。痩せたし、線が細くなり、小柄になった。囚われた環境下でつがい、子を産み、家畜化・栽培化された食物を食べている。要するに、**現代人は家畜化が生んだ人間の亜種なのである**。なかなか過激な考え方だ。

裏を返せば、どこかに野生を保った人類がいる、ということになる。この地上のどこか孤立した地域に、いまも土地に根ざした暮らしをする人びとがいる、ということだ。そのような野生の人間は僕たちよりも健康で、強くて、元気だとダニエルは言う。

だが、そんな人びとの多くは滅んでしまった。いま僕たちは、野生の人間が絶滅するかもしれないという、人類史の大転換期を生きているとダニエルは考えている。もし彼らが絶滅してしまったら、人間の遺伝子プールは脆弱になってしまう。だからこそ日常の実践によって、**まだDNAの中で生きている野生を目覚めさせて、自分を再び野生化させなくてはならない**のだ。

自分を「再野生化」するためには、現在のライフスタイルを調べて、どうしたらそこに自然の一部を取りもどせるかを考える必要がある。ジャングルにいるチンパンジーをアメリカの家に連れてきたと想像すればよい、とダニエルは語っている。チンパンジーの健康を保ち、健康なまま長生きさせたいと思うなら、アパートに押し込めてリモコンを持たせたり、加工食品を与えたりするのではなく、**なるべくジャングルの自然に似た生息環境を整えることが必要だ。**

しかし、僕たちはそんなふうに生きてはいない。それはダニエルに言わせれば、自らの手で進化を止め、将来の世代に引き継ぐべきDNAを害していることにほかならない。彼は、この遺伝コードの毀損は、心臓病、癌、糖尿病、虫歯、骨欠損などの現代病の増加に直結していると示唆する。人類はいま、自分を見失っているのだ。

## 「野生化」するほど健康になれる

ダニエルに言わせれば、僕たちはいま、人間農場で生きている。その農場の目的は、人間の健康、幸福、福祉、長寿ではない。早死にするとわかっていても、どんな犠牲を払ってでも、目的はとにかく最大の生産性を達成することだ。

僕たちは生まれたときから囚われの身だ。生まれるなり、へその緒を切られ、トラウマを背負う。何かを教え込まれる。洗脳される。製品とサービスを生みつづけ、税金を払いつづけ、天寿を全うすることなく死んでいく。それが人間農場だというのだ。

いやはや、なんとも気が滅入る人生の要約だ。文明がもたらした数々の恩恵を無視している。しかし、**そこにはパフォーマンスを最大化するのに何が必要かを考えるためのヒントがある。**

ダニエルは、人間農場ではなく人間動物園をつくることができる、と考えている。人間が最高の健康状態で生きられ、野生を発揮でき、遺伝子が保全されて長生きできる場所だ。そんな動物園で生きるためには、できるだけ野生に近い環境と食べ物を取りもどさなくてはならない。それを完璧に行うのは無理だが、少しでもそれに近づけることが大切だ。このことは、周囲の環境を変えて自分の生物学的状態を完全にコントロールするという、バイオハッキングの精神そのものだ。

ダニエルは、文明を遮断して森に住めと言っているのではない。そうではなく、こう考えることから始めるのだ。**野生の人間を自分の家に招くとしたら、どんな準備をするか？** 何を食べてもらうか？ 何をするか？ 何をして楽しむか？

それと同じことを自分の生活に取り入れればよいのだ。そうすれば農場は動物園に近づく。

## 野生を目覚めさせるシンプルな方法

もちろんと言うべきか、ダニエルの考えには多数の批判が寄せられた。それは野生という考えが文明社会ではタブーだからだ、と彼は指摘する。文明を維持するために、人間は自らに、野生は怖くて無秩序なもの、人ならぬ何ものかが住まう場所と思い込ませ、それに触れるとこれまでの進歩が損なわれ、ふたたび野蛮な状態にもどってしまうと思い込ませてきたのだ。

だが、野生は正常なだけでなく健康でもある。**自然から一歩遠ざかるごとに、人間の健康は少しずつ弱められていった**。原因は座り過ぎであり、健康な植物や動物から十分な栄養を摂らなくなったせいであり、新石器時代から始まった農作業のせいである。

野生の環境では、人間はもっと健康だった。屋内での生活を始めるまでは、つねに新鮮な空気を吸うことができたし、四六時中、埃に煩わされることはなかった。1930年代以降はそこに、エアコンと冷蔵庫が空気中に放出するフロンや、工業生産されたカーペットや家具に含まれるさまざまな有害物質も加わった。

完全に野生にもどることはできないが、ダニエルは、**遺伝子の中の野生を目覚めさせるシンプルな方法**を勧めている。どれも本書の各所で紹介したアドバイスと一致している。すなわち、体内に新たな有害物質を入れない、すでにあるものは取り除く、食事の質を改善する、新鮮な空気を吸う、日光を浴びる、土に触れる、清浄な水を飲む……要するに、外に出て自然に触れ、屋内環境を自然に近づけ、再野生化をめざすということだ。

**やるべきこと**

- 室内に植物を取り入れよう。農薬を使っていない有機栽培の植物を選んで、土にカビが生えないように気をつけること。
- 旅行したときは自然の中でハイキングをしよう。

あなたの環境を農場よりも動物園に近づけるために、できることを3つ実行しよう。

# HACK 38 ▼ 毎日「太陽光」を浴びてパワーを生み出す

日光は栄養だ。栄養を摂り過ぎると糖尿病になるように、日光も浴び過ぎると癌になる。しかし日光不足をジャンクライトで置き換えようとするのは、本物の食べ物とジャンクフードを取り替えようとするのに等しい。

少なくとも一日20分、本物の日光を、露出させた肌に浴び、反射光（直射日光ではなく）を目に入れれば、パフォーマンスが上がって、寿命が延びる効果がある。睡眠が改善され、抗うつ効果があり、活力を与えてくれる。日光は必須のものだ。

## 肌を露出して「裸足」で歩く

ジャンクライト（パフォーマンスを妨害する人工光）について警鐘を鳴らした最初の一人は、

テレサ・S・ワイリーだ。時代に先駆けること15年、人間の健康にとって日光と暗闇の両方に適切に身を置くことの重要性を説く本を出版した。

　その後2017年に、サーカディアン・リズムを生み出す遺伝子とそのメカニズムを発見した科学者にノーベル生理学・医学賞が授与された。健康増進の分野でも、先駆的指導者の何人かが、光と闇を使って生物学的状態を改善する方法を追求しはじめた。僕もその一人だ。

　その方面で最も有名なのは、たぶんジョゼフ・マーコーラ医師だろう。整体療法の専門医で、ここ20年間ネットで最もアクセスの多い健康系サイトを運営している人物である。彼が推奨することの多くは、いつも時代の先を行っている。世間を騒がせるゲームチェンジャーのご多分にもれず、マーコーラ医師も批判を浴びるが、多くの場合、その主張の正しさが証明されてきた。

## 「ビタミンD」が足りなければあらゆる病気になる

　マーコーラ医師は、人に勧めることを自分でも実践している。自身の生物学的状態を良好に保つために、毎日90分間、ビーチを散歩しているのだ。たいていは裸足（はだし）でシャツも着ずに歩く。海から電子、光子、陰イオンを吸収し、海鳥が飛散させる微生物を浴び、さらに重要なことにUVB（中波長紫外線）を浴びるのだ。こうすることで過去数年間、サプリを摂らずに高ビタミンD濃度を維持してきた。ほとんどの人にとって一日90分は不可能だろうが、**たとえ数分で**

**も頻繁に自然の中を歩けばメリットがある。**

人体は、太陽光線を通じて適量のUVBにさらされるとき、必要なビタミンDのすべてを生成するようにできている。しかし今日、マーコーラ医師の推計では、85%もの人がビタミンD不足で、それが数々の問題につながっている。癌、糖尿病、骨粗鬆症、慢性関節リウマチ、炎症性腸疾患、多発性硬化症、心疾患、高コレステロール値、神経系疾患、腎不全、生殖器系障害、筋力低下、肥満、皮膚障害、そして虫歯まで、その影響の及ぶ範囲は広い。

ビタミンDが重要なのには、もうひとつ理由がある。ビタミンDの不足は睡眠障害を引き起こすのだ。睡眠障害の増加の一因はビタミンD不足だとする研究もいくつか行われている。[*1]

## ビタミンDサプリは「朝」に摂るべき

フロリダに引っ越して毎日ビーチで1時間以上過ごすのが無理ならば、日光を浴びることに加えて、サーモン、卵黄、ツナなどビタミンDが豊富な食物とサプリを摂ることをお勧めする。北方の気候帯に住んでいる人なら、日焼け用ライトでUVBを浴びるのもよいだろう。サプリを摂取する場合には、事前に血液検査を受けて適量を確かめよう。**ビタミンDは少な過ぎても悪いが、多過ぎても悪影響がある**からだ。ビタミンDは睡眠を促すメラトニンの生成を一時的に抑制するので、寝る前にではなく朝に摂取すること。

そして、くれぐれも気をつけてほしいのは、ビタミンD3を摂る場合は必ずビタミンK2も一緒に摂るということだ。ビタミンK2を十分に摂取していないのにビタミンD3を摂取すると、数十年のうちに組織が石灰化するおそれがあるという、新しい研究結果が発表されている。ビタミンAの前駆体（β［ベータ］カロテンに限らない）の中には両者のバランスを取る助けになるものがあることも発表されている。

## 1日「20分」、皮膚に日光を浴びせる

太陽光を浴びることは、精神衛生上も、幸福感を保つために不可欠だ。知っている人が多いことだと思うが、日照時間が短い季節に多く見られるうつ状態がある。医療現場では「季節性情動障害」（SAD）と呼ばれていて、意欲低下や集中力不足から完全なうつ病まで、幅広い症状となって表れる。

SADは通常、日が短くなる秋に始まり、日が長くなる春に回復する。居住地も明らかに影響している。赤道から離れた高緯度地帯に住む人は、赤道の近くに住む人と比べて、SADの発症率が高い。フロリダ州でのSAD発症率は1％なのに対し、アラスカ州は9％だ。[*2]

完全なSADとまではいかなくても、北半球の高緯度地帯では、冬にパフォーマンスや健康全般に悪影響が出る人が多いと僕は考えている。ばりばり仕事をして成果を挙げたいのに、年に数カ月はエネルギーが低下するとしたら大問題だ。

ここ数十年のあいだに、ＳＡＤの治療法として効果が認められ、人気があるのが「光療法」だ。少なくとも抗うつ剤と同程度に効果があるという研究結果が出ており、中には抗うつ剤より速く効くと結論づけた研究もある。[*3] **最も効果的な光療法は、ただ単に1日20分、外に出て目と皮膚に自然な日光を浴びることだ。**最大限のビタミンＤを得るためには、気温と地元の法律が許す限り、なるべく広く肌を日光にさらすのがよい。

脳が睡眠と覚醒のリズムをタイマー設定できるように、サングラスはかけないこと。また、太陽を直視しないこと。ＳＡＤの症状がない人でも、日光を浴びれば気分が良くなり、睡眠の質が向上する。しかも無料で！

## 「赤い光」がミトコンドリアを覚醒させる

自然光に身をさらすのが難しい状況の人は、少なくとも照度２５００ルクス以上の屋内用のフルスペクトルライトを使うことを検討しよう（後述する理由でＬＥＤライトは不可）。ライトは直接の視野に入らない角度の場所に置く。網膜を焼かないようにするため、太陽と同様、直接見てはならない。ライトの強さにもよるが、1日5分か10分程度から始めて、最大でも60分までの使用にとどめること。メーカーの使用上の注意に従うこと。過剰な紫外線から目を守ること。

僕は2007年から、パフォーマンス向上のために光療法を利用しており、効果を実感している。そのきっかけを与えてくれた一人がスティーヴン・フォックスだ。生化学者で、スマートドラッグに関する研究を行い、その結果をシェアしてくれた初期の一人だ。現在はもう刊行されていないが、彼が発行していた『スマートドラッグ・ニュース』の影響力は大きく、いま僕たちが享受している向知性薬革命の端緒を切った刊行物だった。スティーヴ（スティーヴン）の仕事なしには、僕のシリコンバレーでのキャリアもなかっただろう。スティーヴはほかのだれよりも20年先を行っていた。

スティーヴは僕の光療法の精度を高めるのを手伝ってくれた。おかげで認知機能は高まり、睡眠も顕著に改善した。スティーヴによれば、一日の生活リズムやバイオリズムが自然の日照サイクルと一致している人は、**朝には日の出どきの光と同じ赤色光を浴びたいと感じる**。その後、青色光を浴びたくなり、寝る準備に入るころにふたたび赤色光へともどっていく。太陽の自然なサイクルをなぞっているわけだ。ただし、青色LEDは強すぎるので、青色光を得る手段としては向いていない。

生活リズムが自然の日照サイクルとずれている場合、つまり深夜遅くまで起きている人や、早朝（夜明け前）に起床しなくてはならない人は、身体を自然のリズムに合わせるために、光療法を利用することができる。

たとえば、生物学的に理想と思われる時間よりも早く起きなければならない場合には、目が覚めたらすぐに赤色光を浴びることが望ましい。ベッドの上に赤色灯を用意しておき、布団を蹴飛ばしたら赤色灯をオンにしよう。これがミトコンドリアを活性化し、血行を改善し、エネルギーを高める。

夜の注意事項としては、LED電球のスペクトルに含まれる青色光はメラトニンの生成を抑えるので**調光スイッチを使うことと、テレビやパソコンなどの電子画面の光を避けること**だ。

太陽光を浴びれば、体内にビタミンDが生成され、サーカディアン・リズムが整い、パフォーマンスが高まる。だから、外に出ることが大切なのだ。そのことが次に取り上げるHACK39へとつながる。

**やるべきこと**

- 適度に日光浴をしよう。1日に20分、日焼け止め剤を塗らず、サングラスだけではなくどんな種類の眼鏡もかけずに行うこと（眼鏡は紫外線をブロックしてしまう）。その間、散歩したり、ポッドキャストを聴いたり、電話をかけたり、瞑想したりすれば、時間の使い方としては、はるかに効率的だ。
- ビタミンD、K2、Aのサプリメント摂取を検討しよう。その前にまず検査を受けて、適切な摂取量を調べること。天然もののサーモンと卵黄はビタミンDのよい供給源だが、サプリでの摂取量には及ばない。
- 冬が長くて暗い地域に住んでいる人は、冬のあいだに1週間、日光の豊富な場所で過ごせるよう工夫しよう。
●冬にわずかでもエネルギーの減退を感じるなら、光療法を検討しよう。

## HACK 39 ▼シャワーの代わりに「泥」にまみれる

清潔さに対する現代社会の強迫観念は、腸内生物の多様性を大きく低下させ、総体的な健康と幸福に悪影響を及ぼしている。つねに100%衛生的と言える環境など、必要でも有益でもない。最適な健康と幸福のために、少しくらい汚れても気にしないで、自然の中に飛び込んで、ほどほどの清潔さを保つことを心がけよう。

### 「清潔」にするほど、不幸で不健康になる

マヤ・シェトリート＝クライン博士は神経学者であり薬草医でもある。子どもと大人両方の健康問題に統合的かつスピリチュアルにアプローチした、『土の癒やし』（未邦訳）という本の

著者だ。博士の研究がとりわけ興味深いのは、彼女が神経学者で薬草医であるだけではなく、都市農民（アーバンファーマー）でもあり、土着の伝統的コミュニティとも多くの重要な仕事をしてきたからだ。

## 微生物の多様性が健康のカギ

土と細菌に対する世の中の考えを変えたい、とシェトリート＝クライン博士は思っている。**身体を細菌にさらすことは、腸の健康や免疫系の発達、脳機能の向上まで、全身を変えることにつながる**と彼女は言う。

西洋文明には、衛生に対して強迫観念にも似たこだわりがある。この文明は、清潔であればあるほど身体によく、汚れるのは悪いことだと信じている。その結果として、抗生物質を服用し、工業生産される食品を食べ、抗菌性洗剤を使うほどまでに、僕たちの生活と身体は衛生的になってしまった。

僕たちは、それによって幸せにも健康的にもならず、不幸で不健康になった。幸福を取りもどすための第一歩は、汚れについての考え方を改めることだ、とシェトリート＝クライン博士は言う。ほとんどの細菌は善玉でも悪玉でもない。たしかに手に負えないものも少しはあるが、その脅威の程度は、身体の免疫力で決まる（そこには腸内微生物も含まれる）。

では、**腸の健康を決定づけるものは何か？　微生物の多様性こそが究極の鍵だ。**腸内に多様な細菌が存在することが、腸のバランスを保ち、どれか一種類の細菌が暴走するのを防いでくれる。悪玉微生物が完全になくなることは絶対にない。寄生虫やウイルスも含めて、それはつねに体内にいつづける。だが、多種多様なほかの微生物もともにいるかぎり、相互に作用し、牽制（けんせい）し合うので問題にはならない。

## 「土壌細菌」が幸福感を高める

腸内微生物の多様性を増進する最良の方法は、昔ながらの土――特に人間を幸せにする微生物を含有している土壌――を通して、それを得ることだ。

科学者がそのことに気づいたのは、これに限ったことではないが、予期せぬ偶然からだった。2004年、ロンドンの王立マーズデン病院の癌専門医、メアリ・オブライエン博士が、肺癌患者たちにマイコバクテリウム・ヴァッカエという土壌細菌を注射して、延命効果があるかを確かめようとした。残念ながらその効果はなかったが、患者のQOL（生活の質）はかなり改善した。**細菌を注射されたあとでは、幸福感が高まり、活気が生まれ、認知機能が向上したの**だ。

数年後、ブリストル大学の神経学者たちが同じ細菌をマウスに注射したところ、脳内のセロトニン生成を司るニューロン群が活性化することが観察できた。脳内のセロトニン値は、抗うつ剤を投与した場合と同じレベルまで高まった。つまり、明らかな副作用がある薬剤を投与しなくても、体内の有機菜園を耕せば、それと同様の結果が得られるということだ。僕もこの注射を打ってもらいたい。

現在、科学者たちは、土壌細菌が人間にも同様の効果があるかどうか、うつ病やPTSDの治療にも使えるかどうかを研究中だ。彼らが研究資金を調達し、二重盲検法を完了させるまでは、僕はリスクを受け入れて泥遊びに興じることにしよう。

## 「植物」を家に置くと、心身が変化する

子どもが泥遊びが好きなのには、理由がある。良い気分になるから、本能的に惹かれるのだ。**僕たちは生まれつき泥遊びが好きなのだ。**赤ん坊のときも地べたを這い回って、手や足の指をしきりに口につっこむ。そんなことをしながら、重要な成育期に、じつは微生物をたっぷり取り込んでいるのだ。

シェトリート＝クライン博士によれば、それは自然な植物療法のひとつだが、方法はほかにもある。僕たちは自然の中を歩くと気持ちがよくなることを知っている。花をもらうのも植物療法だと博士は指摘する。僕たちの文化では、ハッピーなとき、人を愛したとき、祝福したいときに花を贈る。悲しんでいる相手や、つらい喪失に見舞われている相手にも花を贈ろうとする。**花を受け取ることで、身体も心もどこか変化することを感じる**からだ。

観葉植物や植木を家の中に入れれば、それだけで気分が変わる。たぶん花や草木にくっついている土壌細菌の群れも、そんな変化が生じる理由の一部なのだろう。

## 「森林浴」でナチュラルキラー細胞を増やす

文化に根づいた植物療法のもうひとつの例は、日本の「森林浴」である。森林のすがすがしい空気に身も心もひたるというもので、都市化の進展とともに1980年代から広まった。ストレスの多い都市の喧噪から離れ、多くの人びとが田舎の森を散策している。健康増進と医療的効果が期待できるアクティビティとして奨励されている。

森林浴は腸内の生物群系を改善するだけではない。自然の中を散策するという低強度の身体活動自体に、気分を改善し、ストレスホルモンの生成を減らし、健康寿命を延ばす効果がある。[*4]

しかし森林浴でストレスが軽減するのは、身体を動かすからだけではない。研究によると、森林浴をする人たちの唾液コルチゾールの平均濃度は、都市部のハイキング愛好家のそれよりも12〜13%低いことが明らかになった。つまり、**自然自体がストレスホルモンを減らしてくれるのだ**。[*5]さらに森林浴には、交感神経の活動を抑え、血圧と心拍を低下させる効果もある。

森林浴は免疫力も高める。それは一部には、自然の中で時間を過ごすことに由来する生物多様性の増大によるのかもしれない。加えて、多くの常緑樹が「フィトンチッド」という芳香化合物を放出しており、それが体内のナチュラルキラー（NK）細胞を増加させる。それはウイルスや病原菌を殺す細胞で、免疫系の主要な戦力だ。これが慢性的にストレスホルモンにさらされて抑え込まれると、免疫力が低下したり癌を発症したりしかねない。

けれども、森林浴をすると、NK細胞の活動はきまって活発化し、**身体がフィトンチッドを浴びれば浴びるほどNK細胞は増加する**。

認知面では、森林浴には気分を改善し、知的能力と創造的な問題解決力を増進させる効果がある。[*6] 常緑樹から抽出したエッセンシャルオイルがこれらの化合物を含有している可能性もある。

## 自然の中を歩いて「微生物」を取り込む

ザック・ブッシュ博士の研究者としてのキャリアは腫瘍学の分野からスタートした。化学療法に使うべく研究していた物質に似た分子を土壌微生物の中に発見したとき、ひらめいたことがあった。土壌微生物は、体内のミトコンドリアや細胞内のDNAと直接コミュニケーションが取れるのだと！　この事象を追究するために、博士はキャリアの方向を変えた。

ブッシュ博士は、なるべく多様な自然環境で時間を過ごすことを勧めている。深呼吸するだけでもよい。**鼻腔が自然環境から微生物を取り入れ、体内微生物の多様性が増し、健康が増進するから**だ。

博士自身は、砂漠や熱帯雨林などの、ふだん身を置くことのできない自然環境を訪れては、自分の腸内細菌を多様化させることに努めている。有効な化合物を含有していた古代の土壌細菌からサプリも開発し、「レストア」〔回復〕と名づけた。

このところ僕は、自然のままの土壌微生物でいっぱいの環境で深呼吸することを心がけている。なんのことはない、ただのハイキングなのだが、ランニングマシンを使って走ることよりもさまざまな面で勝っている。

都市の環境に住んでいても、自然からメリットを得る方法はある。もっと公園で遊ぶ、犬と一緒に走り回る、堆肥(コンポスト)づくりを試す、人と一緒に過ごす時間を増やす、などといったことは、腸内微生物の多様性を高めてくれる。清潔を心がけて手を洗うのはよいが、抗菌剤や除菌剤は控えめにして、普通の石鹸を使おう。

要するに、清潔さはほどほどに、ということだ。子どもはなるべく外で、泥んこになるまで遊ばせよう。子どもたちと一緒に遊んで、一日の終わりに石鹸で汚れを落とそう。ゲームを変えるための効果的なツールの多くがそうであるように、とてもシンプルなことだ。

**やるべきこと**

- 子どもは土の上で遊ばせよう。一緒に遊べばもっとよい。
- 週に1回は自然散策をしよう。コミュニティの中で行えば（友だちと一緒に行こう！）メリットも増大する。
- 抗菌性の洗剤や漂白剤を使わないようにしよう。
- 鉢植えの植物（土ごと！）を家の中に置いて、土壌細菌からメリットを得よう。

# 第14章 感謝
# この章だけ読んでも効くほど強力なハック

## 「感謝」は人生を楽しむための最強のツール

本書のほぼすべての法則に共通していることがひとつある。人間を縛っている原始的な防御システムに、「もう危険ではない、安全だ」と言い聞かせて、闘うか逃げるかというストレスフルな状態から心身を解放しようとしていることだ。そこにゲームチェンジャーたちのパワーの源がある。

**身体に「危険ではない、安全だ」と知らせる最高にして最善の方法は「感謝」することだ。**その分野のトップに立ち、意義のあることを成し遂げ、自分のパワーを他者のために役立てようとしている人にとって、感謝は、あれば気分がよくなる贅沢品ではなく、なくてはならないエネルギー源だ。感謝していなければ、仕事に打ち込むことも、人生を楽しむこともできない。

## 苦しいときこそ感謝する

うまくいっているときに感謝するのは簡単だが、すべてのことに――最悪なトラウマや挫折、障害にさえ――感謝するのは容易ではない。しかし、その道を切り拓いた人びとが実証しているように、絶対に必要なことだ。彼らは自己憐憫にふけることも、失敗のストーリーを思い描くこともなく、どんな逆境にあっても何か美しいものを見つける努力をやめなかった。

僕がインタビューした人たちの多くが、**困難なときにも感謝する方法を見つけていなければ、成功も幸福も得られなかった**と語った。僕も同じことを言いたい。

僕は、たまたま住んだ家が有毒なカビだらけで、生物学的状態を痛めつけられたことに感謝している。せっかく稼いだ大金を失って、働きつづけざるを得なかったことにも感謝している。あんな苦痛や困難を体験したからこそ貴重な教訓を得て、ブレットプルーフ社を立ち上げることができたし、すばらしいバイオハックの方法をシェアする仕事にも取り組めているからだ。

もちろん、そんなふうに感じられるまでは一苦労だった。自分が置かれた状況に対する自然な感情は、怒り以外の何ものでもなかったからだ。けれど、その苦労は毎日、報いられている。もはや僕は怒りという重荷を背負っていないのだから。

## 感謝を心の「初期設定」にする

本書の他の章をすべて飛ばして、いきなりこの章だけを読んでも、成功を大きくたぐり寄せることができるだろう。感謝はそれほどまでに重要である。感謝は学習でき、伸ばしていけるスキルだ。**日々の練習で、感謝はあなたの神経系に消えることのない刻印を残し、ポジティブ思考の習慣が身につく**。感謝すればするほど、あなたの心の初期設定（デフォルト）はネガティブではなくポジティブになるということだ。

要するに、感謝するほど人生は楽になるのだ。自然にポジティブ思考ができるようになれば、あなたを尻込みさせようとする古い本能を超越して、貴重なエネルギーを自分自身とほかの人びとのために活用することができる。

## HACK 40 ▼ 感謝しまくって「幸福感」を激増させる

恐怖心を克服しなければ、自分の持つすぐれた資質を発揮することができない。恐れを克服するには勇気が要り、勇気をふるい起こすにはエネルギーが要る。

勇気は命が危ないほどの危機に遭遇したときのために取っておこう。そのために、感謝することで、細胞のすみずみから恐怖心を取り去ってしまおう。恐怖からの自由は幸福につながり、幸福は何をする場合でも最高のパフォーマンスを引き出してくれる。

## 「人助け」は自分にもメリットがある

印象に残っているゲストの一人、ステファン・ポージェス博士は有名な科学者で、インディアナ大学のキンゼー研究所で性的外傷に関する共同研究のディレクターを務めている。

1994年にポリヴェーガル理論〔多重迷走神経論〕を提唱し、医学の様相を一変させた。この理論は、自律神経系と社会行動のつながりを解明して、問題行動と精神障害を生理学的に説明するものだ。博士の仕事は、精神衛生というテーマに対するアプローチの仕方を大きく変え、ストレスにはプラスの効果をもたらす機能があるという新たな洞察をもたらした。

### 「リラックスできる力」を強化する

奇妙な名で呼ばれている迷走神経（vagus nerve）（vagus は「放浪」を意味するラテン語）は、脳幹から始まって全身を彷徨（さまよ）うように張りめぐらされ、脳を胃や消化管とつなぐのはもちろんのこと、肺、心臓、脾臓、腸、肝臓、腎臓ともつないでいる。そのおもな仕事は、体内で何が起こっているかを監視し、情報を脳へと報告することだ。**迷走神経は、活性化した闘争・逃走反応を落ち着かせる副交感神経系の主要な構成要素**でもある。

迷走神経活動の強さは「迷走神経緊張」として知られている。迷走神経緊張が高ければ、一瞬ストレスを感じても速くリラックスできる。反対に、迷走神経緊張が低ければ、闘争・逃走状態が慢性化しかねない。

うれしいことに、ポージェス博士によれば、だれでも迷走神経緊張を改善できるのだという。そのためのひとつの方法は「社会的相互作用」、つまり人間関係によるものだ。人間という動物は孤立して進化してきたのではなく、コミュニティの中で進化してきた。他者から助けられることで利益を得てきたし、助けてもらわなければ生きていけない。

その意味で、人を助けたり世話をしたりすることは、無私の行為でも一方的な行為でもなく、双方にメリットがある行為なのだ。人を助けたとき、相手が喜んでくれたら良い気持ちになる。子どもや犬はその好例だ。彼らにはケアが必要で、ケアをしたら好意に満ちた反応を返してくれるから、ケアをする側も心地よくなって、ずっとめんどうを見ようという気持ちになる。

人間のさまざまな経験のうちで、迷走神経緊張に影響するもうひとつのものが「感謝」だ。ポージェス博士によれば、**感謝しているときは、神経系は安全を告げる合図に包まれている。**トラに追いかけられているときは感謝どころではないから、その指摘は進化の観点からも納得できる。

しかし感謝するためには、トラがいないというだけでは十分ではない。脅威の不在と安全はイコールではない。感謝するためには、本当に安全だということが身体に伝わっていなくてはならない。

身体には、感知した危険にどう反応するかを決める一種の決定プロセスが存在する、と博士は言う。そのプロセスはバックグラウンドで動いているので、人間がそれを意識することはなく、枝分かれした迷走神経のどこが活性化するかも状況によって異なる。

何か怖い刺激を受けたとき、身体はまず社会的コミュニケーションのレベルで反応する。話し言葉、ボディーランゲージ、声の調子、その他の非言語シグナルである。[*1]そういう反応だけでは安心が得られないほど刺激が強かった場合には、脳がストレスホルモンを活性化させて、闘争・逃走反応を起こす。

迷走神経緊張が弱くて、ホルモンのレベルを基準値まで下げられなければ、あなたは恐怖で凍りつき、何もできなくなる。ポージェス博士によると、深刻なトラウマ体験や虐待の体験がある人びとに共通して見られる反応である。

## 「幸せな場所」を詳細にイメージする

感じている恐怖に合理的な理由がないとわかっている場合は、安全であることを伝える合図を脳に送ることで、パニックになるのを防いだり、闘争・逃走状態を回避することができる。

**そんな合図のひとつが、心を落ち着かせるやさしい声だ。**それに効果があるのは、人間の脳に本来備わっている仕組みだとポージェス博士は説明する。幼児のことを考えればわかるが、やさしくなだめるような声で、歌うような調子で語りかけると、ずいぶん落ち着いてくれる。親はわが子に対して本能的にこの作戦を使うが、声のトーンを変えることは大人にも効果がある。

瞑想の指導者は、その場にいる場合でも録音した音声を使う場合でも、ゆっくりとした独特のリズムで静かに話す。そのような声をリラクゼーションの合図として使えば、普通のしゃべり方をするよりも速く脳をなだめて、リラックスした状態へと導くことができる（僕がブレットプルーフ・ラジオで早口でしゃべらないのには理由があるのだ）。

その伝で言えば、ストレスを感じているときは、エネルギーを与えてくれるものであってもロックのような激しい音楽は聴かないほうがよいかもしれない。穏やかな音楽のほうが、神経系にはメリットが大きい。

**脳に安全を感じさせるもうひとつの方法は、幸せな場所を思い浮かべることだ。**これは月並みに聞こえるが有効である。心が穏やかなときに、自分にとっての「安全な場所」や「幸せな場所」を決めておこう。目を閉じて、くつろげて、満足できて、平和な環境を思い起こそう。見えるもの、匂い、聞こえてくる声や音など、なるべく多くの知覚情報を結びつけ、細かい点まで思い描いておこう。この視覚化を何度も練習しておけば、恐れや怒りを感じだしたとき、簡単に「安全な場所」を思い出せる。

# 就寝前の感謝が「疲労回復」につながる

感謝について教えてくれたもう一人のエキスパートは、前にも登場したエリッサ・エペル博士だ（285ページ参照）。カリフォルニア大学サンフランシスコ校の教授で、ストレスがテロメア（染色体末端）とテロメラーゼ（テロメアを維持回復させる酵素）を介してどのように老化に影響するか、瞑想がいかにストレスを緩和し、身体的・精神的な健康状態を高めるかを研究している。

## 感謝はミトコンドリアを元気にする

エペル博士は、コロンビア大学でミトコンドリアの研究をしているマーティン・ピカード博士と共同で行った研究について話してくれた。実験に参加した人びとの血液を調べ、細胞のためのエネルギー生成に重要な働きをするミトコンドリアの酵素の活動状態を測定したところ、子どもや病人の介護に携わっている人びと（慢性病の子を持つ母親など）は酵素活動が低下していることがわかった。だが、**そこには注目すべき例外があった**。

その例外の理由を探るために、調査対象者の日常生活を詳しく調べ、次のような質問をした。

朝、目が覚めたとき、その日をどれくらい楽しみにしているか？　逆に、どれくらい心配しているか？　どれくらい幸せか？　どれくらいストレスを感じたり不安を感じたりしているか？

情緒や感情だけでなく、当人が起こっていることをどう解釈しているかも、良いことも悪いことも含めて調べた。言い換えれば、ものごとを悪い方向で考えて気に病む質なのか、希望や感謝も感じているのかを調べた。参加者のミトコンドリア酵素のレベルを、朝、起きたときに、瞬間的なストレスを感じたときに、そして夜にチェックした。

すると、**ミトコンドリア酵素が特に多い人は、朝、目が覚めたときも就寝前も、ポジティブな気持ちでいることが判明した。**夜の疲労回復状態と、その日に起こったことを引きずっているかどうかが、ミトコンドリアの働きを決めていたのだった。

## ベッドに入る前に「感謝できること」を思い浮かべる

やすらかな気持ちで就寝し、ストレスとともに起床しなくてもすむために、エペル博士は、夜ベッドに入る前に何か感謝できることを思い浮かべることを勧めている。実験参加者がこのシンプルな感謝の儀式を行っていれば、ミトコンドリア酵素が増え、もっと幸せを感じられたことだろう。

病気の子の母親が最悪の事態を恐れるのは理解できるが、エペル博士によれば、**無意識のうちに自らストレスを招き入れている人が多い**という。こう自問してみよう。自分が感じた危険や脅威を一日中持ちつづけ、ああでもないこうでもないと反芻していないか？　まだ何も起こっていないのに、ストレスフルな状況を予想して自分を闘争・逃走状態に追い込んでいないか？あるいは、感謝の念を抱いて安全の合図をたっぷり受け取っているか？

あなたは恐れを抱いたまま一日を過ごしていないだろうか。それを知る簡単な方法は、夜の気分を見つめることだ。**夜の気分は、ストレスからの回復状態を正直に反映しているので**、そこからわかることは多い。夜、帰宅してから寝るまでのあいだ、あなたはどれくらい前向きな気持ちで過ごしているだろうか。

## 会社でも家でも使える「感謝の儀式」

数年前、僕は感謝の習慣をブレットプルーフ社の運営の仕組みに取り入れた。**毎週行う幹部ミーティングを、いま何に感謝しているかを各自がシェアすることから始めるようにした**のだ。仕事がうまくいったことへの感謝も挙がるが、多いのは家族との時間、ボランティアの計画などだ。ひいきのチームの勝利が挙がることもある。

感謝することからミーティングを始めれば、メンバー間の相互作用が強まって、つながりが強化される。僕はこれを、会社のために頑張ってくれている社員に対する僕なりの奉仕だと考えている。

感謝することはとても重要だと思っているので、この方法は会社以外でも使っている。子どもたちが話せるようになったころから、毎晩ベッドに入る前に、「その日、だれかに親切にしてあげたこと」を話させるようにした。自分が他者にした親切な行為を思い出すとき、子どもたちの迷走神経緊張は高まる。

僕たちは夜ごと感謝の練習を続けている。妻と僕は（子どもたちに）、感謝したい3つのことをたずねる。晩ごはんのリブアイ肉（もちろん牧草飼育）がおいしかったというような、たわいもない答えが多いが（子どもたちがよく食べることは感謝すべきことだ）、ときには深い答えが返ってくることもある。

息子が5歳のとき、神妙な顔をして言った。「**パパ、ぼくはビッグバンに感謝してる**。だって、それがなかったら、何もなかったわけだから」。息子は寝返りを打って、穏やかな神経系と全力で働くミトコンドリアとともに幸せな眠りに就いた。この方法は大人にも効く。どうか試してほしい。

**やるべきこと**

- 問題が起こる前に心配してストレス状態に陥るのはやめよう。そういう気分になりかけたら「幸せな場所」に行く努力をしよう。
- 毎日、だれかに親切なことをして、「迷走神経緊張」を改善しよう。
- 毎晩寝る前に、感謝することを3つ考えて、ミトコンドリア酵素を高めよう。いや、寝る時間まで待つことはない、いま3つ考えて、神経系にどんな変化があるかを感じよう。

感謝の気持ちが身体のどこに強く働きかけるかが特定できたらめっけものだ！

- 闘争・逃走反応をオフにしたいときは、自分に対しても人に対しても、心を静めるような穏やかな声で話そう。
- エネルギーが必要なときは、エネルギーの高い音楽を聴けばよい。だが、ストレスを感じているときは、穏やかな音楽を選ぼう。

## HACK 41 ▼「最悪のこと」まで赦せば最強になれる

感謝はパフォーマンスを改善する。だが最上級のパフォーマーともなると、感謝は赦(ゆる)しに至る道であることも知っている。赦すときには、神経系のプログラムが書き直され、過去のトラウマや苦痛に引きずられた自動的な反応をしなくなる。軽視されたり侮辱されたりしても気にならなくなる。

赦すために、正しいと思い込んでしまっている偽りのストーリーに気づき、最悪のことにさえ感謝する方法を見つけよう。赦すとき、何かに謝る必要もない。赦しは人間としてのパフォーマンスを高めてくれる最強の手段だ。使命実現のために注いでいるのと同じ熱心さで赦すことに努めれば、一段高いレベルのエネルギーと幸せを感じることができるだろう。

## 現実は「見方」ですべて決まる

〝完全無欠(ブレットプルーフ)〟をめざす旅の途上で、僕は十数人のグループと一緒に、アルベルト・ヴィロルドが主宰する1週間の上級シャーマンの瞑想トレーニングに参加した。それが終わったあとで、汗小屋〔アメリカ先住民の清めの儀式用のサウナ〕に招かれて、しばしの時を過ごした。僕たちを導いてくれたのは、みなぎるような力を感じさせる年配のアメリカ先住民の太陽ダンサーだ。

僕はそこに加われたことを光栄に感じた。

### つねに「いま持っているもの」を意識する

そこに招かれただけでも大きな特権だと僕などは思ったのだが、グループの中の一人の女性はあからさまに不機嫌で、ぶつぶつと呟(つぶや)きつづけていた。「もう私はどん底、これ以上悪くなりようもない」。聖なる大地に願いを告げる機会が与えられたときには、こう言った。「きょう一日をなんとかやり過ごせるエネルギーさえあればいい」

僕はその女性の頑(かたく)なな思い込みに驚いて、「どうせなら、一日を踊り通せるエネルギーを願ったらどうですか？」と嫌みを言ってしまった。彼女の無分別な発言は汗小屋の熱気のせいだったかもしれないが、このエピソードには、誤ったストーリーを信じ込むことについての重要な教訓が含まれている。

汗小屋で僕たちを導いてくれていた賢人は彼女のほうを向いて、「あなたは自己憐憫の病に囚われている。それをどう扱ったらよいか、あなたも知っているはずだ」と言い、熱した石にさらに水を注いだ。

**実際、その女性には感謝できることがたくさんあった。**両足で立つことができる。高いお金を払ってここに参加できる経済的余裕があった。アルベルト・ヴィロルドのようなすばらしいゲームチェンジャーから学べたうえに、古老に招かれて神聖な儀式に参加することさえできたのだ。

つまり、彼女の問題は、状況をどう見るかだ。だれもが、泣きたくなるようなことと、感謝できることの両方を持っている。**問題は、そのどちらを見るのかということだ。**たとえいま人生が本当に苦しくても――いつも苦しかったとしても――感謝できるわずかなこともないのだろうか？

どんなにひどい状況になっても、いま、あるものに感謝しよう。もっと悪い状況だってあり得たのだ。あなたは、いまを生きている。この本を読んで、この本を通して数百人ものハイパフォーマーから学ぶ機会を得ている。置かれた状況に対処するのに必要なものを、十分すぎるほどあなたは持っているはずなのだ。

## 良いほうの「ストーリー」を自分で選ぶ

感謝に強い力があるのは、自己憐憫のストーリーから僕たちを救い出してくれるからだ。運転中、自分の前にいきなり別の車が割り込んできたと想像しよう。ほとんどの場合、瞬時に思い浮かぶのは、あいつは僕より運転がうまいと思っている、嫌なヤツだ、というストーリーだ。しかし、別のストーリーもあり得る。母親が危篤という知らせを受けて、病院へ急いでいるのかもしれない。それならば割り込みを赦せるし、先に行かせてあげたことを喜べるのではないだろうか？

自分を無視されたことにさえ感謝できるということは、それを赦せるということでもある。もちろん、どちらのストーリーが正しいのかはわからない。割り込みをしてきた理由は決してわからない。あなたにできるのは、**感謝と赦しにつながるストーリーか、腹を立てつづけることになるストーリーか、いずれかを選ぶこと**だ。

割り込んだドライバーは、あなたのことなど意識してはいない。割り込みの理由をあなたがどう想像しても、彼（彼女）にはなんの変わりもない。一方で、赦しはあなたから他者への恨みを取り去ってくれる。心のスペースは、もっと大切なことのために空けておくべきだ。

## 赦すということの本当の意味

多くの人が、中途半端に赦すという過ちを犯している。割り込んできた相手を、感謝できるストーリーもないままに赦すという過ちだ。つまり、「あいつが割り込んできたのは、自分のほうが僕より運転がうまいと思っているからだ……でも赦してやろう」という態度だ。

　これは正しい方向への一歩ではあるが、単なる認知上の赦しにとどまり、脳波や神経系にはなんの影響も与えず、感謝に伴う利益も得られない。**赦したと考えることと、赦したと感じることは違う**。嫌なヤツの行為を気にしていないふりをすることはできても、そのためにエネルギーが密かに吸い取られていたら、結局は代償を払いつづけていることになる。

　嫌なことがあってもただ無視するというのは、賢い方法ではない。なぜなら、嫌なことは相変わらず続くし、ポジティブな感情が妨げられるし、無視するのにもエネルギーが要るからだ。だれかをこっそり憎みつづけているようでは、自分も周りの人も幸せにすることができない。だが、**嫌なヤツにさえ感謝と同情の気持ちを抱ければ、相手の行動にエネルギーを奪われることはなくなる**。幸福度もアップする。それが赦しというものだ。

## 「○○をしない」より「○○をする」のほうが達成できる

『「週4時間」だけ働く。』（青志社）の著者として知られるティム・フェリスにインタビューしたとき、人間としてのパフォーマンスを改善したいと願っている人への助言を僕は求めた。ティムはその問いに対して、緩和ケアの分野で働くB・J・ミラー医師の言葉を引用して答えた。両足の膝から下と、左手の肘から先を切断するという試練を乗り越えた人物だ。「自分の考えが、すべて正しいと思うな」

正しいと思っていた理念や前提を疑ってみると、まったく間違っていたと気づくことが少なくない、とティムは言う。彼自身もそんな経験をしている。ティムはミラー医師の助言を言い換えて、**「ストーリーに引きこもるな」**と自分に言い聞かせることにした。怯(おび)えや落ち込みなどの自己憐憫に身を任せたり、自分を立ちすくませるストーリーに引きこもったりしてしまったら、決してゲームチェンジャーにはなれない。

僕は数多くのスピリチュアルの先生や自己啓発のエキスパートから、何か実行すると宣言するときは肯定文で表現するのがよいと教わった。つまり「○○をしない」と言うのではなく、「○○をする」と言うほうが効果がある、ということだ。

だがティムの場合は、否定文の「ストーリーに引きこもるな」が有効だったという。それは自分をだます行為にストップをかける赤信号である。それを意識することで、目の前に現れたものごとに無条件で反応することがなくなり、トラウマや過去の失敗に目を曇らされることなく正しく見ることができる。これを肯定文に直すと「**ものごとをあるがままに見よ、その世界に生きよ**」となるだろう。どちらでも、あなたがしっくりくるほうを選べばよい。

たとえば、電話に出た相手に失礼な対応をされたとき、その人があなたを恨んでいるとか、あなたの一日を台なしにしようとしているなどと考えないことだ。たぶん、ただ空腹でイライラしていただけだ。あるいは、トイレに行きたいのに、上司が交代時間まで持ち場を離れさせてくれないのだ。

ポジティブなストーリーを選べば感謝することができ、ちょっとした失礼などは簡単に赦すことができる。だが、自分を被害者にする自己憐憫のストーリーに引きこもるならば、人生は不愉快なものになるだろう。

## 「不可能」とは、考え方にすぎない

おそらくアンソニー・ロビンズ以上に自己憐憫を感謝に変える技術をマスターした人はいない。世界的に有名なモチベーショナル・スピーカーで資産管理のプロ、何冊ものニューヨークタイムズ・ベストセラーの著者だ。

ブレットプルーフ・ラジオの特別企画で、トニー（アンソニー）とピーター・ディアマンディスとマーケティングの権威ジョー・ポリッシュの3人に、トニーが不可能なことはないと信じている理由について語り合ってもらったことがある。

トニーは、**「不可能」とは事実ではなく意見だ**と言った。厳密には、すべてのことは、だれかがそれをするまでは不可能だと言ってよい。科学の分野でさえ、不可能だと思われていた多くのことが可能だったことが、のちに判明している。

会社が成長しないとか個人が成功しないというのも、トニーに言わせれば、それが不可能だからなのではなく、うまくいかないというストーリーを信じているからなのだ。「自分を制限する偽りのストーリーと決別し、無限の能力をもたらす真実のストーリーを信じることができれば、ゲームの展開はまったく違ったものになる」とトニーは主張する。本人と会って、ともにステージに上がった体験から、トニー以上にそのモットーを実践している人はいないことは僕が保証しよう。

あなたを尻込みさせているストーリーはすべて、生と死がつねに背中合わせだった昔の人間の神経系が抱え込んだトラウマの産物だ。そのトラウマは、いまも僕たちの内面に残っている。ストーリーは、猛獣に食べられるリスクを避けるために身体が自分に染み込ませた原始的な方法なのだ。すべてに感謝し、すべてを赦すことは、偽りのストーリーの影響を取り除いて、ものごとをありのままに見るための方法なのである。

**やるべきこと**

- かつて自分に起こった最悪のことを考え、そこから得たよいことをひとつ思い起こそう。
- あなたが真実だと信じているストーリーの中に、あなたを押しとどめているものはないだろうか？　それはあなた自身や世界について何を語っているだろう？

● そのストーリーが事実ではないとする反証、すなわち一回でもそのストーリーが成立しないケースを思い浮かべることができるだろうか？　答えが「イエス」なら、そのストーリーを信じるのをやめよう。答えが「ノー」なら、「イエス」に変えるための反証を探しつづけるか、親しい友人の解釈を聞いてみよう。自分を制限してしまうストーリーは、断じて真実ではない。

● 恨みを感じている人やものごとを書き出そう。

● 名前を挙げた人やものごとへの恨みは、あなたのエネルギーを無駄に費やさせ、あなたに苦痛を与えるが、相手にとっては痛くもかゆくもない。一人ひとりに感謝できることを見つけ、赦し、あなたを押しとどめている壁が消えるのを感じよう。

## HACK 42 ▼ 感謝を「習慣化」できるあらゆる方法

感謝を成り行き任せにしてはいけない。シンプルで効果的なツールを利用して、運動やヘルシーな食事を毎日の習慣にするのと同じように、感謝することを毎日の習慣にしよう。感謝する能力は筋肉のようなものだ。トレーニングによって鍛えることができる。

## 感謝の習慣で「思考パターン」が変わる

U・J・ラムダスは、認知科学に詳しい行動変容のスペシャリスト、起業家、公認の催眠術師である。実践心理学とビジネスを統合して、世界をより良い場所にすることに情熱を注ぎ、コンサルティングしている多くのクライアントの仕事と生活を改善してきた。

僕がU・Jと話したいと思ったのは、彼が感謝を重視し、感謝の習慣化に取り組んでいると聞いたからだ。感謝することの効果を味わいたければ、認知と生理の両面で感謝を体験する必要がある、とU・Jは言う。感謝することを考え、感謝を味わう、ということだ。2つの要素が合わさるとき、あなたの思考パターンはがらりと変わる。

### 朝と夜に「自問」をする

何年ものあいだ、U・Jは毎晩、感謝の力を経験するための儀式を行っていた。毎晩、その日に起こったすべてのよいことを思い出して日記を書いていた。だが、その類いのことは**朝いちばんに行ったほうが効果が大きいと科学的に判明した**。そこで、毎朝、次の3つを自分に問いかけて、その答えを書くことにした。「何に感謝しているか?」「きょうをすばらしい一日にするために何ができるか?」「きょう自分はどんな人間でありたいか?」

朝いちばんにこの質問に答えることによって「初頭効果」を利用できる、とU・Jは言う。**朝起きてすぐ行ったことは、それに要した時間以上に大きな効果をその後の一日に及ぼしつづける**というのだ。2番目と3番目の質問は、脳にポジティブな行動と結果を期待させ、感謝の気持ちを高める効果がある。たとえば、お気に入りの映画を見る、と考えたらエンドルフィン値は自動的に上昇する。つまりポジティブなことを期待すれば、満足と幸福感が増すのである。

朝の儀式を始めたU・Jだが、夜の儀式をやめたわけではなく、その日に起こった良いことを3つ思い返すことにした。感謝できることを書き出せば、ぐっすり眠れ、良質の睡眠が得られ、家族や友人がより親しく感じられ、人に親切なことをしたいという欲求が高まるという。

3つ書いたら、次にこう自問する。「**きょう一日をもっと良くするために、自分にできたはずのことは何か?**」。この問いによって、改善や成長を求めつづけることができる。感謝を習慣化することに熱心なU・Jは、感謝を生活に取り入れやすくなるように、『5分間日記』というノートを考案して広めている。

## 週1回、5つの「感謝できること」を書く

こんなシンプルな習慣で芯の強い(レジリエント)人間になれるとU・Jは言う。前頭前皮質が活性化して、ストレスに襲われた瞬間にもパニックにならず、平常心と集中力を保てるようになる。迷走神

経緊張が改善されるからだ。

感謝の習慣がもたらすポジティブな変化はそれだけではない。感謝の効果について2003年に行われた画期的な研究で、科学者ロバート・エモンズは被験者たちに、週に1度、感謝していることを5つ書き出させた。10週間後、**彼らは、何も指示を与えられなかった対照群より、週に1時間30分多く運動していた**ことが判明した。さらに、家族や友人や同僚に対して互恵の意識が強まって、もっと親切にしてあげたい気持ちになったという感想も語られた。つまり、相手への感謝がさらなる親切につながったのである。

## 3分間で感謝の対象を「視覚化」する

トニー・ロビンズが他者を助けることに注ぐエネルギーは驚異的だが、じつは彼も感謝の習慣化に取り組んでいると聞けば、それも腑に落ちる。トニーは3分間使って感謝していることを3つ思い浮かべ、それぞれを細大漏らさず視覚化している。たとえば、「きょう遊んだジェットコースターに感謝する」と言葉で考えるのではなく、**自分がコースターの最前列に座ってエキサイトしている光景を思い浮かべ、感謝の対象を視覚化する**のだ。

その際トニーは、3つのうち少なくともひとつはごくシンプルなものを挙げるよう心がけている。さわやかな風や子どもの笑顔などだ。そうすることで、小さなことにも感謝する習慣が身につく。

トニーは感謝を3分間視覚化したあとで、3分間の祈りを捧げる。人生、神、自分に注ぎ込まれるエネルギー、筋肉と神経の回復、情熱、愛、寛大さ、ユーモアに思いを致しながら祈る。その次に、いま直面している問題が解決した場面を視覚化する。それを十分に行ったら、次に自分、家族、親しい友人を包み込むエネルギーの輪を思い浮かべる。その輪をクライアントにまで広げて、彼らが癒やされ、望むものを手に入れ、ふさわしい人生を送る姿を思い描く。

そして最後に、自分にとって重要な3つの具体的な結果について考える。達成する方法やプロセスを考えるのではなく、**達成されたあとの状態を想像し、感じ、味わい、達成による影響の広がりを想像する**。人びとの人生に生じる良き変化を思い浮かべ、彼らの喜びを感じ、そのことを感謝するのだ。

全部合わせると、この儀式には10分ほどかかるが、トニーにとってあまりにも心地よいので、15分とか20分になることも珍しくないそうだ。

## 感謝を習慣にするための創造的な方法

すばらしい感謝の効果を体験するために、あなたもU・Jやトニーがやっている方法を試してみよう。僕が子どもたちに使っている方法でもよい。次に挙げる方法も含めて、自分に合った組み合わせで感謝を習慣化しよう。

## 「感謝の日記」をつける

これはたぶん最も人気のある感謝の実践だろう。感謝しているものごとを文字で書けば目に見える形になる。日記という物理的なものに書き込まれた感謝は意識にとどめやすい。

方法は単純だ。朝、感謝していることを3つ書き出し、夜、寝る前にさらに3つ書き出す。朝晩両方が多すぎるなら、朝か夜のどちらかだけでもよい。

## 「マインドフルネス」を実践する

人生をスローダウンさせよう。あわてて仕事に取りかかろうとしていないか？ そのことに気づいて、リラックスしよう。少し仕事を始めるのが遅くなっても、どうということはない。階段を上るときは一段ずつを意識してみよう。歩いているときは樹木や花、歩道の割れ目から顔を出している雑草を眺めよう。文字どおり立ち止まって、バラの香りを楽しもう。

周囲には途方もない美が存在しているのに、目標や義務に追い立てられて、僕たちはそのことに気づかない。**同じ人生を生きるなら、ささやかな喜びを味わわないまま過ごすのはもったいない**。ゆっくり時間をかけて楽しもう。そうすれば神経系に安全の合図がたっぷり送られ、闘争か逃走かというデフォルトのプログラムが遮断され、感謝の力が効果を発揮しはじめる。

## ネガティブな状況を「別の角度」から見る

こんな古い寓話がある。ある農夫の馬が逃げ出した。隣人たちは「なんて気の毒な！」と言った。農夫は「まあね」と言った。翌日、逃げた馬が野生の馬を連れて帰ってきた。隣人たちは「なんてすばらしい！」と言った。農夫は「まあね」と言った。翌日、馬が農夫の息子の腕を蹴って骨折させてしまった。隣人たちは「なんてひどい！」と言った。農夫は「まあね」と言った。翌日、役人たちが徴兵のために村にやってきたが、農夫の息子は腕が折れていたので免除された。隣人たちは「なんてすばらしい！」と言った。農夫は「まあね」と言った。

笑い話のような寓話だが、大事なポイントを突いている。**あらゆる状況は中立的であって、考え方しだいで良くも悪くもなる、**ということだ。あらゆることに明るい側面を見つけよう。多くの場合それは、艱難辛苦(かんなんしんく)ゆえに新たなことを学べたとか、打たれ強くなったということかもしれない。

そこまで心の準備ができていない場合には、何がなんでも感謝しようと自分に無理強いしてはならない。つねに幸せでポジティブな人間でいないといけないわけではない。どうしようもなくつらい状況だってある。そんなときはネガティブな感情を受け入れることも大切だ。ここで僕が言いたいのは、ものごとのポジティブな側面に気づく習慣を身につけよう、ということだ。

## 「感謝できるチャンス」を探す

感謝できるチャンスを探しながら一日を過ごそう。これは、嫌なことがあった日や、ついネガティブな気分になってしまうときに有効な方法だ。自分の感情をごまかして感謝をひねり出すのではなく、感謝して当然のものを注意深く探すということだ。それは朝のコーヒーへの感謝かもしれないし、自分の健康への感謝、ただ生きているという事実への感謝かもしれない。

## 「ガラス瓶」を感謝で満たす

感謝の日記を少し創造的にアレンジしたものだ。透明の広口瓶か金魚鉢のようなものを用意して、家族全員で（あるいは一人で）、毎日感謝していることを書いた紙を放り込む。だんだんいっぱいになっていく瓶は、感謝できることがこんなにも多いということを目に見える形で思い出させてくれる。

## 愛する人と感謝を「シェア」する

夕食の席で家族で感謝をシェアしよう。これはささやかだが偉大な儀式になる。特に子どもがいる場合はそうだ。好みに応じて、多少の基本ルールを加えよう。

その1、感謝する内容は前に出たことではなく、新しいことでなくてはならない。その2、その日に起こったことと関係があること。その3、他の家族が挙げたのとは違うことを挙げること。

こうしたルールは創造性を育み、進んで取り組もうとする態度を促す。一日をポジティブに振り返ることには、うれしくなるような強い効果がある。感謝は睡眠の助けになるから、その意味でも、夕食の席でこれを行うのは理に適っている。

友だちや家族と感謝をシェアし合う時間を決めて、恒例の儀式にしよう。脳にポジティブな思考回路ができるだけでなく、大切な人たちとの関係がいっそう親密になっていくだろう。

## 「感謝のための散歩」をする

散歩に出かけ、目に入るものや経験することのすべてをじっくり観察すること（同時に日光浴もできたら効果倍増）。あらゆる美に気づこう。踏み出す足の裏の感覚を一歩ずつ意識しよう。それは心を静め、感謝の気持ちを湧き上がらせてくれる。感謝することで身体が何を感じるか、注意して味わってみよう。

## 「感謝の手紙」を書く

大きなことでも小さなことでもかまわない、あなたの人生に何か良きものを与えてくれた人に対して、愛をこめた感謝の手紙を書いてみよう。親、友人、進路に良い影響を与えてくれた先生、その他だれであっても、何か感謝できることをしてくれた人を思い浮かべながら書こう。

その人が自分にしてくれたこと、与えてくれたことを綴ろう。その人との関係が深まったなら効果倍増だ。

## 感謝し、赦し、手放す

心の中の怒りや痛みのせいで、気づかないうちにストレスをため込んでいる人がいるかもしれない。そこから解放されるには赦しが必要で、赦すためには感謝するのがよい。

感謝と赦しを組み合わせるには、自分を傷つけた人や出来事を書き出すのが効果的な方法だ。自分の中にある怒りや苦しみを認めるだけでも効果がある。自分の中にネガティブな感情があることを認め、そんな感情を引き起こした出来事や状況について、**見方を変えれば自分に何らかの利益をもたらしてくれていないか**、今日の自分を形成してくれていないかと考えて感謝し、ネガティブな気持ちを手放すのだ。

赦しは、穏やかで集中した精神状態のときに発生するアルファ波を強める。その状態の時間が長くなるほど成功に近づけることを僕は保証する。

**やるべきこと**

- この章で紹介した感謝のツールの中から、良さそうなものを3つ選ぼう。
- それを実行しよう！

# おわりに

## 僕からも重要なことを3つ

僕はこの数年、数百人のゲームチェンジャーにインタビューして、成功するために大切だと思うことを３つ挙げてもらってきた。その際に、攻守交代して、**僕が重要と思う３つのアドバイスは何か**とたずねてくる人が少なくなかった。

しかし僕は、できるだけ答えないようにしていた。インタビューの主役は――そして本書の主役も――僕ではない。インタビューの目的は、各分野のリーダーに深い知識を提供してもらい、それを多くの人にシェアすることにある。僕はシェアしてもらう側の人間なのだ。

だれかがある方法で成功したからといって、あなたも同じ方法で成功をめざしなさい、というのも気が進まない。僕たちはみんな、どこか違っていて、だれ一人として同じ人間はいない。ある人には有効な方法でも、別の人には有効ではないかもしれない。

しかし、インタビューで得たデータを分析して、だれかが何かを成し遂げた方法ではなく、彼らが**何を大切だと考えてきたか**に焦点を当てるのなら、読者はそれを参考にして自分の優先順位を賢く設定することができる。優先順位を定めることに比べれば、それを達成する方法は小さな問題だ。

データをまとめ、すべてのインタビューを復習して、この本を書き終えようとしているいま、僕は、自分にとって重要な3つのアドバイスを喜んでみなさんとシェアしたい。それは秘訣やコツではなく、いわば羅針盤だ。進むべき方向を決めるときの参考にしていただければと思う。前に進む方法は、あなたにとって有効なものを使ってほしい。

## 1.「感謝」する

第1のアドバイスは、感謝するということだ。それは僕の人生を根底から変えた。僕はその大切さをわが子たちにも、ブレットプルーフ社のチームにも、「40年の禅」にやってくるエグゼクティブたちにも教えている。

感謝の持つパワーは大きい。感謝していることを毎日3つ、妻と子どもたちに話すようになってから、**僕の態度はすっかり変わって、あらゆる取り組みに充てるエネルギーが増大した。**妥協せずに感謝の習慣化に励んだからこそ、父であり、夫であり、CEOである現在の自分があると確信している。

前述のとおり、感謝の真の力を経験するには、あらゆることに——最大の障害や失敗にさえ——感謝する方法を見つけることが不可欠だ。子どもたちには失敗を恐れながら生きてほしくないので、感謝することを3つ挙げるとき、ひとつは失敗したことを入れさせている。これは赦すこと、手放すこと、限界を広げつづけることを助けてくれている。

## 2.「脳の配線」を理解する

2番目に重要なアドバイスは、脳の配線を理解すること。そして体内にはミトコンドリアのネットワークがあって、自分でも気づかないうちに自分を支配していることを理解することだ。ミトコンドリアは、何をさておいても以下の3つのことを、この順であなたにさせたがっている。**①怖いものから逃げるか隠れるか、それを殺す、②食べられるものはなんでも食べる、③子どもをつくる**。

あなたが何か考えるより速いスピードで、気づきさえしないうちに、ビルトインされている知性が、これら3つのことをあなたにさせようとして動いているのだ。

そのことを知っていれば、自分の行動に恥や罪の意識を感じることは、はるかに少なくなる。3つのどれかに振り回されて失敗しても気に病む必要はない。あなたはそのように創られているのだから。立ち上がって、もう一度トライしよう。ただし今度は、原始的な意識にコントロールされるのではなく、あなた自身が舵(かじ)を取ろう。

このレベルまで自分を受容できれば、あなたはエネルギーを、自分を弱めることにではなく、活力を与えてくれる対象、人生のミッションに向けることができる。

### 3.「身体はあなたに従ってくれない」ことを知る

最後に、あなたの身体は、感謝と愛の言葉は例外として、あなたの言うことをあまり聞いてくれない、ということを知っておいてほしい。

ただ、幸いなことに、環境やインプットには耳を傾けてくれる。それで大丈夫なのかと不安な気もするが、そのおかげで、あなたは身体をしっかりコントロールできる。なぜなら、**何を食べるか、どう眠るか、いつ動くか、どんな空気を吸うか、どんなタイプの光に身体をさらすか**は、あなたが自分で決めることができるからだ。

どれもあなたを支え、あなたが賢く、速く、幸せになるのを助けてくれる。これを自分のために使えれば、想像以上の意志力と回復力を獲得することができる。

もちろん、以上の3つのアドバイスは相互に作用し合う。環境が身体の生物学的状態を支え、感謝の力で安全の合図が身体に伝われば、あなたを生き残りに集中させる脳の古い配線を上書きするためのエネルギーが得られる。感謝に集中すれば、身体はストレスフルな環境にも対処できるようになる。

本書のすべての法則について言えることだが、ある面で得られた効果は、他の面にも影響を及ぼし、相乗的に効果を増していく。何をしたら最大の効果が得られるかがわかりはじめれば、それに応じて行動に優先順位をつけることができる。

## 4.自分の中にある「無限のパワー」を信じる

重要事項を3つ挙げるといって書きはじめたが、枠に縛られないのがゲームチェンジャーというもの。4つ目の重要事項を挙げてしまおう。それはわが社の、そして僕自身のミッションステートメントでもある、「人間が持つ無限のパワーを引き出す」ということにもつながる。

4番目に重要なことは、**人間には無限のパワーがあり、そのパワーを引き出す方法が見つかれば不可能も可能になる**、という理解だ。

僕は壁にぶち当たるたびに、自分の限界を知ったと思ったものだが、それは間違いだった。僕は単に十分に大きく考えていなかっただけなのだ。だから、もっと大きく考えよう。

僕の話はここまで。今度はあなたの番だ。いまやあなたは、数百人もの影響力のある人びとの成功の秘訣を知った。大きなことを成し遂げた人びとが、この方法のおかげで強くなって、創造性を獲得し、回復力を高めたといってシェアしてくれた秘訣を知ったのだ。これは人生を変える貴重な情報だ。だが、行動を起こさなければ何も変わらないし、なんの価値もない。

この本を読み終えたいま、あなたはまず何をするのだろうか？　どんな影響力を発揮したいのか？　そして自分のゲームを変えるために、エネルギーをどのように使うのか？

# 謝辞

本には「謝辞」のページがある。英語の「Acknowledgments」という言葉ではわかりにくいかもしれないが、まさに感謝の気持ちを伝えるためのセクションだ。

本書を最後まで読んでくれた読者は、感謝することがパフォーマンスの向上と幸福にとっていかに大切かを知っている。だからといって、このセクションを書くのが簡単というわけではない。というのも、僕はあまりにも多くの人びとに感謝しているからだ。

まず、ブレットプルーフ・ラジオのエピソードをダウンロードして聴いてくれた人たちに（累計数億ダウンロード！）、とりわけ街で僕を見かけたときに呼び止めて、自分の人生がどんなに変わったかを話してくれた人たちに感謝したい。あなたがたのおかげで、毎週2回のインタビューを続けることができた。この本を書こうと思わせてくれたのも、あなたがただ。

本書の執筆を直接支えてくれたチームにありがとうと言いたい。信頼できる執筆パートナーのジョディ・リッパー。本書の背景にあるデータの統計分析を担ったマシュー・スウォープ、ハーパーウェーブ社の編集責任者のジュリー・ウィル、腕利きエージェントのセレスト・ファイン、そして多数のゲストに行き届いた対応をしてくれたブレットプルーフ・ラジオのチーフプロデューサー、セリーナ・シェアラーにも。

助手のエイニー・タジアン、ケイリー・ハリス、ベヴ・ハンプソンにも感謝を捧げる。僕のスケジュールからこの本を書く時間をひねり出すという奇跡の時間管理をやってくれたうえに、僕に代わって多くの雑事もこなして執筆の時間を与えてくれた。

時間の話と言えば、僕の愛する妻ラナ博士と、子どもたちアナとアランに、いくつかの執筆に費やした長い夜のあとに眠らせてくれて、また本の執筆はいったん始まったら達成せねばならない使命だと理解してくれて、どうもありがとう。きみたちの愛と柔軟さなしにはこの本を書き上げることはできなかった。願わくは、きみたちと一緒に遊ぶ代わりに執筆に充てた時間が、きみたちの人生も良くするほど世界への大きな影響を生み出しているように。

巨大食品メーカーを破壊（ディスラプト）する会社のＣＥＯであることは、フルタイムの仕事だ。そのうえで僕がこの本を書けたのは、ブレットプルーフ社の揺るぎない支援があってこそだ。僕の注意が執筆に向いたときに、全社の注意を顧客に保ってくれた。それと倦（う）むことなきエネルギーを毎日人びとの生活を変えることに注いでくれたことに謝意を表する。

執筆中に友情とアドバイスで支えてくれたＪ・Ｊ・ヴァージン、ジョー・ポリッシュ、ジェイ・エイブラハム、ジャック・キャンフィールド、ダン・サリヴァン、マイク・ケーニヒス、バリー・モーゲラン博士、マイケル・ウェンツ、ピーター・ディアマンディス、ナヴィーン・

ジェイン、クレイグ・ハンドリー、エイメン博士、パールマター博士、ハイマン博士、ケン・ルトコウスキーに深く感謝したい。

特別の謝意を、僕に合ったニューロフィードバックのプロトコルを設定して本書の執筆を助けてくれた「40年の禅」のドリュー・ピアソン博士に。そして、マット・クック博士とハリー・アデルソン博士に！

僕は、ブレットプルーフ・ラジオでのすべてのインタビューと会話から大きな恩恵を受けている。500回を数えたいま、ここですべてのゲストの名前を挙げることはできないが、本書に登場していただいたゲストたちには特に感謝したい。J・J・ヴァージン、ジャック・キャンフィールド、スチュー・フリードマン、トニー・スタッブルバイン、ブレンドン・バーチャード、ロバート・グリーン、ヴィシェン・ラキアニ、ロバート・クーパー、ギャビー・バーンスティン、ダン・ハーリー、ティム・フェリス、スティーヴ・フォークス、デニス・マッケナ、リック・ドブリン、アンバー・ライオン、パトリック・マッキューン、ブランドン・ラウス、ラヴェ・メータ、ブルース・リプトン、ジア・ジアン、ナヴィーン・ジェイン、シビル・チョウドリ、イザベラ・ウェンツ博士、マーク・ベル、ゲンポ老師、ペドラム・ショージャイ、ハル・エルロッド、ジョン・グレイ博士、クリストファー・ライアン、エミリー・モース、ジョリーン・ブライトン博士、ポール・ザック、イーライ・ブロック、ナタリー女史、ジェフリー・ミラー、ビル・ハリス、プージャ・ラクシュミン博士、マイケル・ブルース博士、ジョナサン・

ウィザー博士、ジョン・ロマニエロ、フィリップ・ウェストブルック、ダン・レヴェンドウスキー、ドワイト・ジェニングズ博士、アリアナ・ハフィントン、ケリー・スターレット、Ｂ・Ｊ・ベイカー、ダグ・マガフ博士、チャールズ・ポリキン、マーク・シソン、ビル・シアーズ博士、マーク・ディヴァイン、キャサリン・ディヴァイン、マティアス・リビング、ジム・クウィク、スタニスラフ・グロフ、デイビッド・パールマター、アルベルト・ヴィロルド、ダニエル・エイメン、ジェラルド・ポラック、シンシア・パスケラ＝ガルシア、マーク・デイビッド、バリー・シアーズ、ケイト・シャナハン博士、マーク・ハイマン、ニーナ・テイコルツ、ビル・アンドルーズ、ケイト・レオーム＝ブリュー博士、ウィリアム・Ｊ・ウォルシュ博士、ウィリアム・デイビス博士、ロン・ハニングハーキ博士、マシュー・クック博士、ハリー・アデルソン博士、エイミー・キレン博士、ジェイ・エイブラハム、ジョシュア・フィールズ・ミルバーン、ジェームズ・アルトゥチャー、トニー・ロビンズ、ピーター・ディアマンディス、Ｊ・Ｐ・シアーズ、クリストファー・ライアン、エステル・ペレル、バリー・モーゲラン博士、ダン・ハリス、ヴィム・ホフ、ダニエル・ヴァイタリス、ザック・ブッシュ、ステファニー・セネフ博士、ジョゼフ・マーコーラ医師、エヴァン・ブランド、マヤ・シェトリート＝クライン博士、ステファン・ポージェス、エリッサ・エペル博士、エリザベス・ブラックバーン博士、スティーヴン・コトラー、そしてＵ・Ｊ・ラムダス。

最後に、この本を書いているあいだ僕を助けてくれたすべてのツールにも感謝する。そして最後の最後に、僕の命令に（少なくともたいていの場合は）従ってくれたミトコンドリア（あの小さなすごいヤツら！）にもありがとうと言いたい。

## 第 12 章　瞑想――非常識思考の街の「新しい常識」

[HACK 34]心を鍛えて，頭の中に「正しい声」を響かせる

* Dan Harris, *10% Happier: How I Tamed the Voice in My Head, Reduced Stress Without Losing My Edge, and Found Self-Help That Actually Works—A True Story*, It Books, 2014.（ダン・ハリス『10% HAPPIER ――人気ニュースキャスターが「頭の中のおしゃべり」を黙らせる方法を求めて精神世界を探求する物語』桜田直美訳，大和書房）
* Vishen Lakhiani, *The Code of the Extraordinary Mind*.

[HACK 35]「身体感覚」をハイジャックする

* Wim Hof and Koen De Jong, *The Way of the Iceman: How the Wim Hof Method Creates Radiant, Longterm Health*, Dragon Door Publications, 2017.（ヴィム・ホフ，コエン・デ＝ヨング『ICEMAN ――病気にならない体のつくりかた』小川彩子訳，サンマーク出版）
* Scott Carney, *What Doesn't Kill Us: How Freezing Water, Extreme Altitude, and Environmental Conditioning Will Renew Our Lost Evolutionary Strength*, Rodale Books, 2017.（スコット・カーニー『サバイバルボディー――人類の失われた身体能力を取り戻す』小林由香利訳，白水社）

## 第 13 章　自然――大人も「泥遊び」をすべき科学的理由

[HACK 38]毎日「太陽光」を浴びてパワーを生み出す

* T. S. Wiley with Bent Formby, *Lights Out: Sleep, Sugar, and Survival*, Atria Books, 2001.（T. S. ワイリー，ベント・フォーンビー『眠らない人は太る，病気になる――肥満，糖尿病，うつ，ガンと「睡眠」の関係』二上薫訳，はまの出版）
* Joseph Mercola, *Effortless Healing: 9 Simple Ways to Sidestep Illness, Shed Excess Weight, and Help Your Body Fix Itself*, Harmony, 2015.

[HACK 39]シャワーの代わりに「泥」にまみれる

* Maya Shetreat-Klein, *The Dirt Cure: Healthy Food, Healthy Gut, Happy Child*, Atria Books, 2016.

## 第 14 章　感謝――この章だけ読んでも効くほど強力なハック

[HACK 40]感謝しまくって「幸福感」を激増させる

* Stephen W. Porges, *The Pocket Guide to the Polyvagal Theory: The Transformative Power of Feeling Safe*, W. W. Norton & Company, 2017.（ステファン・W・ポージェス，『ポリヴェーガル理論入門――心身に変革をおこす「安全」と「絆」』花丘ちぐさ訳，春秋社）
* Elizabeth Blackburn and Elissa Epel, *The Telomere Effect*.（エリザベス・ブラックバーン，エリッサ・エペル『テロメア・エフェクト』）

[HACK 41]「最悪のこと」まで赦せば最強になれる

* Tony Robbins, *Awaken the Giant Within: How to Take Immediate Control of Your Mental, Emotional, Physical and Financial Destiny!*, Free Press, 1991.（アンソニー・ロビンズ『アンソニー・ロビンズの運命を動かす』本田健訳，三笠書房）
* Peter H. Diamandis and Steven Kotler, *Abundance*.（ピーター・H・ディアマンディス，スティーヴン・コトラー『楽観主義者の未来予測』）

Little, Brown and Company, 2016.
* Nina Teicholz, *The Big Fat Surprise: Why Butter, Meat and Cheese Belong in a Healthy Diet*, Simon & Schuster, 2014.
[HACK 25] 良いエサをあげて「腸内細菌」を元気に育てる
* David Perlmutter with Kristin Loberg, *Brain Maker: The Power of Gut Microbes to Heal and Protect Your Brain—for Life*, Little, Brown Spark, 2015.（デイビッド・パールマター，クリスティン・ロバーグ『「腸の力」であなたは変わる——一生病気にならない，脳と体が強くなる食事法』白澤卓二訳，三笠書房）
[HACK 26] サプリで「年齢の流れ」を逆転させる
* William J. Walsh, *Nutrient Power: Heal Your Biochemistry and Heal Your Brain*, Skyhorse Publishing, 2012.（ウィリアム・ウォルシュ『栄養素のチカラ』生田哲監訳，ら・べるびぃ予防医学研究所）
* Elizabeth Blackburn and Elissa Epel, *The Telomere Effect: A Revolutionary Approach to Living Younger, Healthier, Longer*, Grand Central Publishing, 2017.（エリザベス・ブラックバーン，エリッサ・エペル『細胞から若返る！ テロメア・エフェクト 健康長寿のための最強プログラム』森内薫訳，NHK出版）

**第9章　テクノロジー——とうに「未来」は到来していた!**
[HACK 27] 身体のすべてを「数値化」して改善する
* William Davis, *Undoctored: Why Health Care Has Failed You and How You Can Become Smarter than Your Doctor*, Rodale Books, 2017.

**第10章　幸福——お金で買えないなら、何で買える?**
[HACK 28] 幸福に必要な「ちょうどいい金額」を死守する
* Dennis Genpo Merzel, *Big Mind Big Heart: Finding Your Way*, Big Mind Publishing, 2007.
* Jay Abraham, *Getting Everything You Can Out of All You've Got: 21 Ways You Can Out-Think, Out-Perform, and Out-Earn the Competition*, Truman Talley Books, 2000.（ジェイ・エイブラハム『新訳ハイパワー・マーケティング あなたのビジネスを加速させる「力」の見つけ方』，小山竜央監修，KADOKAWA）
[HACK 29] お金より幸福をめざすほうが「金持ち」になれる
* Vishen Lakhiani, *The Code of the Extraordinary Mind*.
[HACK 30] モノを極限まで「捨てる」ことで豊かになる
* Joshua Fields Millburn and Ryan Nicodemus, *Minimalism: Live a Meaningful Life*, Asymmetrical Press, 2011.（ジョシュア・フィールズ・ミルバーン，ライアン・ニコデマス『あるミニマリストの物語——僕が余分なものを捨て人生を取り戻すまで』吉田俊太郎訳，フィルムアート社）
* James Altucher and Claudia Azula Altucher, *The Power of No: Because One Little Word Can Bring Health, Abundance, and Happiness*, Hay House, 2014.

**第11章　人間関係——「だれとつながるか」で人生の多くが決まる**
[HACK 31] 人との交流で脳に「オキシトシン」を放出させる
* Paul J. Zak, *Trust Factor: The Science of Creating High-Performance Companies*, AMACOM, 2017.（ポール・J・ザック『トラスト・ファクター——最強の組織をつくる新しいマネジメント』白川部君江訳，キノブックス）
[HACK 32]「一緒にいる相手」が，あなたの幸福度とパフォーマンスを決める
* Tony Robbins, *Unshakeable: Your Financial Freedom Playbook*, Simon & Schuster, 2017.
* Peter H. Diamandis and Steven Kotler, *Abundance: The Future Is Better Than You Think*, Free Press, 2012.（ピーター・H・ディアマンディス，スティーヴン・コトラー『楽観主義者の未来予測——テクノロジーの爆発的進化が世界を豊かにする』熊谷玲美訳，早川書房）
* JP Sears, *How to Be Ultra Spiritual: 12 1/2 Steps to Spiritual Superiority*, Sounds True, 2017.
[HACK 33] 全力で「パートナー」との関係改善を行う
* Christopher Ryan and Cacilda Jetha, *Sex at Dawn*.（『性の進化論』）
* Esther Perel, *The State of Affairs: Rethinking Infidelity*, Harper, 2017.

**第4章　休息——自分を「アップグレード」する時間をつくる**

[HACK 11]「休息」を増やして生産性を最大化する

＊ Izabella Wentz, *Hashimoto's Protocol: A 90-Day Plan for Reversing Thyroid Symptoms and Getting Your Life Back*, HarperOne, 2017.

＊ Dennis Genpo Merzel, *Spitting Out the Bones: A Zen Master's 45 Year Journey*, Big Mind Publishing, 2016.

＊ Pedram Shojai, *The Art of Stopping Time: Practical Mindfulness for Busy People*, Rodale Books, 2017.

[HACK 12]「朝」の使い方を変えれば一生が変わる

＊ Hal Elrod, *The Miracle Morning: The Not-So-Obvious Secret Guaranteed to Transform Your Life (Before 8AM)*, Hal Elrod International, 2012.（ハル・エルロッド『人生を変えるモーニングメソッド——朝時間が自分に革命をおこす』鹿田昌美訳，大和書房）

**第5章　快楽——意識の変容に至る究極の秘法**

[HACK 13]「性欲」を支配して成功をつかむ

＊ John Gray, *Beyond Mars and Venus: Relationship Skills for Today's Complex World*, BenBella Books, 2017.（ジョン・グレイ『一人になりたい男，話を聞いてほしい女』児島修訳，ダイヤモンド社）

＊ Christopher Ryan and Cacilda Jetha, *Sex at Dawn: How We Mate, Why We Stray, and What It Means for Modern Relationships*, Harper, 2010.（クリストファー・ライアン，カシルダ・ジェタ『性の進化論——女性のオルガスムは，なぜ霊長類にだけ発達したか？』山本規雄訳，作品社）

**第6章　睡眠——努力しなくてもできるライフハック**

[HACK 17] 遺伝子が命じる「リズム」どおりに眠る

＊ Michael Breus, *The Power of When: Discover Your Chronotype—and the Best Time to Eat Lunch, Ask for a Raise, Have Sex, Write a Novel, Take Your Meds, and More*, Little, Brown and Company, 2016.

＊ Satchin Panda, *The Circadian Code: Lose Weight, Supercharge Your Energy, and Transform Your Health from Morning to Midnight*, Rodale Books, 2018.

[HACK 19] 成功の「第３の基準」を生活に組み込む

＊ Arianna Huffington, *Thrive: The Third Metric to Redefining Success and Creating a Life of Well-Being, Wisdom, and Wonder*, Harmony, 2014.（アリアナ・ハフィントン『サード・メトリック——しなやかにつかみとる持続可能な成功』服部真琴訳，CCC メディアハウス）

**第7章　運動——「間違いだらけの運動」をいますぐやめよ**

[HACK 20] 運動する以前に「正しく動く」練習をする

＊ Kelly Starrett with Glen Cordoza, *Becoming a Supple Leopard: The Ultimate Guide to Resolving Pain, Preventing Injury, and Optimizing Athletic Performance*, Victory Belt Publishing, 2015.

＊ Doug McGuff and John Little, *Body by Science: A Research-Based Program for Strength Training, Body Building, and Complete Fitness in 12 Minutes a Week*, McGraw-Hill, 2009.

[HACK 21]「筋肉」を鍛えれば，賢くなって若返って幸せになる

＊ Mark Sisson, *The New Primal Blueprint: Reprogram Your Genes for Effortless Weight Loss, Vibrant Health, and Boundless Energy*, Primal Nutrition, 2016.

[HACK 22]「ヨガ」で明晰なメンタルと柔軟な身体を手に入れる

＊ Mark Divine with Catherine Divine, *Kokoro Yoga: Maximize Your Human Potential and Develop the Spirit of a Warrior*, St. Martin's Griffin, 2016.

**第8章　食事——身体が変わる「おばあちゃんの最強の教え」**

[HACK 24]「おばあちゃんの教え」のとおりに食べる

＊ Barry Sears, *Mastering the Zone: The Next Step in Achieving SuperHealth and Permanent Fat Loss*, Regan Books, 1997.（バリー・シアーズ『ゾーン・ダイエット』岳マチ子監訳，PHP 研究所）

＊ Catherine Shanahan, *Deep Nutrition: Why Your Genes Need Traditional Food*, Flatiron Books, 2017.

＊ Mark Hyman, *Eat Fat, Get Thin: Why the Fat We Eat Is the Key to Sustained Weight Loss and Vibrant Health*,

# 参考文献


## 第1章　自己——「新しい自分」を脳にしみこませる

[HACK 01]「脳エネルギー」を本質に集中させる

* Stewart D. Friedman, *Leading the Life You Want: Skills for Integrating Work and Life*, Harvard Business Review Press, 2014.

[HACK 02] 自分探しをやめて「自分づくり」をする

* Brendon Burchard, *High Performance Habits: How Extraordinary People Become That Way*, Hay House, 2017.
* Robert Greene with Joost Elffers, *The 48 Laws of Power*, Profile Books,1999.（ロバート・グリーン，ユースト・エルファース『権力に翻弄されないための48の法則』鈴木主税訳，パンローリング）

[HACK 03]「言葉」を変えて限界を押し広げる

* JJ Virgin, *Miracle Mindset: A Mother, Her Son, and Life's Hardest Lessons*, Gallery Books, 2017.
* Jack Canfield with Janet Switzer, *The Success Principles: How to Get from Where You Are to Where You Want to Be*, Harper Element, 2007.（ジャック・キャンフィールド『絶対に成功を呼ぶ25の法則——あなたは必ず望む人生を手に入れる』植山周一郎訳，小学館）

## 第2章　脳——習慣とトレーニングで強化する

[HACK 04]「意識工学」で思考を前向きにする

* Vishen Lakhiani, *The Code of the Extraordinary Mind: 10 Unconventional Laws to Redefine Your Life and Succeed on Your Own Terms*, Rodale Books, 2016.
* Robert K. Cooper, *Get Out of Your Own Way: The 5 Keys to Surpassing Everyone's Expectations*, Crown Business, 2006.
* Gabrielle Bernstien, *The Universe Has Your Back: Transform Fear to Faith*, Hay House, 2016.

[HACK 05] 超速学習法で「流動性知能」を高める

* Dan Hurley, *Smarter: The New Science of Building Brain Power*, Avery, 2013.

[HACK 07]「呼吸」は脳を変えるドラッグである

* Stanislav Grof, *LSD Psychotherapy(The Healing Potential of Psychedelic Medicine)*, Hunter House, 1980.
* Stanislav Grof and Christina Grof, *Holotropic Breathwork: A New Approach to Self-Exploration and Therapy*, Excelsior Editions, 2010.
* David Perlmutter and Alberto Villoldo, *Power Up Your Brain: The Neuroscience of Enlightenment*, Hay House, 2011.

## 第3章　恐怖——邪魔な原始的本能をリセットする

[HACK 08] あえて「無防備」になって恐れを手放す

* Bruce H. Lipton, *The Biology of Belief: Unleashing the Power of Consciousness, Matter & Miracles*, Hay House, 2008.（ブルース・リプトン『「思考」のすごい力』西尾香苗訳，PHP研究所）
* Jia Jiang, *Rejection Proof: How I Beat Fear and Became Invincible Through 100 Days of Rejection*, Harmony, 2015.（ジア・ジアン『拒絶される恐怖を克服するための100日計画』小西敦子訳，飛鳥新社）

[HACK 09] 反対者にはむしろ「感謝」を贈る

* Daniel G. Amen, *Change Your Brain, Change Your Life: The Breakthrough Program for Conquering Anxiety, Depression, Obsessiveness, Lack of Focus, Anger, and Memory Problems*, Crown, 1998.（ダニエル・G・エイメン『愛と憂鬱の生まれる場所——「脳科学の最先端」が教える，人間の感情と行動の「処方箋」』廣岡結子訳，はまの出版）
* Gerald Pollack, *The Fourth Phase of Water: Beyond Solid, Liquid, and Vapor*, Ebner & Sons, 2013.

[HACK 10]「すべてを得た後でも欲しいもの」を知る

* Subir Chowdhury, *The Difference: When Good Enough Isn't Enough*, Crown Business, 2017.

## 第 14 章　感謝――この章だけ読んでも効くほど強力なハック

1. Stephen W. Porges, "The Polyvagal Theory: New Insights into Adaptive Reactions of the Autonomic Nervous System," *Cleveland Clinic Journal of Medicine* 76 suppl. 2 (2009): S86–90; https://www.ncbi.nlm.nih.gov/pmc/articles/PMC3108032/.

Siegfried Othmer, Susan F. Othmer, and David A. Kaiser, "EEG Biofeedback: Training for AD/HD and Related Disruptive Behavior Disorders," in *Understanding, Diagnosing, and Treating AD/HD in Children and Adolescents*, ed. James A. Incorvaia, Bonnie S. Mark-Goldstein, and Donald Tessmer (Northvale, NJ: Aronson, 1999), 235–96 は，ADHD および関連する行動障害のある子どもに脳電図ニューロフィードバック訓練を行ったところ 15 人のサンプル調査で IQ が平均 23.5 ポイント上昇したと報告している．

L. Thompson and M. Thompson, "Neurofeedback Combined with Training in Metacognitive Strategies: Effectiveness in Students with ADD," *Applied Psychophysiology and Biofeedback* 23, no. 4 (December 1998): 243–63; https://link.springer.com/article/10.1023%2FA%3A1022213731956 は，ニューロフィードバックとメタ認知向上を組み合わせた訓練によって ADD の生徒 98 人の IQ が平均 12 ポイント上昇したと報告している．

Thomas Fuchs, Niels Birbaumer, Werner Lutzenberger, et al., "Neurofeedback Treatment for Attention-Deficit/ Hyperactivity Disorder in Children: A Comparison with Methylphenidate," *Applied Psychophysiology and Biofeedback* 28, no. 1 (March 2003): 1–12; https://link.springer.com/article/10.1023/A:1022353731579 には，ADHD の子ども 22 人にニューロフィードバック療法を施したところ，測定した認知機能全体で療法の前後で 4 ポイントの改善が見られたことが報告されている．

以下も参照のこと．Joel F. Lubar, "Neurofeedback for the Management of Attention-Deficit/ Hyperactivity Disorders," in *Biofeedback: A Practitioner's Guide*, 2nd ed., ed. Mark S. Schwartz (New York: Guilford, 1995), 493–522 https://psycnet.apa.org/record/1995-98538-020. Vincent J. Monastra, Donna M. Monastra, and Susan George, "The Effects of Stimulant Therapy, EEG Biofeedback, and Parenting Style on the Primary Symptoms of Attention-Deficit/Hyperactivity Disorder," *Applied Psychophysiology and Biofeedback* 27, no. 4 (December 2002): 231–49; https://link.springer.com/article/10.1023/A:1021018700609. John K. Nash, "Treatment of Attention Deficit Hyperactivity Disorder with Neurotherapy," *Clinical Electroencephalography* 31, no. 1 (January 2000): 30–37; http://journals.sagepub.com/doi/pdf/10.1177/155005940003100109. Siegfried Othmer, Susan F. Othmer, and Clifford S. Marks, "EEG Biofeedback Training for Attention Deficit Disorder, Specific Learning Disabilities, and Associated Conduct Problems," January 1992; https://www.researchgate.net/publication/252060569_EEG_Biofeedback_Training_for_Attention_Deficit_Disorder_Specific_Learning_Disabilities_and_Associated_Conduct_Problems.

### 第 13 章　自然――大人も「泥遊び」をすべき科学的理由

1. S. C. Gominak and W. E. Stumpf, "The World Epidemic of Sleep Disorders Is Linked to Vitamin D Deficiency," *Medical Hypotheses* 79, no. 2 (August 2012): 132–35; https://www.medical-hypotheses.com/article/S0306-9877(12)00150-8/fulltext.
2. Sherri Melrose, "Seasonal Affective Disorder: An Overview of Assessment and Treatment Approaches," *Depression Research and Treatment,* 2015, 6 pages; https://www.hindawi.com/journals/drt/2015/178564/.
3. Raymond W. Lam, Anthony J. Levitt, Robert D. Levitan, et al., "The Can-SAD Study: A Randomized Controlled Trial of the Effectiveness of Light Therapy and Fluoxetine in Patients With Winter Seasonal Affective Disorder," *The American Journal of Psychiatry* 163, no. 5 (May 2006): 805–12; https://ajp.psychiatryonline.org/doi/abs/10.1176/ajp.2006.163.5.805.
4. Sokichi Sakuragi and Yoshiki Sugiyama, "Effects of Daily Walking on Subjective Symptoms, Mood and Autonomic Nervous Function," *Journal of Physiological Anthropology* 25, no. 4 (2006): 281–89; https://www.jstage.jst.go.jp/article/jpa2/25/4/25_4_281/_article.
5. Ibid.
6. Marc G. Berman, Ethan Kross, Katherine M. Krpan, et al., "Interacting with Nature Improves Cognition and Affect for Individuals with Depression," *Journal of Affective Disorders* 140, no. 3 (November 2012): 300–05; https://www.sciencedirect.com/science/article/abs/pii/S0165032712002005?via%3Dihub.

(September 21, 2010): 16489–93; http://www.pnas.org/content/107/38/16489.
2. Shawn Achor, "Positive Intelligence," *Harvard Business Review*, January–February 2012; https://hbr.org/2012/01/positive-intelligence. Sonja Lyubomirsky, Laura King, and Ed Diener, "The Benefits of Frequent Positive Affect: Does Happiness Lead to Success?," *Psychological Bulletin* 131, no. 6 (November 2005): 803–55; https://www.apa.org/pubs/journals/releases/bul-1316803.pdf.
3. Michael Como, "Do Happier People Make More Money? An Empirical Study of the Effect of a Person's Happiness on Their Income," *The Park Place Economist* 19, no. 1 (2011); https://digitalcommons.iwu.edu/parkplace/vol19/iss1/8/.

### 第 11 章　人間関係——「だれとつながるか」で人生の多くが決まる

1. "Genes Play a Role in Empathy," *ScienceDaily*, March 12, 2018; https://www.sciencedaily.com/releases/2018/03/180312085124.htm.
2. Mackenzie Hepker, "Effect of Oxytocin Administration on Mirror Neuron Activation," *Sound Ideas*, University of Puget Sound, Summer 2013; https://soundideas.pugetsound.edu/cgi/viewcontent.cgi?article=1267&context=summer_research.
3. Kathy Caprino, "Is Empathy Dead? How Your Lack of Empathy Damages Your Reputation and Impact as a Leader," *Forbes*, June 8, 2016; https://www.forbes.com/sites/kathycaprino/2016/06/08/is-empathy-dead-how-your-lack-of-empathy-damages-your-reputation-and-impact-as-a-leader/#429c3d353167.
4. James H. Fowler and Nicholas A. Christakis, "Dynamic Spread of Happiness in a Large Social Network: Longitudinal Analysis over 20 Years in the Framingham Heart Study," *The British Medical Journal* 337 (December 4, 2008): a2338; https://www.bmj.com/content/337/bmj.a2338.
5. Ed Diener and Martin E. P. Seligman, "Very Happy People," *Psychological Science* 13, no. 1 (January 1, 2002): 81–84; http://journals.sagepub.com/doi/abs/10.1111/1467-9280.00415#articleCitationDownloadContainer.
6. "Are We Happy Yet?," Pew Research Center, February 13, 2006; http://www.pewsocialtrends.org/2006/02/13/are-we-happy-yet/.

### 第 12 章　瞑想——非常識思考の街の「新しい常識」

1. Michael A. Tansey, "Wechsler (WISC-R) Changes Following Treatment of Learning Disabilities via EEG Biofeedback Training in a Private Practice Setting," *Australian Journal of Psychology* 43, no. 3 (December 1991): 147–53; https://onlinelibrary.wiley.com/doi/abs/10.1080/00049539108260139 は「神経または知覚障害，もしくは ADD（注意欠陥障害）」のある 24 人の子どもに脳電図バイオフィードバック・トレーニングを行ったところ，WISC-R（ウェクスラー児童用知能検査）全検査知能指数の平均で 19.75 ポイントの改善が見られたと報告している．

Michael Linden, Thomas Habib, and Vesna Radojevic, "A Controlled Study of the Effects of EEG Biofeedback on Cognition and Behavior of Children with Attention Deficit Disorder and Learning Disabilities," *Biofeedback and Self-regulation* 21, no. 1 (March 1996): 35–49; https://link.springer.com/article/10.1007/BF02214148 によると，ランダム化されたウェイティングリスト・コントロール・デザイン（RWLCD）による介入で ADD および LD（学習障害）の子どもに脳電図フィードバックを行ったところ，18 人の平均値に K-bit IQ Composite で統計的に有意な 9 ポイントの上昇が見られた．

Joel F. Lubar, Michie Odle Swartwood, Jeffery N. Swartwood, and Phyllis H. O'Donnell, "Evaluation of the Effectiveness of EEG Neurofeedback Training for ADHD in a Clinical Setting as Measured by Changes in T.O.V.A. Scores, Behavioral Ratings, and WISC-R Performance," *Biofeedback and Self-regulation* 20, no. 1 (March 1995): 83–99; https://link.springer.com/article/10.1007/BF01712768 は，ADHD（注意欠陥・多動性障害）の児童 23 人に臨床的環境で脳電図ニューロフィードバック訓練を行ったところ，TOVA（注意変数試験）スコア，行動評価の改善が見られ，WISC-R については平均 9.7 ポイントの改善があったことを報告している．

ruary 12, 2015; http://www.academia.edu/10739979/Rest_in_Peace_How_the_way_you_sleep_can_be_killing_you.

## 第7章　運動——「間違いだらけの運動」をいますぐやめよ

1. Liana S. Rosenthal and E. Ray Dorsey, "The Benefits of Exercise in Parkinson Disease," *JAMA Neurology* 70, no. 2 (February 2013): 156–57; https://jamanetwork.com/journals/jamaneurology/article-abstract/1389387.
2. Hayriye Çakir-Atabek, Süleyman Demir, Raziye D. Pinarbaşili, and Nihat Gündüz, "Effects of Different Resistance Training Intensity on Indices of Oxidative Stress," *Journal of Strength and Conditioning Research* 24, no. 9 (September 2010): 2491–97; https://insights.ovid.com/pubmed?pmid=20802287.
3. Ebrahim A. Shojaei, Adalat Farajov, and Afshar Jafari, "Effect of Moderate Aerobic Cycling on Some Systemic Inflammatory Markers in Healthy Active Collegiate Men," *International Journal of General Medicine* 4 (January 24, 2011): 79–84; https://www.dovepress.com/effect-of-moderate-aerobic-cycling-on-some-systemic-inflammatory-marke-peer-reviewed-article-IJGM.
4. Bharat B. Aggarwal, Shishir Shishodia, Santosh K. Sandur, et al., "Inflammation and Cancer: How Hot Is the Link?," *Biochemical Pharmacology* 72, no. 11 (November 30, 2006): 1605–21; https://www.sciencedirect.com/science/article/abs/pii/S0006295206003893. Dario Giugliano, Antonio Ceriello, and Katherine Esposito, "The Effects of Diet on Inflammation: Emphasis on the Metabolic Syndrome," *Journal of the American College of Cardiology* 48, no. 4 (August 15, 2006): 677–85; https://www.science direct.com/science/article/pii/S0735109706013350?via%3Dihub.
5. Farnaz Seifi-skishahr, Arsalan Damirchi, Manoochehr Farjaminezhad, and Parvin Babaei, "Physical Training Status Determines Oxidative Stress and Redox Changes in Response to an Acute Aerobic Exercise," *Biochemistry Research International* 2016, 9 pages; https://www.hindawi.com/journals/bri/2016/3757623/.
6. Lanay M. Mudd, Willa Fornetti, and James M. Pivarnik, "Bone Mineral Density in Collegiate Female Athletes: Comparisons Among Sports," *Journal of Athletic Training* 42, no. 3 (July–September 2007): 403–08; https://www.ncbi.nlm.nih.gov/pmc/articles/PMC1978462/.
7. "Preserve Your Muscle Mass," Harvard Men's Health Watch, February 2016; https://www.health.harvard.edu/staying-healthy/preserve-your-muscle-mass.

## 第8章　食事——身体が変わる「おばあちゃんの最強の教え」

1. Begoña Cerdá, Margarita Pérez, Jennifer D. Pérez-Santiago, et al., "Gut Microbiota Modification: Another Piece in the Puzzle of the Benefits of Physical Exercise in Health?," *Frontiers in Physiology* 7 (February 18, 2016): 51; https://www.frontiersin.org/articles/10.3389/fphys.2016.00051/full.
2. Mehrbod Estaki, Jason Pither, Peter Baumeister, et al., "Cardiorespiratory Fitness as a Predictor of Intestinal Microbial Diversity and Distinct Metagenomic Functions," *Microbiome* 4 (2016): 42; https://microbiomejournal.biomedcentral.com/articles/10.1186/s40168-016-0189-7.
3. Tian-Xing Liu, Hai-Tao Niu, and Shu-Yang Zhang, "Intestinal Microbiota Metabolism and Atherosclerosis," *Chinese Medical Journal* 128, no. 20 (2015): 2805–11; https://insights.ovid.com/crossref?an=00029330-201510200-00019.

## 第9章　テクノロジー——とうに「未来」は到来していた!

1. "Temperature Rhythms Keep Body Clocks in Sync," *ScienceDaily*, October 15, 2010; https://www.sciencedaily.com/releases/2010/10/101014144314.htm.

## 第10章　幸福——お金で買えないなら、何で買える?

1. Daniel Kahneman and Angus Deaton, "High income improves evaluation of life but not emotional well-being," *Proceedings of the National Academy of Sciences of the United States of America* 107, no. 38

and Subjective Sexual Response, Sexual Desire, and Salivary Steroid Hormones in Healthy Premenopausal Women," *The Journal of Sexual Medicine* 6, no. 3 (March 2009): 739–51; https://www.jsm.jsexmed.org/article/S1743-6095(15)32435-8/fulltext.
9. Navneet Magon and Sanjay Kalra, "The Orgasmic History of Oxytocin: Love, Lust, and Labor," *Indian Journal of Endocrinology and Metabolism* 15 suppl. 3 (September 2011): S156–61; https://www.ncbi.nlm.nih.gov/pmc/articles/PMC3183515/.
10. Margaret M. McCarthy, "Estrogen Modulation of Oxytocin and Its Relation to Behavior," *Advances in Experimental Medicine and Biology* 395 (1995): 235–45; https://www.researchgate.net/publication/14488327_Estrogen_modulation_of_oxytocin_and_its_relation_to_behavior.
11. Cindy M. Meston and Penny F. Frolich, "Update on Female Sexual Function," *Current Opinion in Urology* 11, no. 6 (November 2001): 603–09; https://journals.lww.com/co-urology/pages/articleviewer.aspx?year=2001&issue=11000&article=00008&type=abstract.
12. Case Western Reserve University, "Empathy Represses Analytic Thought, and Vice Versa: Brain Physiology Limits Simultaneous Use of Both Networks," *ScienceDaily*, October 30, 2012, https://www.sciencedaily.com/releases/2012/10/121030161416.htm.
13. Donald L. Hilton, Jr., "Pornography Addiction — A Supranormal Stimulus Considered in the Context of Neuroplasticity," *Socioaffective Neuroscience & Psychology* 3 (July 19, 2013); https://www.ncbi.nlm.nih.gov/pmc/articles/PMC3960020/.
14. Aline Wéry and J. Billieux, "Online Sexual Activities: An Exploratory Study of Problematic and Non-problematic Usage Patterns in a Sample of Men," *Computers in Human Behavior* 56 (March 2016): 257–66; http://www.sciencedirect.com/science/article/pii/S0747563215302612.
15. Simone Kühn and Jürgen Gallinat, "Brain Structure and Functional Connectivity Associated with Pornography Consumption: The Brain on Porn," *JAMA Psychiatry* 71, no. 7 (2014): 827–34; https://jamanetwork.com/journals/jamapsychiatry/fullarticle/1874574.
16. Valerie Voon, Thomas B. Mole, Paula Banca, et al., "Neural Correlates of Sexual Cue Reactivity in Individuals With and Without Compulsive Sexual Behaviours," *PLOS One*, July 11, 2014; http://journals.plos.org/plosone/article?id=10.1371/journal.pone.0102419.
17. Norman Doidge, "Brain Scans of Porn Addicts: What's Wrong with This Picture?," *The Guardian*, September 26, 2013; https://www.theguardian.com/commentisfree/2013/sep/26/brain-scans-porn-addicts-sexual-tastes.

### 第6章　睡眠――努力しなくてもできるライフハック

1. Scott LaFee, "Woman's Study Finds Longevity Means Getting Just Enough Sleep," UC San Diego, September 30, 2010; http://ucsdnews.ucsd.edu/archive/newsrel/health/09-30sleep.asp.
2. R. J. Reiter, "The Melatonin Rhythm: Both a Clock and a Calendar," *Experientia* 49, no. 8 (August 1993): 654–64; https://link.springer.com/article/10.1007/BF01923947.
3. Toru Takumi, Kouji Taguchi, Shigeru Miyake, et al., "A Light-Independent Oscillatory Gene *mPer3* in Mouse SCN and OVLT," *The EMBO Journal* 17, no. 16 (August 17, 1998): 4753–59; http://emboj.embopress.org/content/17/16/4753.long.
4. Ariel Van Brummelen, "How Blind People Detect Light," *Scientific American*, May 1, 2014; https://www.scientificamerican.com/article/how-blind-people-detect-light/.
5. Micha T. Maeder, Otto D. Schoch, and Hans Rickli, "A Clinical Approach to Obstructive Sleep Apnea as a Risk Factor for Cardiovascular Disease," *Vascular Health and Risk Management* 12 (2016): 85–103; https://www.dovepress.com/a-clinical-approach-to-obstructive-sleep-apnea-as-a-risk-factor-for-ca-peer-reviewed-article-VHRM.
6. Michael Tetley, "Instinctive Sleeping and Resting Postures: An Anthropological and Zoological Approach to Treatment of Low Back and Joint Pain," *The British Medical Journal* 321, no. 7276 (December 23, 2000): 1616–18; https://www.bmj.com/content/321/7276/1616.long.
7. Sydney Ross Singer, "Rest in Peace: How the Way You Sleep Can Be Killing You," Academia.edu, Feb-

# 原　注

## 第1章　自己——「新しい自分」を脳にしみこませる


1. Shai Danziger, Jonathan Levav, and Liora Avnaim-Pesso, "Extraneous Factors in Judicial Decisions," *Proceedings of the National Academy of Sciences of the United States of America* 108, no. 17 (April 26, 2011): 6889–92; http://www.pnas.org/content/108/17/6889.full.pdf.


## 第2章　脳——習慣とトレーニングで強化する


1. Peter Schulman, "Applying Learned Optimism to Increase Sales Productivity," *Journal of Personal Selling & Sales Management* 19, no. 1 (1999): a31–37; http://www.tandfonline.com/doi/abs/10.1080/08853134.1999.10754157.
2. Susanne M. Jaeggi, Martin Buschkuehl, John Jonides, and Walter J. Perrig, "Improving Fluid Intelligence with Training on Working Memory," *Proceedings of the National Academy of Sciences of the United States of America* 105, no. 19 (May 13, 2008): 6829–33; http://www.pnas.org/content/105/19/6829.abstract.


## 第3章　恐怖——邪魔な原始的本能をリセットする


1. M. C. Brower and B. H. Price, "Neuropsychiatry of Frontal Lobe Dysfunction in Violent and Criminal Behaviour: A Critical Review," *Journal of Neurology, Neurosurgery, & Psychiatry* 71, no. 6 (2001): 720–26; http://jnnp.bmj.com/content/jnnp/71/6/720.full.pdf.


## 第4章　休息——自分を「アップグレード」する時間をつくる


1. Aaron Lerner, Patricia Jeremias, and Torsten Matthias, "The World Incidence and Prevalence of Autoimmune Diseases Is Increasing," *International Journal of Celiac Disease* 3, no. 4 (2015): 151–55; http://pubs.sciepub.com/ijcd/3/4/8/.


## 第5章　快楽——意識の変容に至る究極の秘法


1. Ed Yong, "Shedding Light on Sex and Violence in the Brain," *Discover*, February 9, 2011; http://blogs.discovermagazine.com/notrocketscience/2011/02/09/shedding-light-on-sex-and-violence-in-the-brain/#.WgSzGY Zrw6g.
2. Eliana Dockterman, "World Cup: The Crazy Rules Some Teams Have About Pre-game Sex," *Time*, June 18, 2014; http://time.com/2894263/world-cup-sex-soccer/.
3. Madeline Vann, "1 in 4 Men over 30 Has Low Testosterone," ABC News, September 13, 2007; http://abcnews.go.com/Health/Healthday/story?id=4508669&page=1.
4. Tillmann H. C. Krüger, Uwe Hartmann, and Manfred Schedlowski, "Prolactinergic and Dopaminergic Mechanisms Underlying Sexual Arousal and Orgasm in Humans," *World Journal of Urology* 23, no. 2 (July 2005): 130–38; https://link.springer.com/article/10.1007%2Fs00345-004-0496-7.
5. Michael S. Exton, Tillman H. C. Krüger, Norbert Bursch, et al., "Endocrine Response to Masturbation-Induced Orgasm in Healthy Men Following a 3-Week Sexual Abstinence," *World Journal of Urology* 19, no. 5 (November 2001): 377–82; https://link.springer.com/article/10.1007/s003450100222.
6. James M. Dabbs Jr. and Suzanne Mohammed, "Male and Female Salivary Testosterone Concentrations Before and After Sexual Activity," *Physiology & Behavior* 52, no. 1 (July 1992): 195–97; https://www.sciencedirect.com/science/article/abs/pii/0031938492904539.
7. Umit Sayin, "Altered States of Consciousness Occurring During Expanded Sexual Response in the Human Female: Preliminary Definitions," *NeuroQuantology* 9, no. 4 (December 2011); https://www.neuroquantology.com/article.php?id=2377.
8. Sari M. Van Anders, Lori Brotto, Janine Farrell, and Morag Yule, "Associations Among Physiological

［著者］

**デイヴ・アスプリー**（Dave Asprey）

シリコンバレーのテクノロジー起業家、バイオハッカー。ブレットプルーフ360創業者兼CEO。シリコンバレー保健研究所会長。バイオハックの父と呼ばれる。ウォートン・スクールでMBAを取得後、シリコンバレーで成功するも肥満と体調不良に。その体験から、ITスキルを駆使して自らの体をバイオハック、世界トップクラスの脳科学者、生化学者、栄養士等の膨大な数の研究を総合し、自己実験に100万ドルを投じて心身の能力を向上させる方法を研究。自らもIQを上げ、50キロ痩せたその画期的なアプローチは、ニューヨーク・タイムズ、フォーブス、CNN、LAタイムズ等、数多くのメディアで話題に。ポッドキャスト「ブレットプルーフ・ラジオ」はウェブ界の最高権威、ウェビー賞を受賞するなど、絶大な支持を誇る。著書に『シリコンバレー式自分を変える最強の食事』『HEAD STRONG シリコンバレー式頭がよくなる全技術』（ともに栗原百代訳、ダイヤモンド社）など。

［訳者］

**栗原百代**（くりはら・ももよ）

1962年東京生まれ。翻訳家。早稲田大学第一文学部哲学科卒業。東京学芸大学大学院教育学修士課程修了。訳書に『相性のよしあしはフェロモンが決める』（草思社）、『レイチェル・ゾー・LA・スタイル・A to Z』（メディアパル）、『啓蒙思想2.0』『反逆の神話』『資本主義が嫌いな人のための経済学』（いずれもNTT出版）、『しまった！』（講談社）など。



## シリコンバレー式超ライフハック

2020年7月1日　第1刷発行
2023年11月29日　第7刷発行

著　者――デイヴ・アスプリー
訳　者――栗原百代
発行所――ダイヤモンド社
〒150-8409　東京都渋谷区神宮前6-12-17
https://www.diamond.co.jp/
電話／03･5778･7233（編集）　03･5778･7240（販売）

装丁――――井上新八
本文デザイン―荒井雅美（トモエキコウ）
校正――――円水社
製作進行――ダイヤモンド・グラフィック社
印刷――――三松堂
製本――――ブックアート
編集担当――三浦岳




ISBN 978-4-478-10719-5